LehrplanPLUS | Realschule Bayern

Erarbeitet von

Ellen Gotzmann
Arthur Hain
Melanie Lenk
Stefanie Mertens

In Zusammenarbeit mit der

Verlagsredaktion

Anfangsunterricht

Informationstechnologie

Autorinnen und Autor

Ellen Gotzmann unterrichtet an der Reiffenstuel-Realschule Traunstein die Fächer Informationstechnologie, Kunst, Werken und Sport.

Arthur Hain unterrichtet an der Staatlichen Realschule Viechtach die Fächer Mathematik, Evangelische Religionslehre und Informationstechnologie. Er hat die Zusatzausbildung „Filmlehrer".

Melanie Lenk unterrichtet an der Staatlichen Realschule Bobingen die Fächer Informationstechnologie, Kunst und Werken.

Stefanie Mertens unterrichtet an der Staatlichen Realschule Kösching die Fächer Informationstechnologie und Werken.

www.klv-verlag.de

1. Auflage, 1. Druck 2018

Alle Drucke dieser Auflage sind inhaltlich unverändert und können im Unterricht nebeneinander verwendet werden.

Verlagsredaktion: Elisabeth Berten, Berlin
Korrektorat: Martina Dold, Züssow
Layout und Satz: zweiband.media, Berlin
Cover: zweiband.media, Berlin

ISBN 978-3-95739-070-7

KLV Verlag GmbH | Bellamonter Straße 30 | 88463 Eberhardzell
Telefon 07358 9610920 | Fax 07358 9610921 | E-Mail info@klv-verlag.de

Inhaltsverzeichnis

Hallo und herzlich willkommen im Unterricht der Informationstechnologie!

Zuerst möchten wir *Mia, Lea, Mo* und *Noa* vorstellen. Die vier haben im letzten Schuljahr mit dem Unterrichtsfach **Informationstechnik** begonnen. Obwohl sie schon vorher mit Computer und Smartphone „unterwegs“ waren, konnten sie in diesem Unterrichtsfach noch viel Neues und Interessantes lernen und ausprobieren.

Das Thema **Vektorgrafiken** hat sie so motiviert, dass sie sich als Erstes selbst dargestellt haben.

Und das sind sie und so werden sie euch in diesem Buch an verschieden Stellen begleiten.

Bevor es jedoch mit der Informationstechnik so richtig losgeht, lernst du erst einmal, wie du zeitsparend mit dem Computer kommunizieren kannst. Das bietet dir ein **Lehrgang zum Tastschreiben**. Manchmal wird es hart und verlangt viel Trainingsarbeit. Eigentlich wie im Sport. Aber du wirst sehen, es lohnt sich. Später wirst du viel Zeit sparen. Sieh dir die folgende Musterseite an. Dann kannst du sehen, wie der Lehrgang aufgebaut ist.

Bei diesem Symbol steht, was du nach erfolgreichem Training kannst. Auf der Tastatur siehst du, welche Finger dabei benötigt werden.

Zur Orientierung sind die ersten Übungszeilen so gefärbt, wie es den „Fingerfarben“ der Grundstellung in diesem Buch entspricht.

In dieser Schrift sind immer deine Schreibübungen dargestellt. Zu deiner Orientierung haben wir die Zeilen und auch Anschläge gleich mitgezählt.

Immer wieder sind in den Lehrgang auch Informationen oder Regeln eingestreut, die du wissen musst, um Texte korrekt darzustellen.

Tastschreiben beansprucht insbesondere deine Finger, aber auch den ganzen Körper. Deshalb findest du nach vielen Übungen Vorschläge zur Entspannung.

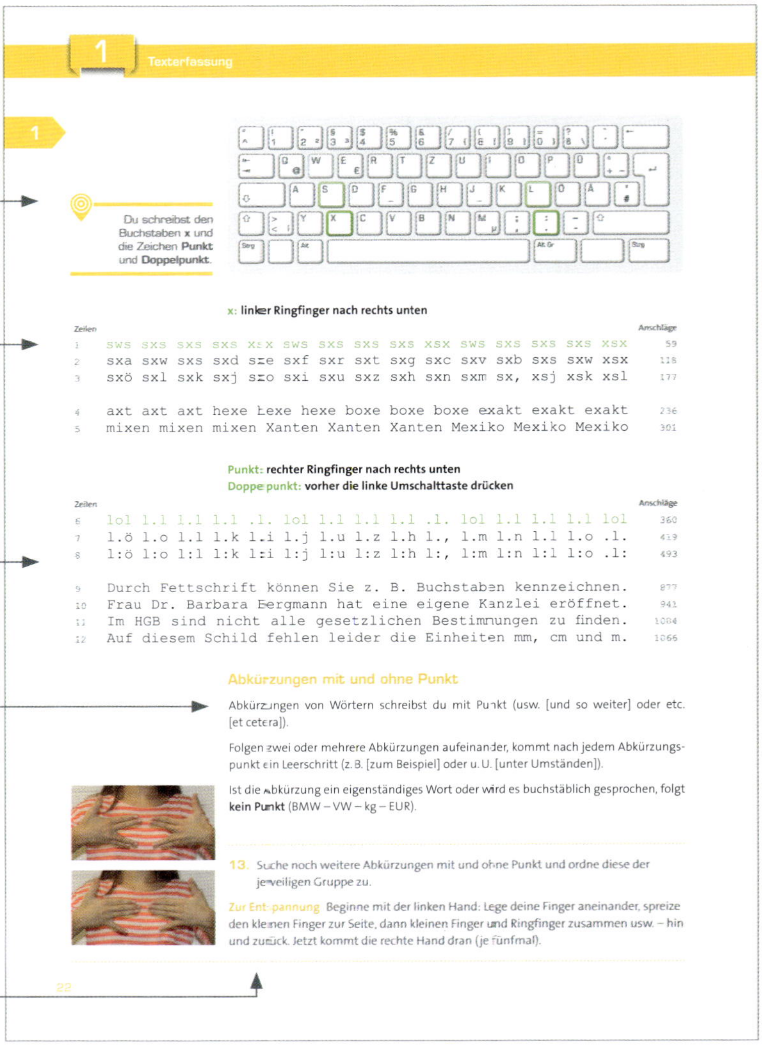

1 Texterfassung

1

Du schreibst den Buchstaben **x** und die Zeichen **Punkt** und **Doppelpunkt**.

x: linker Ringfinger nach rechts unten

```
Zeilen                                                           Anschläge
1   sws sxs sxs sxs xsx sws sxs sxs sxs xsx sws sxs sxs sxs xsx    59
2   sxa sxw sxs sxd sxe sxf sxr sxt sxg sxc sxv sxb sxs sxw xsx    118
3   sxö sxl sxk sxj sxo sxi sxu sxz sxh sxn sxm sx, xsj xsk xsl    177

4   axt axt axt hexe hexe hexe boxe boxe boxe exakt exakt exakt    236
5   mixen mixen mixen Xanten Xanten Xanten Mexiko Mexiko Mexiko    301
```

Punkt: rechter Ringfinger nach rechts unten
Doppelpunkt: vorher die linke Umschalttaste drücken

```
Zeilen                                                           Anschläge
6   lol l.l l.l l.l .l. lol l.l l.l l.l .l. lol l.l l.l l.l lol    360
7   l.ö l.o l.l l.k l.i l.j l.u l.z l.h l., l.m l.n l.l l.o .l.    419
8   l:ö l:o l:l l:k l:i l:j l:u l:z l:h l:, l:m l:n l:l l:o .l:    493

9   Durch Fettschrift können Sie z. B. Buchstaben kennzeichnen.    877
10  Frau Dr. Barbara Bergmann hat eine eigene Kanzlei eröffnet.    941
11  Im HGB sind nicht alle gesetzlichen Bestimmungen zu finden.    1004
12  Auf diesem Schild fehlen leider die Einheiten mm, cm und m.    1066
```

Abkürzungen mit und ohne Punkt

Abkürzungen von Wörtern schreibst du mit Punkt (usw. [und so weiter] oder etc. [et cetera]).

Folgen zwei oder mehrere Abkürzungen aufeinander, kommt nach jedem Abkürzungspunkt ein Leerschritt (z. B. [zum Beispiel] oder u. U. [unter Umständen]).

Ist die Abkürzung ein eigenständiges Wort oder wird es buchstäblich gesprochen, folgt **kein Punkt** (BMW – VW – kg – EUR).

13. Suche noch weitere Abkürzungen mit und ohne Punkt und ordne diese der jeweiligen Gruppe zu.

Zur Entspannung Beginne mit der linken Hand: Lege deine Finger aneinander, spreize den kleinen Finger zur Seite, dann kleinen Finger und Ringfinger zusammen usw. – hin und zurück. Jetzt kommt die rechte Hand dran (je fünfmal).

22

In den weiteren Kapiteln dieses Buches erfährst du Grundlegendes zu Daten und Informationen, Modellen und Algorithmen, Informatiksystemen und den Einfluss der IT auf die Gesellschaft.

Alle Kapitel haben eine **eigene Leitfarbe**. Sie beginnen mit einer **Auftaktseite**, in der du kurz in das Thema eingeführt wirst. Das gilt auch für die Kapitel des Lehrgangs zum Tastschreiben.

Dann geht es los mit kurzen Unterkapiteln, Informationstexten und Aufgaben, um dir, teilweise auch in Zusammenarbeit mit deinen Mitschülerinnen und Mitschülern, das Thema selbst zu erschließen.

Beachte auch unsere Entscheidung zur Nennung der Geschlechter. Selbstverständlich sind immer alle Geschlechter angesprochen. Damit die Texte aber nicht unübersichtlich werden, haben wir uns entschlossen, abwechselnd nach Kapiteln mal die männliche und mal die weibliche Form zu verwenden. Und wenn möglich, haben wir es ganz neutral gehalten.

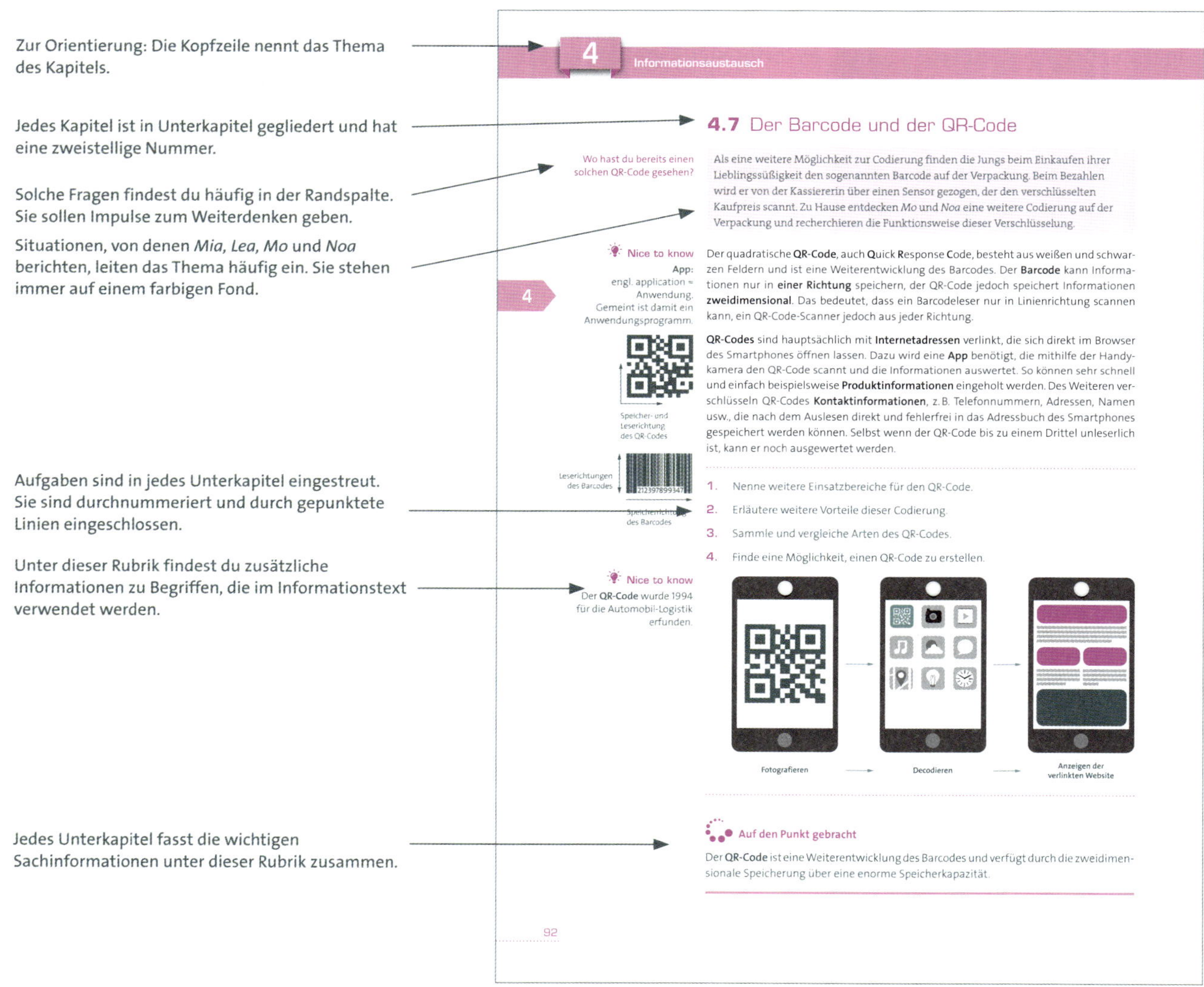

4 Informationsaustausch

4.7 Der Barcode und der QR-Code

Wo hast du bereits einen solchen QR-Code gesehen?

Als eine weitere Möglichkeit zur Codierung finden die Jungs beim Einkaufen ihrer Lieblingssüßigkeit den sogenannten Barcode auf der Verpackung. Beim Bezahlen wird er von der Kassiererin über einen Sensor gezogen, der den verschlüsselten Kaufpreis scannt. Zu Hause entdecken *Mo* und *Noa* eine weitere Codierung auf der Verpackung und recherchieren die Funktionsweise dieser Verschlüsselung.

Nice to know
App: engl. application = Anwendung. Gemeint ist damit ein Anwendungsprogramm.

Der quadratische **QR-Code**, auch **Q**uick **R**esponse **Code**, besteht aus weißen und schwarzen Feldern und ist eine Weiterentwicklung des Barcodes. Der **Barcode** kann Informationen nur in **einer Richtung** speichern, der QR-Code jedoch speichert Informationen **zweidimensional**. Das bedeutet, dass ein Barcodeleser nur in Linienrichtung scannen kann, ein QR-Code-Scanner jedoch aus jeder Richtung.

QR-Codes sind hauptsächlich mit **Internetadressen** verlinkt, die sich direkt im Browser des Smartphones öffnen lassen. Dazu wird eine **App** benötigt, die mithilfe der Handykamera den QR-Code scannt und die Informationen auswertet. So können sehr schnell und einfach beispielsweise **Produktinformationen** eingeholt werden. Des Weiteren verschlüsseln QR-Codes **Kontaktinformationen**, z. B. Telefonnummern, Adressen, Namen usw., die nach dem Auslesen direkt und fehlerfrei in das Adressbuch des Smartphones gespeichert werden können. Selbst wenn der QR-Code bis zu einem Drittel unleserlich ist, kann er noch ausgewertet werden.

1. Nenne weitere Einsatzbereiche für den QR-Code.
2. Erläutere weitere Vorteile dieser Codierung.
3. Sammle und vergleiche Arten des QR-Codes.
4. Finde eine Möglichkeit, einen QR-Code zu erstellen.

Nice to know
Der **QR-Code** wurde 1994 für die Automobil-Logistik erfunden.

Auf den Punkt gebracht
Der **QR-Code** ist eine Weiterentwicklung des Barcodes und verfügt durch die zweidimensionale Speicherung über eine enorme Speicherkapazität.

92

Autorinnen, Autor und Verlag wünschen dir viel Spaß und Erfolg bei der Erarbeitung der IT-Themen.

1 Texterfassung

Die Texterfassung spielte schon immer eine wichtige Rolle, um Informationen zu übermitteln. Die Texte wurden bis Mitte des 15. Jahrhunderts mit Hand geschrieben, was nur wenige konnten. Johannes Gutenberg, ein Goldschmied, erfand ab 1450 ein System mit beweglichen Lettern, um Texte darzustellen und zu drucken. Einzelne bleihaltige Buchstaben wurden mühsam zu einem Text zusammengesetzt (Bleisatz). Mitte des 19. Jahrhunderts erfand Peter Mitterhofer, Zimmerer und Musiker, die erste Schreibmaschine. An der Schreibmaschine verwendete man bereits das 10-Finger-System und war mit der Eingabe eines Textes schnell. Machte man jedoch Fehler, musste neu begonnen werden. Seit 1979 ersetzt der Computer mit Tastatur die Schreibmaschine.

1

1.1 Hinführung zum 10-Finger-Tastschreiben

Du kannst dich auf einer PC-Tastatur orientieren und kennst die sachgerechte Bedienung der Tasten zur Texteingabe.

Vielleicht ist heute deine erste Stunde im neuen Fach Informationstechnologie. Und natürlich geht es um die Arbeit am Computer und das Erlernen des Tastschreibens. Bevor es losgehen kann, mache dich mit dem Gebrauch deiner Tastatur vertraut.

Orientierung auf der Tastatur

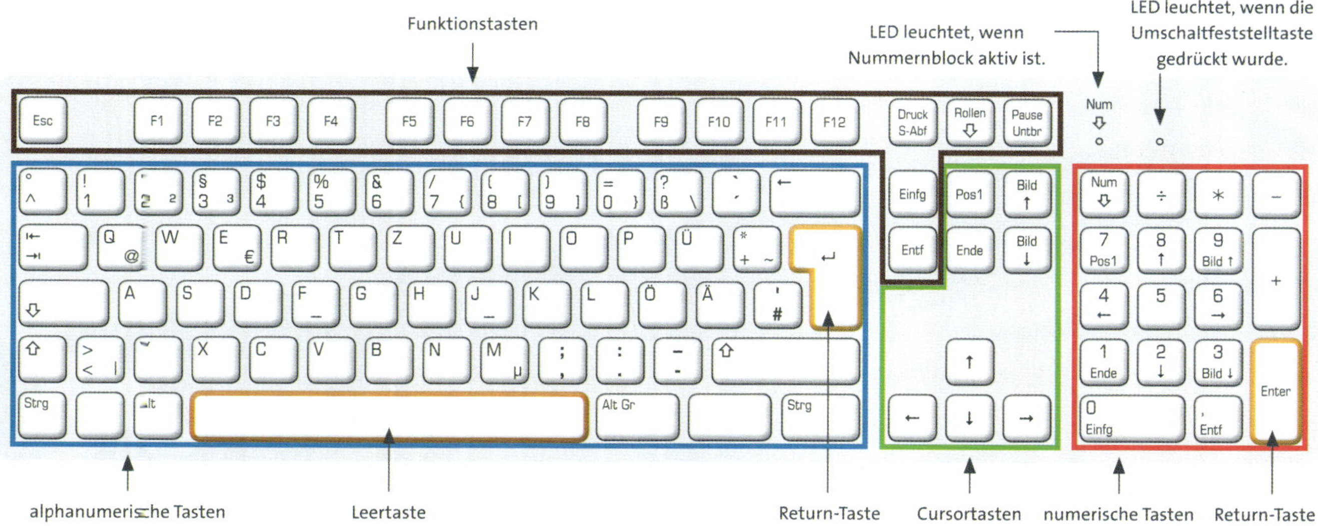

Nice to know

Alphanumerisch:
Alpha = Alphabet
numerisch = Nummer

Alphanumerische Tasten: Damit ist der größte Bereich der Tastatur gemeint, in dem sich die Buchstaben (Alphabet), die Ziffern (Nummern), die Zeichen und die Leertaste befinden.

Numerische Tasten (Nummernblock): Diese benutzt du, wenn du viel mit Zahlen arbeitest. Du musst diesen Block durch die Taste [Num] aktivieren.

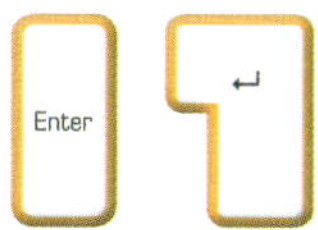

Return-Taste (auch Enter-Taste oder Eingabe-Taste): Mit dieser Taste wechselst du in eine neue Zeile. Die Taste gibt es sowohl im alphanumerischen als auch im numerischen Block.

Cursortasten: Sie ermöglichen eine **Bewegung des Cursors** (Positionsanzeiger am Bildschirm) innerhalb des Textes nach oben, unten, rechts oder links.

Funktionstasten: Sie sind mit bestimmten, voreingestellten Befehlen belegt, z. B. diese Taste [F1] mit **Hilfe**.

Hinweise zum Tastschreiben

Du gibst deinen Text als Fließtext ein und das Programm wechselt automatisch in die nächste Zeile. Nur wenn du eine neue Zeile oder einen neuen Absatz beginnen willst, gehst du mit dem **rechten kleinen Finger** weit nach rechts zur Return-Taste [↵] (Eingabe-Taste/Enter-Taste) und wechselst manuell.

- Die Tasten werden beim Schreiben nur **kurz angeschlagen**.
- **Nicht fest drücken**, sonst schreibst du viele gleiche Buchstaben, z. B. kkkkkkk.
- Nach dem Anschlagen einer Taste geht dein Finger **sofort** wieder **in die Grundstellung**.
- Nach jedem Wort folgt ein **Leerzeichen**. Dabei drückst du die Leertaste mit dem linken oder rechten Daumen.
- Achte beim Schreiben auf einen **gleichmäßigen Anschlag** (Metronom im Internet).
- Schaue beim Schreiben auf den **Bildschirm** oder deine **Vorlage** auf dem Konzepthalter.
- **Übe jeden Tag 10 Minuten!**

Du kannst deinen Computerarbeitsplatz einrichten.

Die Sitzhaltung

- Setze dich gerade hin.
- Deine Ober- und Unterarme bilden einen Winkel von 90°–110°.
- Deine Füße stehen auf dem Boden.
- Deine Unterarme und Handgelenke bilden eine Gerade, sie liegen beim Schreiben **nicht** auf dem Tisch auf.
- Der Abstand der Tastatur von der Tischkante soll 5–10 cm betragen.

Die Programmeinstellungen

Vor dem Schreiben musst du noch einige Programmeinstellungen in deinem Textverarbeitungsprogramm, sowohl zu Hause als auch in der Schule, vornehmen.

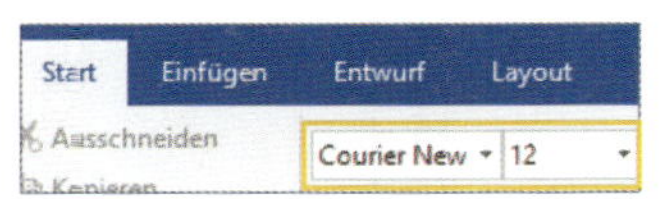

Zum Tastschreiben verwendest du:

Schriftart:	Courier New	
Schriftgröße:	12 pt	
Seitenränder:	Oben	2,5 cm
	Links	2,5 cm
	Unten	2,0 cm
	Rechts	2,5 cm

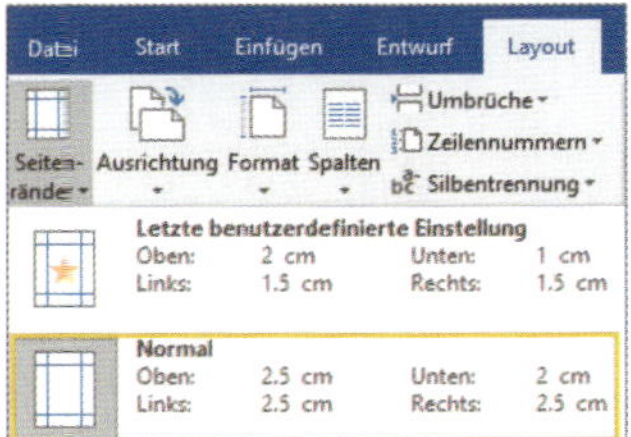

Nice to know

Punkt (pt)
ist die Einheit, mit der die Größe der Schriftart festgelegt wird. Bei 12 pt ist die Zeile auf dem Papier 3,55 mm hoch, die Buchstaben sind kleiner.

1. Nimm die richtige Sitzhaltung ein.
2. Überprüft euch gegenseitig, ob die Sitzhaltung korrekt ist. Informiere dich auch im Kap. 1.5, wie die Umgebung (z. B. Tisch, Lichtverhältnisse usw.) sein sollen, um optimal arbeiten zu können.
3. Überprüfe die Programmeinstellungen und ändere sie unter Umständen.
4. Der alphanumerische Tastenblock ist auf die deutsche Sprache abgestimmt. Man spricht von der **QWERTZ**-Tastaturbelegung, im englischen Sprachraum von **QWERTY** und im französischen von **AZERTY**. Erkläre diese Namen und die Unterschiede.

Auf den Punkt gebracht

Eine **Tastatur** ist in vier Hauptblöcke eingeteilt. Die **Tastaturbelegung** wird je nach Sprachraum verändert. Bei der Arbeit am Computer ist eine **Sitzhaltung** wichtig, die körperlichen Schäden entgegenwirkt. Das betrifft auch die **Arbeitsplatzumgebung** wie Tisch, Stuhl, Lichtverhältnisse usw.
Übungen zum Tastschreiben werden mit einem Textverarbeitungsprogramm mit der Schriftart Courier New in 12 pt durchgeführt.

1

1.2 Lehrgang: Tastschreiben nach 10-Finger-System

Die Grundstellung

Du kannst aus der Grundstellung heraus die Tasten des alphanumerischen Blocks mit deinen 10 Fingern griffsicher bedienen und kennst Möglichkeiten, Fehler zu korrigieren.

Die Grundstellung ist die Ausgangsstellung für das 10-Finger-System.

Dabei liegen die Finger der linken Hand, mit dem kleinen Finger beginnend, der Reihe nach auf den Tasten A, S, D, F und die Finger der rechten Hand, mit dem Zeigefinger beginnend, auf den Tasten J, K, L, Ö. Zur Orientierung haben die Tasten F und J erhöhte Unterstriche.

Die Daumen bedienen **die Leertaste**, der blinkende Positionsanzeiger (Cursor) zeigt an, wo der nächste Anschlag der Tastatur ausgeführt wird. Er steht immer rechts neben dem zuletzt ausgeführten Zeichen.

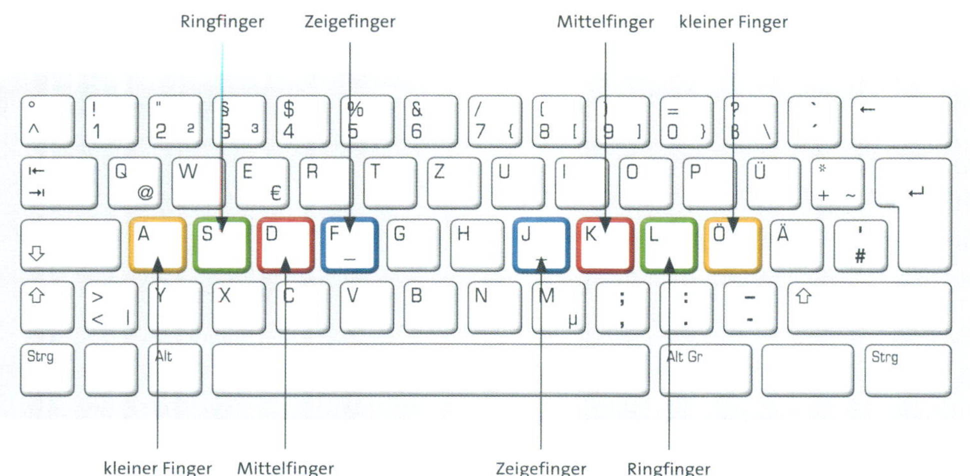

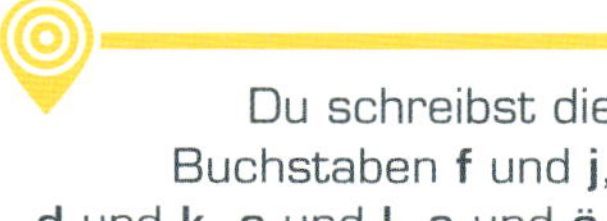

Du schreibst die Buchstaben **f** und **j**, **d** und **k**, **s** und **l**, **a** und **ö**.

f: linker Zeigefinger / j: rechter Zeigefinger

Zeilen		Anschläge
1	fff jjj fff jjj fff jjj fff jjj fff jjj fff jjj fff jjj fff	56
2	ffj ffj jjf jjf ffj ffj jjf jjf ffj ffj jjf jjf ffj ffj jjf	112
3	fjf fjf fjf jfj jfj jfj fjf fjf fjf jfj jfj jfj fjf fjf fjf	168

d: linker Mittelfinger / k: rechter Mittelfinger

Zeilen		Anschläge
4	ddd kkk ddd kkk ddd kkk ddd kkk ddd kkk ddd kkk ddd kkk ddd	224
5	ddk ddk kkd kkd ddk ddk kkd kkd ddk ddk kkd kkd ddk ddk kkd	280
6	dfk dfk dfk kjf kjf kjf dfk dfk dfk kjf kjf kjf dfk dfk df	336

s: linker Ringfinger / l: rechter Ringfinger

Zeilen		Anschläge
7	sss lll sss lll sss lll sss lll sss lll sss lll sss lll sss	392
8	ssl ssl lls lls ssl ssl lls lls ssl ssl lls lls ssl ssl lls	448
9	sdf lkj sdf lkj sdf lkj fds jkl fds jkl fds jkl sdf lkj fds	504

a: linker kleiner Finger / ö: rechter kleiner Finger

Zeilen		Anschläge
10	aaa ööö aaa ööö aaa ööö aaa ööö aaa ööö aaa ööö aaa ööö aaa	560
11	aaö aaö ööa ööa aaö aaö ööa ööa aaö aaö ööa ööa aaö aaö ööa	616
12	fds dsa fds dsa jkl klö jkl klö fds das fds dsa jkl klö jkl	672

1. **Gemischte Übungen aus der Grundstellung:**
   Schreibe jede Zeile dreimal hintereinander.

Zeilen		Anschläge
13	ja ja ja ja da da da da lös lös lös las las las das das das	728
14	fall fall fall fall saal saal saal saal lass lass lass lass	784
15	alaska alaska alaska dallas dallas dallas alaska dallas das	840

Zur Entspannung Halte deine Fingerspitzen zueinander und drücke sie dreimal gegeneinander. Dann mache eine Faust, öffne und schließe sie wieder dreimal. Wiederhole die gesamte Übung einige Male.

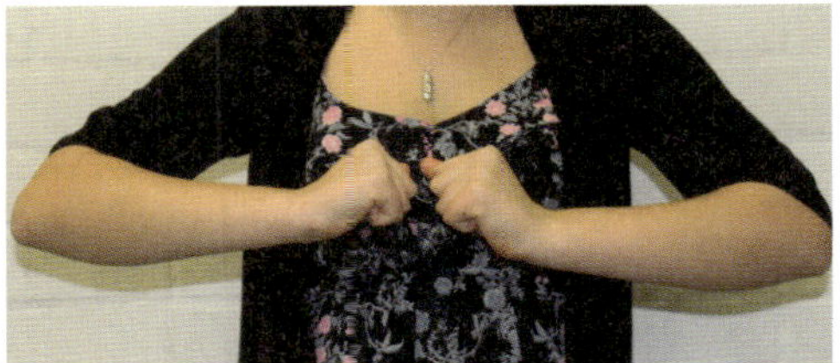

Möglichkeiten zur Sofortkorrektur

Wenn du einen Fehler gemacht hast, kannst du ihn mit den folgenden Tasten sofort korrigieren. Beide Tasten werden mit dem rechten kleinen Finger gedrückt.

Alphanumerischer Bereich		Sondertastenbereich	
←	Blinkender Cur|sor nach dem falschen Buchstaben oder Zeichen, löscht nach **links.**	Entf	Blinkender Cur|sor vor dem falschen Buchstaben oder Zeichen, löscht nach **rechts.**

Mehr zur automatischen Rechtschreibprüfung ➨ S. 65

Ursachen von Tastfehlern

- **Unsicherheit bei der Ausführung der Griffwege:** Führe die einzelnen Griffwege von Anfang an mit sauberer Bewegung aus. Präge sie dir durch konstantes Üben ein.
- **Verwechslung beim Gebrauch von linken und rechten Fingern (häufig bei e und i, g und h):** Vermeide diese Verwechslungen durch konzentriertes, bewusstes Üben. Du kannst z. B. während der Eingabe von kurzen Wörtern (nein oder nie, kein oder Knie) leise buchstabieren.
- **Nichteinhalten der Grundstellung:** Versuche beim Schreiben mit mindestens einem oder zwei Fingern die Grundstellung zu halten.
- **Unsauberes Ausführen der Griffwege:** Vermeide den Griff zwischen zwei Tasten. Durch das Wiederholen früherer Übungen schaffst du allmählich sichere Griffwege.
- **Unkonzentriertheit:** Konzentriere dich beim Schreiben auf dich und deine Übungen und den Text. Lass dich nicht von anderen ablenken.

Achtung! Arbeite beim Tastschreiben in dieser Reihenfolge: **erst sicher, dann schnell.**

1

Du schreibst die Buchstaben **e** und **i**.

e: linker Mittelfinger leicht schräg nach links oben

Zeilen		Anschläge
1	ddd eee ddd eee ded ded ded ded ede ede ede ede ded ede ded	59
2	def ded des dea def ded des dea def ded des dea def ded des	118
3	dej dek del deö dej dek del deö dej dek del deö dej dek del	177
4	asdedf jklö asdedf jklö asdedf jklö asdedf jklö asdedf jklö	236
5	fdedsa ölkj fdedsa ölkj fdedsa ölkj fdedsa ölkj fdedsa ölkj	295

i: rechter Mittelfinger leicht schräg nach links oben

Zeilen		Anschläge
6	kkk iii kkk iii kik kik kik kik iki iki iki iki kik iki kik	354
7	kij kik kil kiö kij kik kil kiö kij kik kil kiö kij kik kil	413
8	kif kid kis kia kif kid kis kia kif kid kis kia kif kid kis	472
9	ölkikj fdsa ölkikj fdsa ölkikj fdsa ölkikj fdsa ölkikj fdsa	531
10	jkiklö asdf jkiklö asdf jkiklö asdf jkiklö asdf jkiklö asdf	590

2. **Wortübungen:**
Schreibe jede Zeile 1 Minute lang ab (Stoppuhr/Handy).

Zeilen		Anschläge
11	die die die die das das das das des des des des die das des	649
12	sei sei sei sei sie sie sie sie ade ade ade ade sei sie ade	708
13	öde öde öde öde ida ida ida ida see see see see öde ida see	767
14	dies dies dies lies lies lies fiel fiel fiel kess kess kess	826
15	hilf hilf hilf seid seid seid edel edel edel esse esse esse	885
16	alle alle alle feil feil feil eile eile eile lese lese lese	944
17	sei leise lies dies sie fiel dies eis alles leise die fidel	1003
18	sie half diese fidel diese lade esse eis lies leise sie las	1062

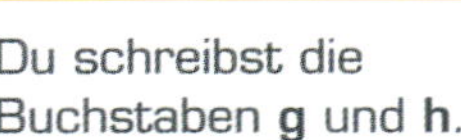

Du schreibst die Buchstaben **g** und **h**.

g: linker Zeigefinger nach rechts zur Mitte

Zeilen		Anschläge
1	fgf fgf fgf fgf fgf gfg gfg gfg gfg gfg fgf gfg fgf gfg fgf	59
2	fgf fgd fge fgs fga gfg gfd gfe gfs gfa afg sfg efg dfg fgf	118
3	gfa gfe gfd gfs gef efg sfg afg dfg efg gfa gfe gfd gfs gfa	177
4	asdedfg jklö asdedfg jklö asdedfg jklö asdedfg jklö asdedfg	236
5	gfdedsa ölkj gfdedsa ölkj gfdedsa ölkj gfdedsa ölkj gfdedsa	295

h: rechter Zeigefinger nach links zur Mitte

Zeilen		Anschläge
6	jhj jhj jhj jhj jhj hjh hjh hjh hjh hjh jhj hjh jhj hjh jhj	354
7	jhj jhk jhi jhl jhö hjh hjk hji hjl hjö öjh ljh kjh ijh jhj	413
8	hjö hji hjk hjl hij ijh ljh öjh kjh ijh hjö hji hjk hjl hjö	472
9	ölkikjh fdsa ölkikjh fdsa ölkikjh fdsa ölkikjh fdsa ölkikjh	531
10	hjkiklö asdf hjkiklö asdf hjkiklö asdf hjkiklö asdf hjkiklö	590

3. **Wortübungen:**
Wiederhole jede Zeile so oft, bis du sie fehlerfrei geschrieben hast.

Zeilen		Anschläge
11	die gase die feige die sage die lage die gase die sage eile	649
12	die halle die hölle die heide die heidi die hilfe die höhle	708
13	heidi sah die höhle sie sah die falle ilse sag es die klage	767

4. Jetzt noch ein paar **Griffübungen** mit den Zeilen 14–18.
Schau beim Schreiben **auf den Bildschirm** oder **auf die Vorlage.** Falls es dir Mühe macht, nimm einen Schnellhefter, lege die durchsichtige Seite unter deine Tastatur und die farbige Seite über deine Hände und die Tasten

Zeilen		Anschläge
14	asdefg asdefg asdefg asdefg ölkijh ölkijh ölkijh ölkijh asd	826
15	aesede öiliki aesede öiliki aesede fegede öihiki fegede öih	885
16	aisidi öeleke aisidi öeleke gifiei hejeie gifiei hejeie gif	944
17	adefga hijklö adefga hijklö adefga hijklö adefga hijklö ade	1003
18	seisie leilie feifie keikie geigie heihie deidie aeiaie öei	1062

1

Du schreibst in Großbuchstaben mit der **Umschalttaste**.

Umschalttaste (Shift-Taste) links

Umschalten **links,** schreiben **rechts:** Dein kleiner linker Finger geht von der Taste A weit nach links unten zur Umschalttaste. Diese hältst du gedrückt, bis du den gewünschten Buchstaben der rechten Hand geschrieben hast.

Zeilen		Anschläge
1	Ja Ja Ja Ja Ka Ka Ka Ka La La La La Öa Öa Öa Öa Ia Ia Ia Ia	79
2	Kij Kik Kil Kiö Kie Kij Kik Kil Kiö Kie Kij Kik Kil Kiö Kie	153
3	Jia Kid Lia Öde Ida Jia Kid Lia Öde Ida Jia Kid Lia Öde Ida	227

Umschalttaste (Shift-Taste) rechts

Umschalten **rechts,** schreiben **links:** Dein kleiner rechter Finger geht von der Taste Ö weit nach rechts unten zur Umschalttaste. Diese hältst du gedrückt, bis du den gewünschten Buchstaben der linken Hand geschrieben hast.

Zeilen		Anschläge
4	Fö Fö Fö Fö Dö Dö Dö Dö Sö Sö Sö Sö Aö Aö Aö Aö Eö Eö Eö Eö	306
5	Def Ded Des Dea Die Def Ded Des Dea Die Def Ded Des Dea Die	380
6	Fes Das See Aal Eis Fes Das See Aal Eis Fes Das See Aal Eis	454
7	die Klasse die Lade die Öse die Keile leise Klasse des Öles	519
8	die Falle die Aue die Feile des Saales die Aale das Löss es	585

5. Schreibe die Zeilen 7–8 **als Pyramide** ab. Beispiel:

die
die Klasse
die Klasse die usw.

Umschaltfeststelltaste (Caps Lock, Shift Lock)

Gehe mit dem linken kleinen Finger nach links neben die Taste A.
Drücke einmal die Taste. Auf der Tastatur leuchtet jetzt rechts oben in der Mitte ein kleines Licht. Schreibe dein Wort oder deine Wörter. Drücke nochmals die Taste links neben dem A. Das grüne Licht ist wieder aus und du kannst ganz normal weiterschreiben.

Zeilen		Anschläge
9	ILSE sage LISA, das FASS ist heil, die KLASSE ist da, JAGD	657
10	die SAGA, die LOSE, diese KLASSE, die KEILE, die HÖHLE, AG	727

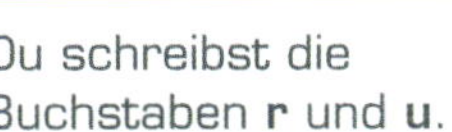

Du schreibst die Buchstaben **r** und **u**.

r: linker Zeigefinger leicht nach links oben

Zeilen		Anschläge
1	frf frf frf frf frf rfr rfr rfr rfr rfr frg frg frg frg frg	59
2	frf frg frd fre frs fra frf frg frd fre frs fra frf frg frd	118
3	frj frk fri frl frö frh frj frk fri frl frö frh frj frk fri	177
4	asdedfrfgfr asdedfrfgfr asdedfrfgfr asdedfrfgfr asdedfrfgfr	236
5	rfgfrfdedsa rfgfrfdedsa rfgfrfdedsa frgfrfdedsa frgfrfdedsa	295

u: rechter Zeigefinger leicht nach links oben

Zeilen		Anschläge
6	juj juj juj juj juj uju uju uju uju uju juh juh juh juh juh	354
7	juj juh juk jui jul juö juj juh juk jui jul juö juj juh juk	413
8	juf jug jur jud jue jus jua juf jug jur jud jue jus jua juf	472
9	ölkikjujhju ölkikjujhju ölkikjujhju ölkikjujhju ölkikjujhju	531
10	ujhjujkiklö ujhjujkiklö ujhjujkiklö ujhjujkiklö ujhjujkiklö	590

6. **Kleine Sätze:**
   Schreibe die drei Zeilen im Block so lange, bis die drei Zeilen als Block fehlerfrei sind.

Zeilen		Anschläge
11	sie kaufe die Uhr die klare Aussage die kahle Höhe sie fuhr	651
12	kaufe die Öle der faule Affe das faule Ei erdulde die Feier	714
13	erfreu sie das graue Haar klare Aussage fahre die Fuhre aus	776
14	er frage Alfred leise höre auf die Lehrer sage es der Klara	838
15	die Reise der Frau klage ihr alles frage Elias und Karl aus	901
16	sage es Laura und Julius die Halle sei leer Heide und Julia	965

Zur Entspannung Dehne die Finger der rechten Hand nach und nach mit deiner linken Hand etwas auseinander und umgekehrt.

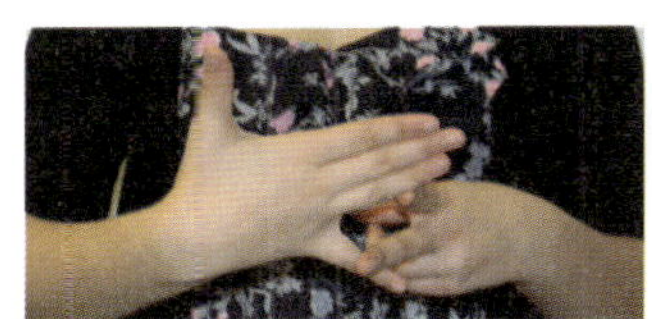 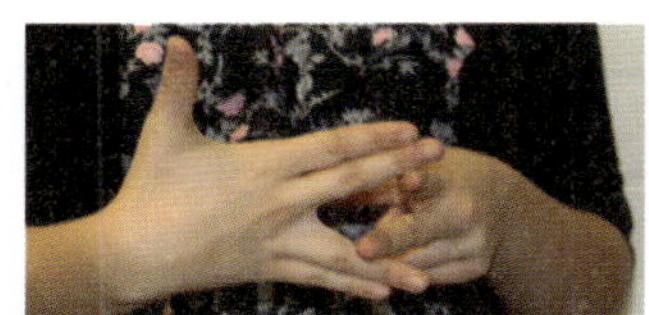 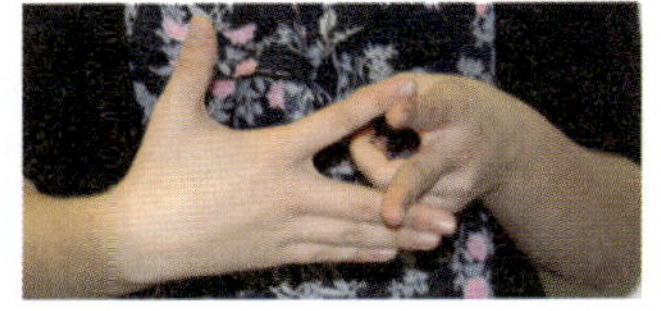

1

Die Cursortasten

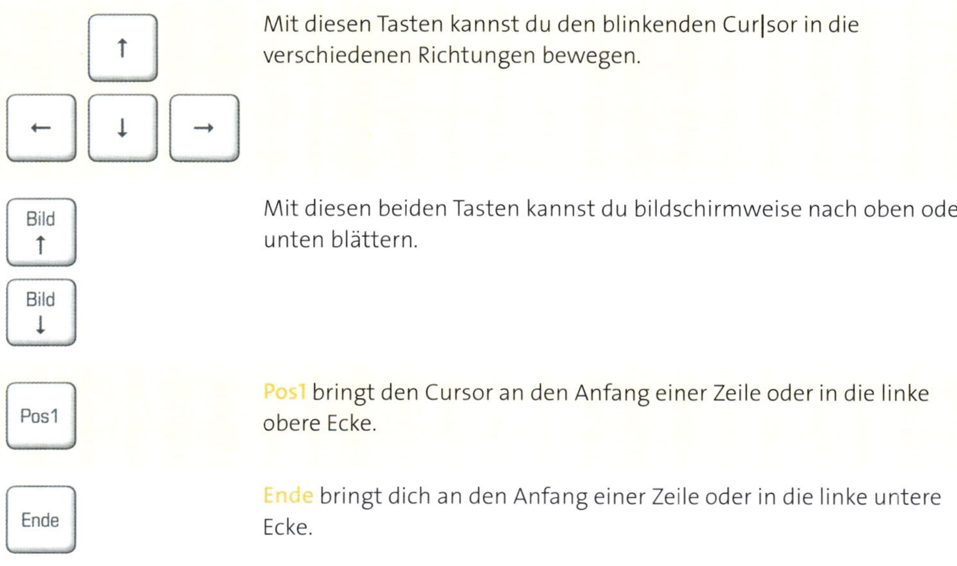

↑ ← ↓ →	Mit diesen Tasten kannst du den blinkenden Cur|sor in die verschiedenen Richtungen bewegen.
Bild ↑ Bild ↓	Mit diesen beiden Tasten kannst du bildschirmweise nach oben oder unten blättern.
Pos1	Pos1 bringt den Cursor an den Anfang einer Zeile oder in die linke obere Ecke.
Ende	Ende bringt dich an den Anfang einer Zeile oder in die linke untere Ecke.

Hinweis: Dein Anschlag beim Schreiben soll immer gleichmäßig sein. Um dies üben zu können, schreibst du am besten mit einem **Metronom** (z. B. im Internet – Suchbegriff: Metronom-online). Damit hast du beim Schreiben einen Rhythmus (Takt), den du nach und nach steigern kannst. Beginne zwischen 30 und 40 Anschlägen und steigere dein Können bis zu 60 Anschlägen.

Vermeide dabei den Blick auf deine Finger!

Versuche es gleich mal mit den schon gelernten Griffübungen.

Zur Entspannung Drücke deinen Kopf nach links, nach rechts, vorne und hinten (drei- bis viermal) zu jeder Seite. Anschließend kreist du den Kopf einmal links-, einmal rechtsherum (drei- bis viermal).

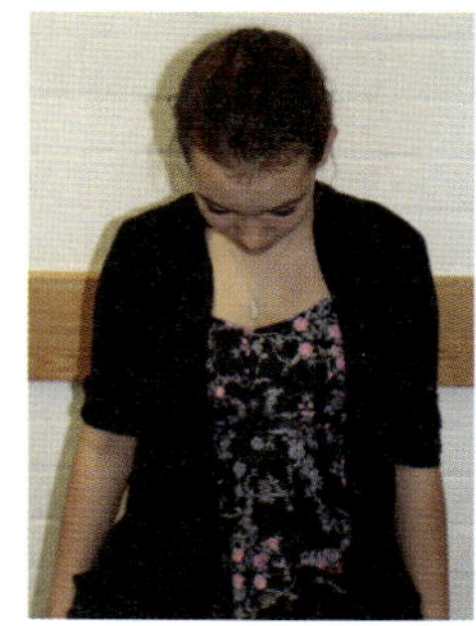
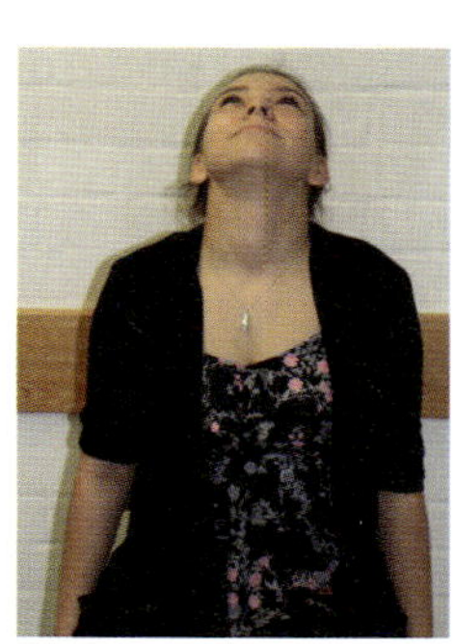

Du schreibst die Buchstaben **t** und **z**.

t: linker Zeigefinger nach rechts oben

Zeilen		Anschläge
1	ftf ftf ftf ftf ftf ftf tft tft tft tft tft ftg ftg ftg ftg	59
2	ftf ftg ftd fte fts fta ftf ftg ftd fte fts fta ftf ftg ftd	118
3	ftj ftk fti ftl ftö fth ftj ftk fti ftl ftö fth ftj ftk fti	177
4	asdedfrffgfftf asdedfrffgfftf asdedfrffgfftf asdedfrffgfftf	236
5	ftffgffrfdedsa ftffgffrfdedsa ftffgffrfdedsa ftffgffrfdedsa	295

z: rechter Zeigefinger weit nach links oben

Zeilen		Anschläge
6	jzj jzj jzj jzj jzj zjz zjz zjz zjz zjz jzh jzh jzh jzh jzh	354
7	jzj jzh jzk jzi jzl jzö jzj jzh jzk jzi jzl jzö jzj jzh jzk	413
8	jzf jzg jzr jzd jze jzs jza jzf jzg jzr jzd jze jzs jza jzf	472
9	ölkikjujjhjjzj ölkikjujjhjjzj ölkikjujjhjjzj ölkikjujjhjjzj	531
10	jzjjhjjujkiklö jzjjhjjujkiklö jzjjhjjujkiklö jzjjhjjujkiklö	590

7. Kleine Satzübungen: Baue die Wörter nach und nach auf.
Beispiel: h ha hal halt halte d di die T Tr Tra Trag Trage e er k ka kas kass usw.

Zeilen		Anschläge
11	halte die Trage er kassiert die Staude er hatte gut gezahlt	651
12	das teure Ölfass das Flugzeug fliegt kurz tiefer er zögerte	712
13	es ist die klare Ansage sie reitet aus sie ist sehr durstig	772

Zur Entspannung Setze dich so hin, dass deine Füße auf dem Boden stehen, dein Rücken ist gerade, dann machst du deinen Rücken rund wie eine Katze, dann wieder gerade. Wiederhole die Übung fünfmal.

Übe jeden Tag 10 Minuten und denke an deine Sitzhaltung.

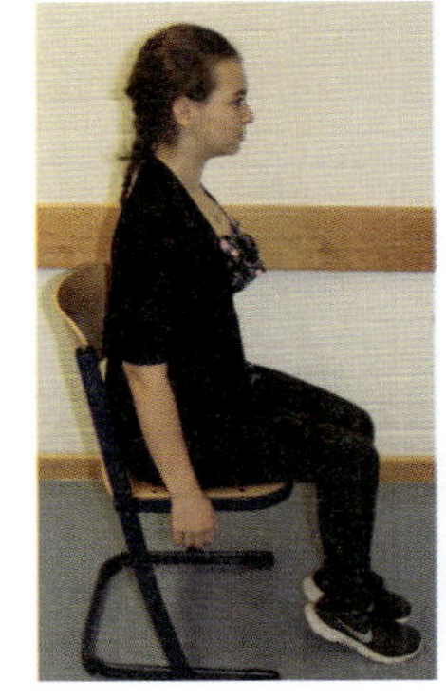

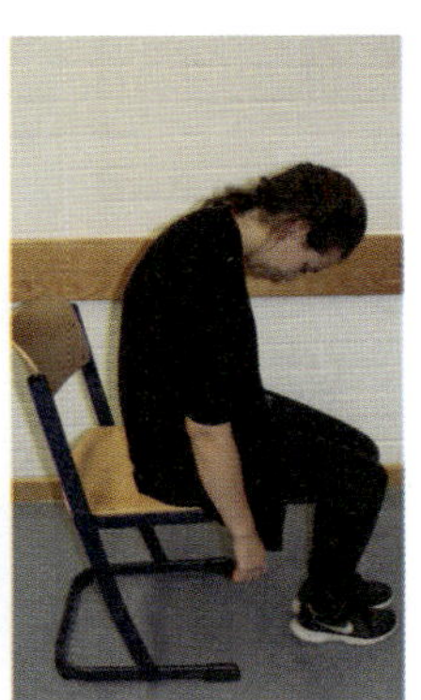

1

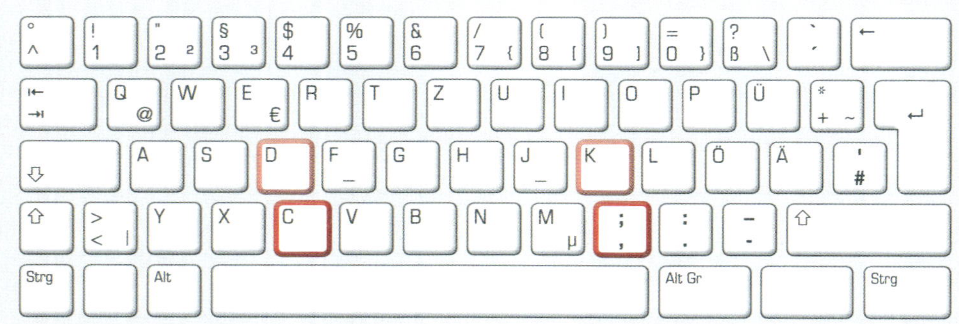

Du schreibst den Buchstaben **c** und die Zeichen **Komma** und **Strichpunkt**.

c: linker Mittelfinger nach rechts unten

Zeilen		Anschläge
1	ded dcd dcd ded dcd dcd ded dcd dcd ded dcd dcd ded dcd dcd	59
2	dcd dce dcf dcg dcr dct dcd dce dcf dcg dcr dct dcd dce dcf	118
3	dch dck dch dck dch dck ich ich ich ach ach ach uch uch uch	177
4	ich ich ich dich dich dich sich sich sich mich mich mich ch	236
5	lache lachte sacht sachte gaff gaffte schick schickte eckig	295

Komma: rechter Mittelfinger leicht nach rechts unten
Strichpunkt: (liegt über dem Komma) vor dem Schreiben linke Umschalttaste drücken

Zeilen		Anschläge
6	kik k,k k,k kik k,k k,k kik k,k k,k kik k;k k;k kik k;k k;k	354
7	k,k k,i k,j k,h k,u k,z k,k k,i k,j k,h k,u k,z k,k k,i k,j	413
8	da, da; da, du; du, du; es, es; es, er; er, er; he, he; he,	472
9	herrlich, möglich, eckig, falsch, gemacht, schade, gelacht,	531
10	heimlich, höflich, lache, frisch, löslich, schaue, getraut,	590

8. **Schreibe jede Zeile dreimal hintereinander.**

Zeilen		Anschläge
11	ich lachte mich schief, er traute sich alles, ich mache es,	649
12	sie ist sehr zögerlich, es ist sehr sachlich, er fragt sie,	708
13	sie sagte es mir; er hat die Möglichkeit; gehe jetzt zu ihm	770
14	jetzt geht er leise aus der Höhle; er lachte sie jetzt aus;	832

Satzzeichen

Jedes Satzzeichen (Punkt, Komma, Strichpunkt, Doppelpunkt usw.) wird **ohne** Leerschritt an das vorangegangene Wort geschrieben. **Nach** dem Satzzeichen folgt ein Leerschritt. Steht eine Abkürzung mit Punkt am Ende eines Satzes, dann ist der Abkürzungspunkt gleichzeitig der Satzpunkt.

Beispiele: Es ist uns nicht möglich, zu kommen.
Wenn wir nicht weiterkommen, werden wir fragen.
Wir fahren nach München, Wien, Rom usw.

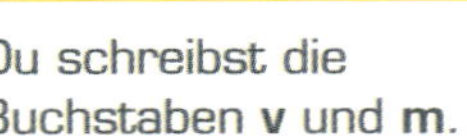

Du schreibst die Buchstaben **v** und **m**.

v: linker Zeigefinger leicht nach rechts unten

Zeilen		Anschläge
1	fvf fvf fvf fvf fvf vfv vfv vfv vfv vfv fvg fvg fvg fvg fvg	59
2	fvf fgf fvf frf fvf ftf fvf fgf fvf frf fvf ftf fvf fgf fvf	118
3	fve fvr fvt fvg fvs fva fve fvr fvt fvg fvs fva fve fvr fvt	177
4	asdedfvfgfrftf asdedfvfgfrftf asdedfvfgfrftf asdedfvfrfgftf	236
5	ftfrfgfvfdedsa ftfrfgfvfdedsa ftfrfgfvfdedsa ftfrfgfvfdedsa	295
6	acdefghijklrst uzacdefhijklrs tuzacdefhijklr stuzacdefghijk	354

m: rechter Zeigefinger leicht nach rechts unten

Zeilen		Anschläge
7	jmj jmj jmj jmj jmj mjm mjm mjm mjm mjm jmh jmh jmh jmh jmh	413
8	jmj jmh jmk jmi jml jmö jmj jmh jmk jmi jml jmö jmj jmh jmk	472
9	jmf jmg jmr jmd jme jms jma jmf jmg jmr jmd jme jms jma jmt	531
10	ölkikjmjhjujzj ölkikjmjhjujzj ölkikjmjhjujzj ölkikjmjhjujzj	590
11	jzjujhjmjkiklö jzjujhjmjkiklö jzjujhjmjkiklö jzjujhjmjkiklö	649
12	acdefghijklmrs tuzacdefghijkl mrstuzacdefghi jklmrstuzacdef	708

9. Wortübungen:

Schreibe die Wörter in den Zeilen je zweimal vorwärts und rückwärts.

Beispiel: (Zeile 13): treilrev vitaerk rhes tsi eis eguezrhaF ella teteimrev re

Zeilen		Anschläge
13	er vermietet alle Fahrzeuge, sie ist sehr kreativ, verliert	768
14	das massive Haus ist verkauft, er markiert heute die Vierer	829
15	die Ansage ist klar, da ritt sie aus, sie ist sehr durstig,	889

Zur Entspannung Verschränke deine Finger, drehe die Arme nach außen und strecke sie durch. Die Handrücken zeigen zu dir.

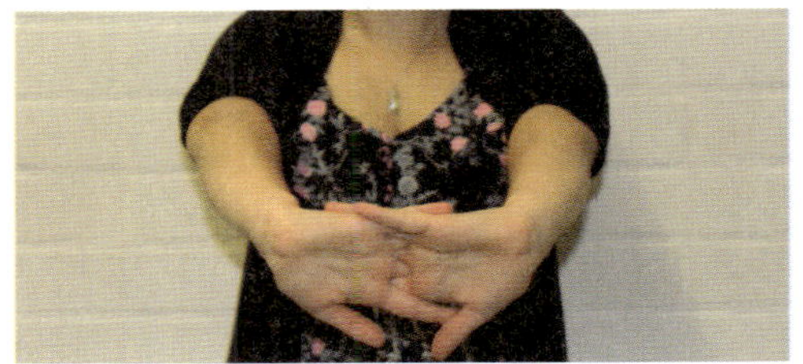

1

Du schreibst die Buchstaben **b** und **n**.

b: linker Zeigefinger weit nach rechts unten

Zeilen		Anschläge
1	fvf fbf fbf fbf fvf fbf fbf fbf fvf fbf fbf fbf fvf fbf fbf	59
2	fbf fbv fbg fbr fbt fbf fbv fbg fbr fbt fbf fbv fbg fbr fbt	118
3	bar bei bas bis tab bar bei bas bis tab bar bei bas bis tab	177
4	aber aber aber blau blau blau beim beim beim besser bessere	236
5	tabu tabu tabu lieb lieb lieb base base base bummel bummeln	295
6	bist bist bist gelb gelb gelb trab trab trab balgen balgend	354

n: rechter Zeigefinger nach links unten

Zeilen		Anschläge
7	jmj jnj jnj jnj jmj jnj jnj jnj jmj jnj jnj jnj jmj jnj jnj	413
8	jnj jnm jnh jnu jnz jnj jnm jnh jnu jnz jnj jnm jnh jnu jnz	472
9	nun nie neu nah not nun nie neu nah not nun nie neu nah not	531
10	bestellen, bestanden, bedrucken, bereisen, beliefern, bald,	590
11	schneller, blendende, benannten, bittende, berichten, eben,	649
12	schallend, nötigende, bezaubern, dringend, nutzbaren, rein,	708

10. Kleine Satzübungen: Schreibe die drei Zeilen jeweils dreimal ab.

Zeilen		Anschläge
13	sie ist ein bisschen eingebildet, er beliefert das Kurheim,	768
14	er will nicht das Ganze bezahlen, sie bedruckten das Shirt,	829
15	er findet Judith sehr bezaubernd, Dagobert malte es selbst,	890

11. Schreibe den Text als Fließtext (5 Minuten, keine Zeilenschaltung).

Zeilen		Anschläge
16	er mag gerne Musik, das Fieber geht runter, er muss um	946
17	neun ins Bett, der graue Turm ist sehr alt, Erna hat heute	1007
18	viele Hausaufgaben, am Freitag beginnen die Ferien, der	1065
19	Lehrer ist nicht da, da ist die Klasse sehr laut, Maria	1125
20	hat heute die Miete gezahlt, die Vase ist schön, deshalb	1183
21	kauft er sie auch, Ute kann in der Klasse mitlaufen,	1236
22	sie fuhren heute in den Urlaub, Sabine hat es sehr eilig,	1295

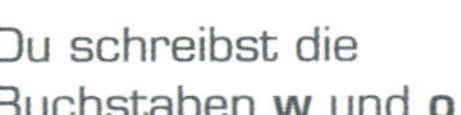

Du schreibst die Buchstaben **w** und **o**.

w: linker Ringfinger leicht nach links oben

Zeilen		Anschläge
1	sws sws sws sws sws sws wsw wsw wsw wsw wsw swf swd sws swa	59
2	wsa was wsd wds wse wes wsr wrs wst wts wsg wgs wsv wvs wsb	118
3	swa sws swd swe swc swf swg swr swt swv swb swj swi swu swz	177
4	was wag wir war weg was wag wir war weg was wag wir war weg	236
5	wer wie wen wau was wer wie wen wau was wer wie wen wau was	295

o: rechter Ringfinger leicht nach links oben

Zeilen		Anschläge
6	lol lol lol lol lol lol olo olo olo olo olo loj lok lol loö	354
7	olö oöl olk okl oli oil olu oul olz ozl olh ohl olm oml oln	413
8	loö lol lok loi lo, loj loh lou loz lom lon lo floe lor lot	472
9	Wort, Wohl, Woge, Wolf, Wolle, Oder, Olli, Ofen, Orte, Ober	541
10	Wald, Gold, Ware, Boot, Winde, Moor, Werk, Rose, Dose, Wahl	610

12. Schreibe erst alle Wörter der linken Hand, dann die der rechten, dann im Wechsel ab.

Zeilen		Anschläge
17	sein faul drin Wahl rein Bank Schi weil fehl Bein Dank Teil	1041
18	darf Milz fast Kilo sage Gabe fegt Pisa Bert Link frag Rast	1100
19	Text Jump Gast Kuli Wade Kuno frag Kohl Vase zum, Vers Holz	1159

Zur Entspannung Lege deine Fingerspitzen aneinander. Lass die Zeigefinger umeinanderkreisen (Links- und Rechtsdrehung), dann die Mittelfinger, Ringfinger bis zum kleinen Finger. Wiederhole fünfmal.

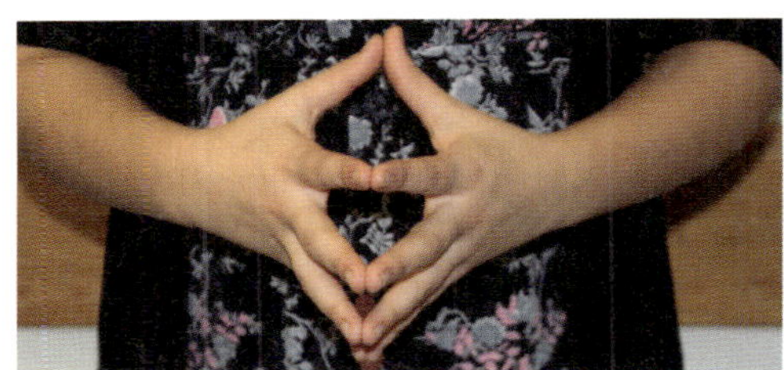
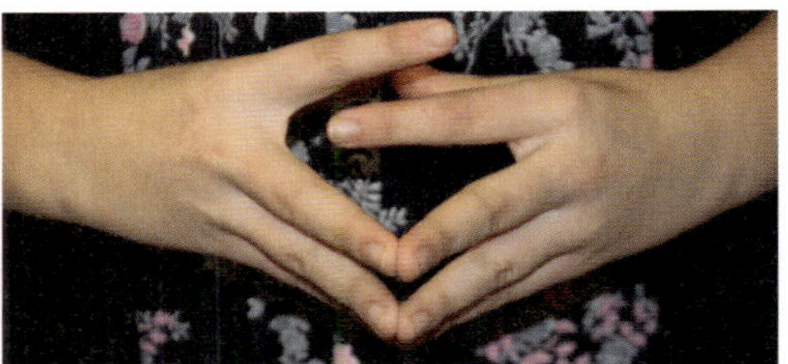

1

Du schreibst den Buchstaben **x** und die Zeichen **Punkt** und **Doppelpunkt**.

x: linker Ringfinger nach rechts unten

Zeilen		Anschläge
1	sws sxs sxs sxs xsx sws sxs sxs sxs xsx sws sxs sxs sxs xsx	59
2	sxa sxw sxs sxd sxe sxf sxr sxt sxg sxc sxv sxb sxs sxw xsx	118
3	sxö sxl sxk sxj sxo sxi sxu sxz sxh sxn sxm sx, xsj xsk xsl	177
4	axt axt axt hexe hexe hexe boxe boxe boxe exakt exakt exakt	236
5	mixen mixen mixen Xanten Xanten Xanten Mexiko Mexiko Mexiko	301

Punkt: rechter Ringfinger nach rechts unten
Doppelpunkt: vorher die linke Umschalttaste drücken

Zeilen		Anschläge
6	lol l.l l.l l.l .l. lol l.l l.l l.l .l. lol l.l l.l l.l lol	360
7	l.ö l.o l.l l.k l.i l.j l.u l.z l.h l., l.m l.n l.l l.o .l.	419
8	l:ö l:o l:l l:k l:i l:j l:u l:z l:h l:, l:m l:n l:l l:o .l:	493
9	Durch Fettschrift können Sie z. B. Buchstaben kennzeichnen.	877
10	Frau Dr. Barbara Bergmann hat eine eigene Kanzlei eröffnet.	941
11	Im HGB sind nicht alle gesetzlichen Bestimmungen zu finden.	1004
12	Auf diesem Schild fehlen leider die Einheiten mm, cm und m.	1066

Abkürzungen mit und ohne Punkt

Abkürzungen von Wörtern schreibst du mit Punkt (usw. [und so weiter] oder etc. [et cetera]).

Folgen zwei oder mehrere Abkürzungen aufeinander, kommt nach jedem Abkürzungspunkt ein Leerschritt (z. B. [zum Beispiel] oder u. U. [unter Umständen]).

Ist die Abkürzung ein eigenständiges Wort oder wird es buchstäblich gesprochen, folgt **kein Punkt** (BMW – VW – kg – EUR).

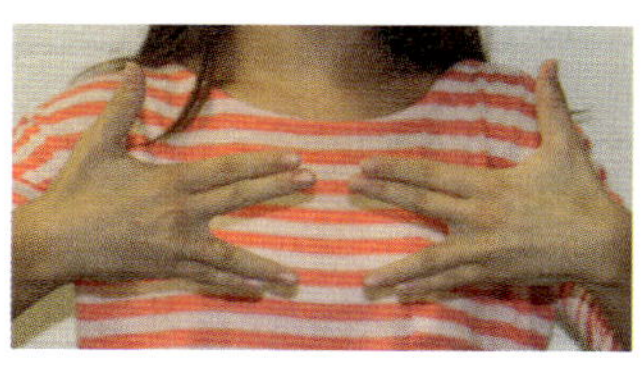

13. Suche noch weitere Abkürzungen mit und ohne Punkt und ordne diese der jeweiligen Gruppe zu.

Zur Entspannung Beginne mit der linken Hand: Lege deine Finger aneinander, spreize den kleinen Finger zur Seite, dann kleinen Finger und Ringfinger zusammen usw. – hin und zurück. Jetzt kommt die rechte Hand dran (je fünfmal).

Du schreibst die Buchstaben **q**, **p** und **ß**.

q: der linke kleine Finger geht leicht nach links oben

Zeilen		Anschläge
1	aqa aqa aqa aqa aqa qaq qaq qaq qaq qaq aqs aqd aqf aqe aqr	59
2	aqs aqw aqx aqd aqe aqc aqf aqr aqv aqt aqb aqg qba qga qta	118
3	aqj aqu aqz aqh aqn aqm aqk aqi aq, aql aqo aq. aq: aqö aqa	177
4	Die Qual, das Quiz, der Quirl, der Quader, die Qualle, quer	242
5	Das Quad, die Quelle, das Quartier, die Quittung, die Quote	307

p: der rechte kleine Finger geht leicht nach links oben

Zeilen		Anschläge
6	öpö öpö öpö öpö öpö pöp pöp pöp pöp pöp öpl öpk öpj öpi öpu	366
7	öpl öpo öp. öpk öpi öp, öpj öpu öpz öph öpn öpm pnö phö pzö	425
8	öpf öpr öpt öpg öpb öpv öpd öpe öpc öps öpw öpx öpq öp: öpö	485
9	Der Opa, der Pass, die Puppe, die Pappe, das Papier, Pfahl,	551
10	Polizei, der Puma, das Paket, die Palme, der Posten, Pferd,	616
11	Heini und Peter machen oft in der Schule Quatsch. Susi isst	680
12	in der Pause eine Quarktasche. Beim Einkauf hat sie oft die	743
13	Qual der Wahl. Nach dem Einkauf sammelte er die Quittungen.	807
14	Alle fuhren mit dem Fahrrad querfeldein. Dabei konnten sie	868
15	viele kleine Quellen sehen. Unterwegs gingen sie an den See	930
16	zum Baden, dann kaufte sich jeder noch Schokoeis mit Sahne.	992

ß: der rechte kleine Finger geht gerade nach oben in die zweite Reihe

Zeilen		Anschläge
17	öüß öüß öüß öüß öüß üßö üßö üßö üßö üßö ßüö ßüö ßüö ßüö ßüö	1051
18	jöß köß löß höß uöß zöß iöß oöß nöß möß föß döß eöß röß wöß	1110
19	süß, weiß, heiß, groß, mäßig, fleißig, spaßig, gießen, grüß	1169

Hinweis zur Schreibweise von ß

Schreibst du durchgehend in Großbuchstaben, wird das ß durch SS ersetzt (z. B.: **LITFASSSÄULE**).

Das Wort „Litfaßsäule" wird, entgegen der neuen Rechtschreibregeln, mit ß geschrieben. Das Wort geht auf seinen Erfinder mit dem Eigennamen **Litfaß** zurück.

1

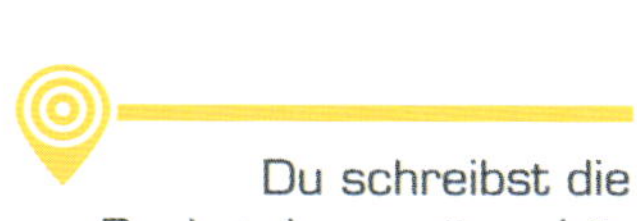

Du schreibst die Buchstaben **y**, **ä** und **ü**.

y: linker kleiner Finger weit nach rechts unten

Zeilen		Anschläge
1	aya aya aya aya aya yay yay yay yay yay aqy aqy aqy ayq ayq	59
2	aya ayq ays ayw ayx ayd aye ayc ayf ayr ayt ayg ayv ayb aya	118
3	ayj ayu ayz ayh ayn aym ayk ayi ay, ayl ayo ay. ayö ayp aya	177
4	Yet, Yeti, City, Baby, Handy, Lyrik, Hymne, Speyer, Olympia	245
5	Typ, Asyl, Byte, Lady, Spray, Yacht, Bayer, Sydney, Symbole	313

ä: rechter kleiner Finger eine Taste nach rechts
ü: rechter kleiner Finger schräg nach rechts oben

Zeilen		Anschläge
6	öäö öäö öäö öäö öäö öäö öäö öüö öüö öüö öüö öüö öüö öüö öäö	59
7	jöä jöü jöä jöü jöä jöü jöä jöü jöä jöü jöä jöü jöä jöü jöä	118
8	jkä jkü jkä jlü jlä jlü jhä jhü jhä kiü kiä kiü loä loü loä	177
9	die Kälte, die Übungen, die Sitze, die Kühlung, die Kästen,	241
10	die Hüfte, die Prüfung, die Äpfel, die Führung, die Drähte,	305

14. Schreibe den ersten Satz der Zeile 11 ab, mache eine kurze Pause und wiederhole den ersten Satz. Übe so jeden weiteren Satz

Zeilen		Anschläge
11	Die Brücke ist schwer zu überqueren. Schwarzbrot ist gesün-	367
12	der als Semmeln. Teilweise ist mir warm, dann ist es wieder	428
13	zu kalt. Übermorgen wird der Fahrplan geändert. Heute komme	490
14	ich zum Kaffee, es wird sehr gemütlich, ich freu mich sehr.	550

15. Schreibe jeden Satz als Pyramide (➨ Seite 14).

16. Schreibe erst die Zeile 11, dann die Zeilen 11 und 12 usw. ab.

Weitere Entspannungsübungen

Setze dich so hin, dass deine Füße auf dem Boden stehen, dein Rücken ist gerade. Drehe deinen Oberkörper nach rechts, mit nachfedern, und dann nach links (fünfmal zu jeder Seite).

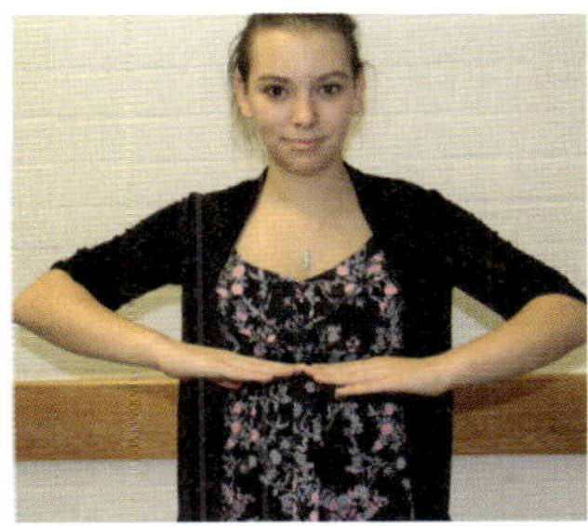
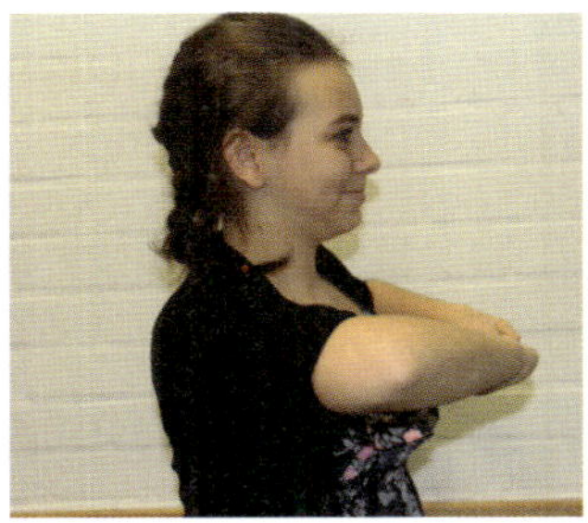
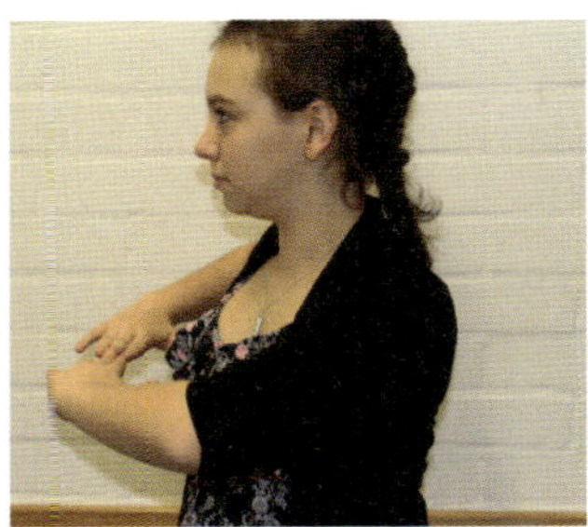

Verschränke deine Hände hinter dem Kopf, drücke die Ellenbogen fest nach hinten und dann nach vorne neben die Ohren.

Lasse die Arme hängen, ziehe die Schultern abwechselnd links und rechts nach oben (fünfmal). Dann kreise mit den Schultern abwechselnd nach vorne und nach hinten (fünfmal).

Auf den Punkt gebracht

Das 10-Finger-Tastschreiben ordnet jedem Finger bestimmte Tasten zu. Die Ausgangsstellung beginnt in der Grundzeile mit der linken Hand ([A] [S] [D] [F]) und der rechten Hand ([J] [K] [L] [Ö]). Von dort wandern die Finger zu allen anderen Tasten und kehren immer in die Grundstellung zurück. Die Leertaste bedient je ein Daumen.
Beim Schreiben wechselt das Programm automatisch in eine neue Zeile. Mit der Enter-Taste kann nach Wunsch eine neue Zeile oder ein Absatz erzeugt werden.
Zur Sofortkorrektur dienen diese Tasten [←] und [Entf].
Die Tasten im alphanumerischen Bereich sind mehrfach belegt. Die Großschreibung erfolgt über diese Taste [⇧].

1

Du kennst diese Grundfunktionen deines Textverarbeitungsprogramms: Öffnen, Speichern, Drucken.

1.3 Grundfunktionen im Umgang mit Dateien

Vor Beginn des Lehrgangs zum 10-Finger-Tastschreiben waren schon einige Programmeinstellungen erforderlich. Du musstest ein **Textverarbeitungsprogramm** und dann eine **neue Datei** öffnen, in der du deine Übungen machen konntest. Zu Beginn des Unterrichts gab dein Lehrer zu solchen Grundfunktionen vermutlich Hilfestellung.

Zu diesen Grundfunktionen gehören auch, einen **neuen Ordner** zu **erstellen** (z. B. für Hausaufgaben oder Schulübungen), ein **neues Dokument** aufzurufen und dies zu **schließen,** zu **speichern,** zu **drucken** und noch einiges mehr. Diese Grundfunktionen sind auch bei anderen Anwendungsprogrammen anzuwenden. Diese wirst du in weiteren Kapiteln kennenlernen.

Für den Anfang gibt es viel zu merken. Aber durch wiederholtes Anwenden bekommst du Routine. Auf den nächsten Seiten findest du dafür Schritt für Schritt Beschreibungen mit Abbildungen. Sie basieren auf einem bestimmten Betriebssystem und Textverarbeitungsprogramm. Sie können abweichen, wenn du andere Programme verwendest. Das Prinzip bleibt aber immer gleich.

Dein Textverarbeitungsprogramm bietet dir über die sog. **Schnellzugriffsleiste** die Möglichkeit, häufig verwendete Befehle dort einzustellen. Deshalb lernst du zunächst, wie diese Schnellzugriffsleiste angepasst werden kann.

Schnellzugriffsleiste anpassen

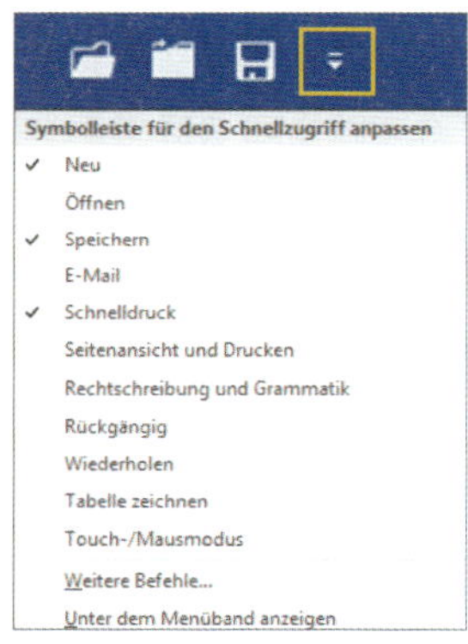

Klickst du mit der Maus das kleine Dreieck an, öffnet sich das nebenstehende Menü. Du kannst alle Befehle anklicken, auf die du schnell zugreifen willst.

Neues Dokument aufrufen

Bevor du die folgenden Grundfunktionen trainierst, musst du in deinem Textverarbeitungsprogramm ein leeres Textdokument öffnen. Die weiteren Schritte kannst du dem nebenstehenden Aktivitätsdiagramm ➨ S. 138 entnehmen.

Wenn sich der Befehl ***Neu*** bereits auf deiner Schnellzugriffsleiste befindet, brauchst du nur auf dieses Symbol 🗋 zu klicken.

Datei *Speichern unter*

Nachdem du die neue Datei geöffnet hast, solltest du sie zunächst speichern. Weil die Datei zum ersten Mal gespeichert wird, musst du den Befehl ***Speichern unter*** verwenden. Die weiteren Schritte entnimm dem Aktivitätsdiagramm.

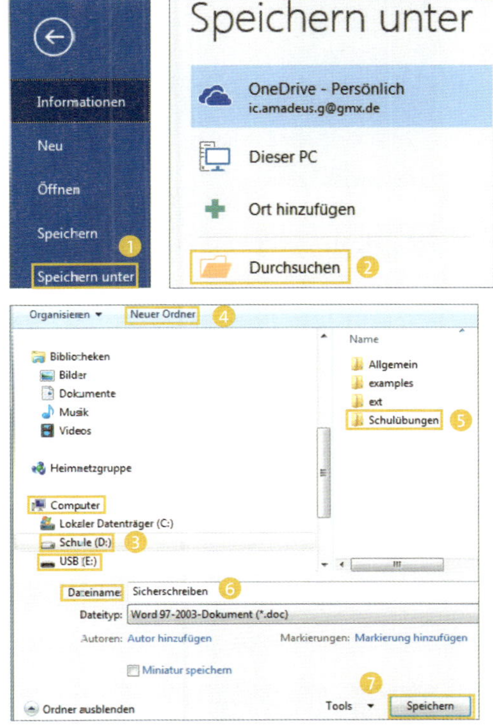

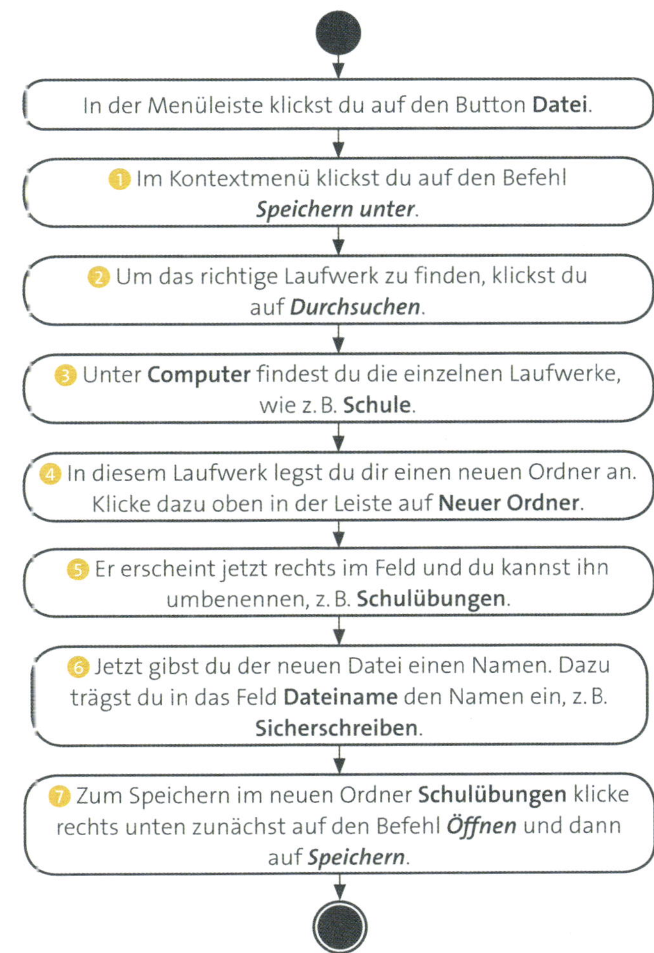

Willst du deine Datei auf einem **USB-Stick** speichern, verbinde diesen **Wechseldatenträger** mit dem Computer. Du wirst jetzt in dem Fenster in der linken Spalte einen weiteren Speicherort mit Laufwerksnamen **USB (E:)** finden. Klicke diesen an und fahre fort wie beim **Laufwerk Schule**.

Datei *Speichern*

Deine Datei **Sicherschreiben** ist jetzt im Ordner **Schulübungen** gespeichert. Nun kannst du daran weiterarbeiten. Bist du damit fertig, musst du erneut speichern. Dazu hast du drei Möglichkeiten:

1	• In der Menüleiste den Button **Datei** anklicken. • Das Kontextmenü öffnet sich und du gibst den Befehl ***Speichern***.	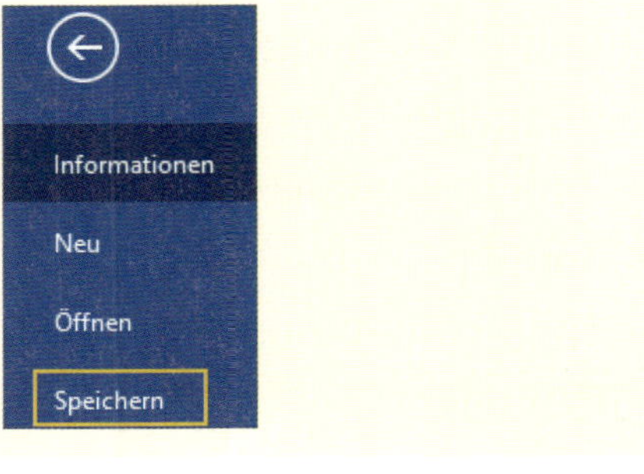
2	Bei angepasster Schnellzugriffsleiste kannst du das Diskettensymbol anklicken.	
3	Du drückst die **Steuerungstaste** zusammen mit der **S-Taste**.	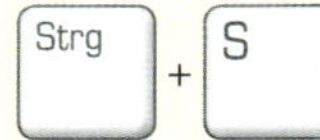

Tipp: Wenn du länger in der Datei arbeitest, solltest du immer wieder zwischenspeichern, damit dir z. B. bei einem Stromausfall nicht all deine Arbeit gelöscht wird.

Nenne noch weitere Risiken, die zum Verlust deiner Arbeit führen können.

1

Datei *Schließen*

Nachdem du deinen Text fertig und auch schon gespeichert hast, möchtest du nur noch schließen. Hierzu hast du wieder drei Möglichkeiten:

1	• Klicke in der Menüleiste den Button **Datei** an. • Das Kontextmenü öffnet sich und du kannst auf ***Schließen*** gehen.	
2	Du kannst rechts oben in der Symbolleiste auf das Kreuz klicken und damit den Befehl ***Schließen*** geben. In diesem Fall wirst du immer gefragt, ob du vorher speichern willst.	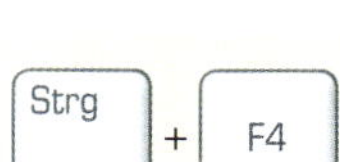
3	Du drückst die **Steuerungstaste** zusammen mit der **F4-Taste**.	Strg + F4

Datei *Öffnen*

Willst du später in der geschlossenen Datei weiterarbeiten, musst du sie wieder öffnen. Dazu hast du zwei Möglichkeiten:

1	Du klickst in der Menüleiste den Button **Datei** an und gehst weiter auf ***Öffnen.*** Unter **Zuletzt verwendet** wird dir die Datei möglicherweise bereits angezeigt. Du kannst auch auf den Button **Durchsuchen** klicken.	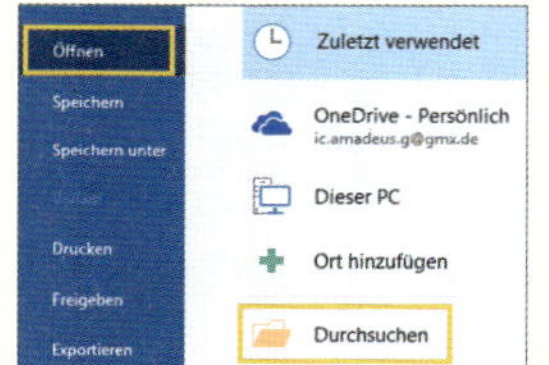
2	Hast du die Schnellzugriffsleiste um den Befehl ***Öffnen*** erweitert, klickst du das Ordnersymbol an.	

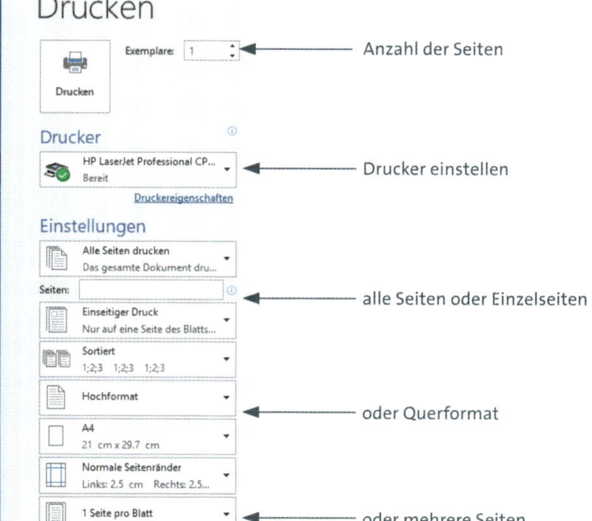

Datei *Drucken*

Zum Drucken einer Datei klickst du erst auf den Button **Datei** und anschließend auf ***Drucken***. Es öffnet sich ein Fenster, in dem du alle benötigten Einstellungen vornehmen kannst. Zum Schluss gehst du auf das Symbol ***Drucken***.

Tipp: Prüfe vor dem Drucken noch die **Druckvorschau**. Sie wird dir im rechten Teil des Druckfensters angezeigt.

1. **Erfasse** den nachfolgenden Text, **speichere** ihn, **schließe** ihn, **öffne** ihn anschließend usw. Dabei könnt ihr euch gegenseitig helfen.

Respekt – Toleranz – Gegenseitige Wertschätzung

Am Montag nach den Osterferien fand in der Turnhalle unserer Schule zum ersten Mal der Kooperationstag statt. Dabei lösten die Schülerinnen und Schüler der fünften und neunten Klassen in Teams verschiedene Bewegungsaufgaben. Nach einem kooperativen Aufwärmspiel versammelten sie sich an den verschiedenen Stationen.

Dort führten sie, unter einem selbst gewählten Teamnamen, verschiedene Kooperationsspiele wie z. B. das Spinnennetz durch, wobei unterschiedliche sportliche Fähigkeiten zur Bewältigung der Aufgaben nötig waren. Allerdings konnten nur durch Teamwork und Entwicklung gemeinsamer Strategien viele Punkte erzielt werden.

Auf diese Art und Weise lernten sich die jungen und älteren Schüler besser kennen und profitierten voneinander. Dabei überraschten die jüngeren Teammitglieder die älteren mit guten Lösungsvorschlägen.

Wörter zählen

Das Textverarbeitungsprogramm ermöglicht es dir, die **Wörter** und auch **Anschläge** in einem erfassten Text zu **zählen**. So kannst du vorgehen:

- ***Markiere*** zuerst deinen Text, den du in fünf Minuten geschrieben hast.
- ① Klicke mit der Maus in der Menüleiste den Button **Überprüfen** an.
- ② Wähle dann den Befehl ***Wörter zählen***.
- ③ Nun kannst du die Statistik deiner Leistung sehen.

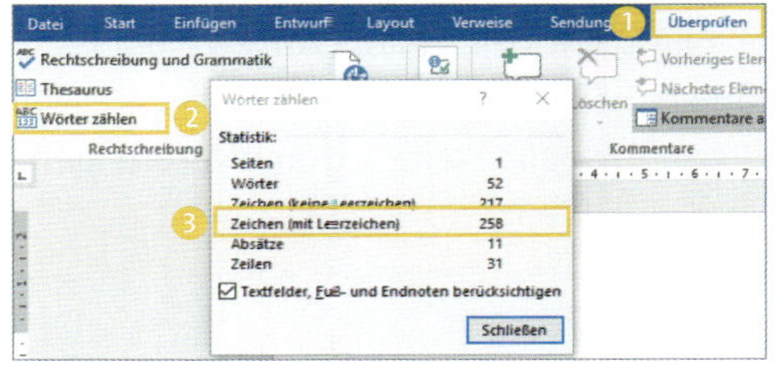

Auf den Punkt gebracht

Die wichtigsten Befehle im Umgang mit einem Textverarbeitungsprogramm sind: ***Datei neu***, ***Datei öffnen***, ***Datei speichern (unter)***, ***Datei schließen*** und ***Datei drucken***. Sie können in der Menüleiste eines Dokuments unter **Datei** gefunden werden.
Sie können auch über bestimmte **Tastenkombinationen** erzeugt werden oder über den **Schnellzugriff**. Diese Befehle sind auch in anderen Anwendungsprogrammen zu verwenden. Sie sind im Erscheinungsbild abhängig vom jeweiligen Programm und vom Betriebssystem.

1

Du kannst einfache Formatierungen in Fließtexten durchführen, wie z. B. Schriftart, Schriftgrad und Schriftfarbe.

Nice to know
Formatierung
lat. **forma** = Form, Gestalt

1.4 Formatieren von Texten

Die ersten **Formatierungsmöglichkeiten** durch die Wahl der **Schriftart** und des **Schriftgrades** hast du schon zu Beginn bei der Programmeinstellung gelernt (➨ S. 9). Weitere Möglichkeiten zur Textgestaltung sind die Hervorhebungen: **fett**, *kursiv* und <u>unterstreichen</u>, (kurz: **F** – *K* – <u>U</u>), die Schriftfarbe, farbige Hinterlegungen sowie die Ausrichtung linksbündig, mittig, rechtsbündig oder Blocksatz.

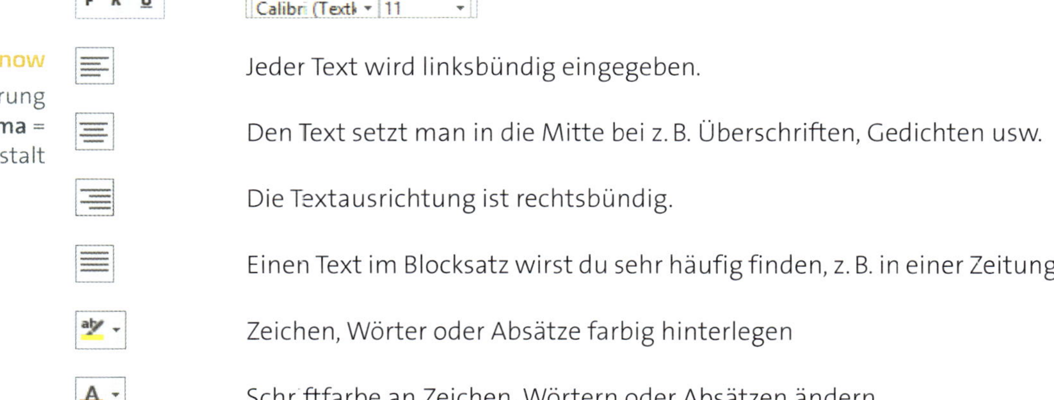

Jeder Text wird linksbündig eingegeben.

Den Text setzt man in die Mitte bei z. B. Überschriften, Gedichten usw.

Die Textausrichtung ist rechtsbündig.

Einen Text im Blocksatz wirst du sehr häufig finden, z. B. in einer Zeitung.

Zeichen, Wörter oder Absätze farbig hinterlegen

Schriftfarbe an Zeichen, Wörtern oder Absätzen ändern

Objekte markieren

Mit **Objekten** in einem Textdokument sind Zeichen (z. B. Buchstaben, Ziffern, Satzzeichen), Wörter, Zeilen, Absätze oder auch die ganze Seite gemeint. Immer wenn ein Objekt bearbeitet werden soll, muss es vorher **markiert** werden. Um zu markieren, hast du zwei Möglichkeiten: durch Verwenden von **Tastenkombinationen** oder mit der **Maus**.

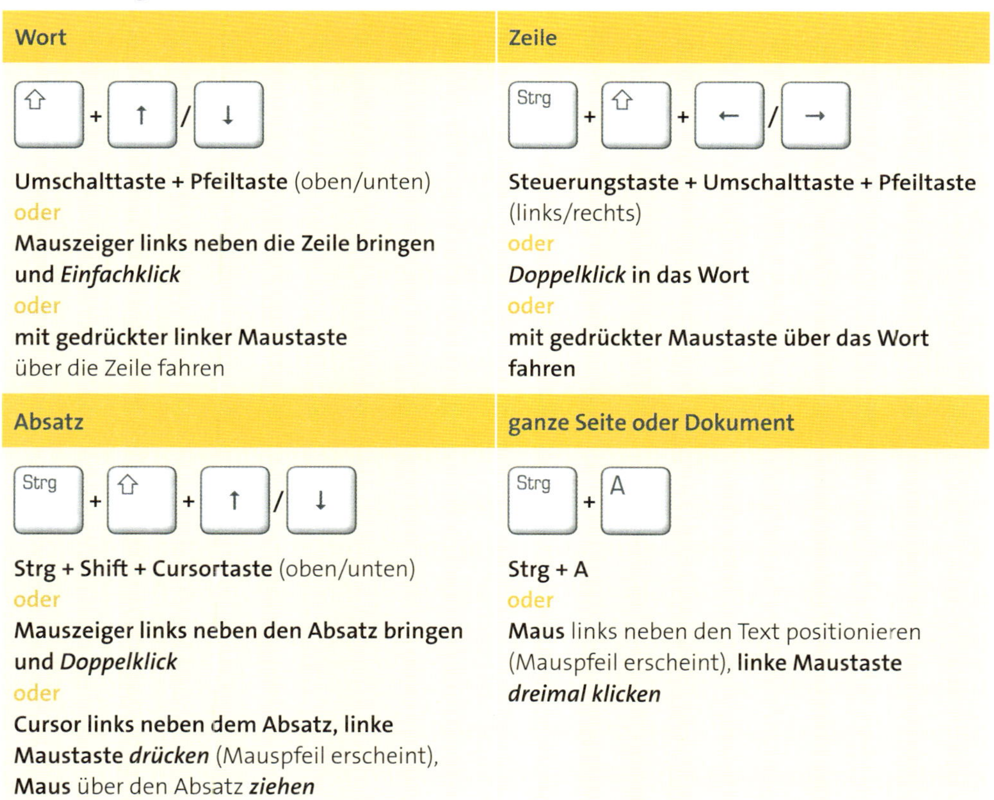

Wort	Zeile
⇧ + ↑ / ↓ **Umschalttaste + Pfeiltaste** (oben/unten) oder **Mauszeiger links neben die Zeile bringen und *Einfachklick*** oder **mit gedrückter linker Maustaste** über die Zeile fahren	Strg + ⇧ + ← / → **Steuerungstaste + Umschalttaste + Pfeiltaste** (links/rechts) oder ***Doppelklick* in das Wort** oder **mit gedrückter Maustaste über das Wort fahren**
Absatz	**ganze Seite oder Dokument**
Strg + ⇧ + ↑ / ↓ **Strg + Shift + Cursortaste** (oben/unten) oder **Mauszeiger links neben den Absatz bringen und *Doppelklick*** oder **Cursor links neben dem Absatz, linke Maustaste *drücken*** (Mauspfeil erscheint), **Maus** über den Absatz ***ziehen***	Strg + A **Strg + A** oder **Maus** links neben den Text positionieren (Mauspfeil erscheint), **linke Maustaste *dreimal klicken***

1. **Öffne den bereits erfassten Text**
„Respekt – Toleranz – Gegenseitige Wertschätzung“.
Wende darauf die Formatierungsmöglichkeiten an. Ändere der Reihe nach:

a) alle Substantive (Namenwörter): in Schriftgröße und Schriftfarbe

b) alle Verben (Tunwörter): fett, unterstrichen und andere Schrift

c) Setze die Überschrift mittig und wende noch zwei weitere Formatierungen deiner Wahl an.

d) Setze den ersten Absatz rechtsbündig und den zweiten Absatz auf Blocksatz.

2. Wenn dir der letzte Schritt oder die Formatierung nicht gefällt, kannst du die Bearbeitung rückgängig machen oder auch den vorherigen Zustand wiederherstellen.

	Rückgängig	**Wiederholen**
Klicke mit der Maus auf die entsprechenden Symbole.		
Verwende diese Tastenkombination.	Strg + Z	Strg + Y

3. **Schreibe das folgende Gedicht ab und gestalte es nach den Anweisungen des Aktivitätsdiagramms** ➨ **S. 138.**

Der Schmetterling
Heinz Erhardt

Es war einmal ein buntes Ding,
ein sogenannter Schmetterling.
Der flog wie alle Falter
recht sorglos für sein Alter.
Er nippte hier, er nippte dort,
und war er satt, so flog er fort.

Flog zu den Hyazinthen
und schaute nicht nach hinten.
So kam es, dass dieser Schmetterling
verwundert war, als man ihn fing.

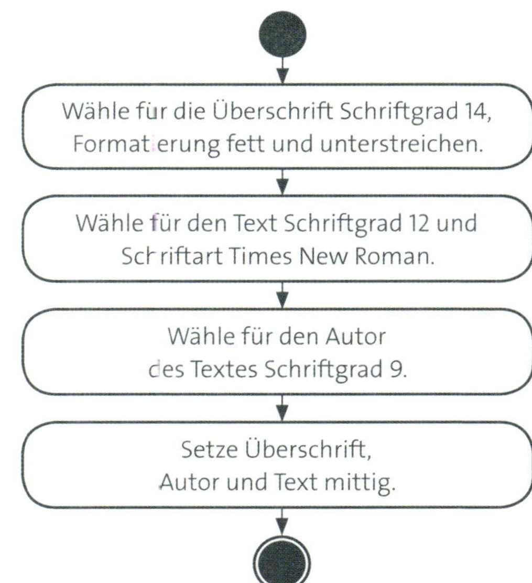

1

4. Noch ein paar Übungen zum Tastschreiben:

a) Schreibe jede Zeile 1 Minute lang.

Zeilen		Anschläge
1	um ihn für von das vom ihm aus des auf hat bei war nur dies	59
2	der das sagt erbt fege derb warb trat trete trage wagt trat	118

b) Lange Wörter: Schreibe jedes Wort als Pyramide und wieder zurück.

Zeilen		Anschläge
1	Cursortasten, Informationstechnologie, Arbeitsplatz	54
2	Dauerumschalttaste, Funktionstasten, Silbentrennung	54
3	Textverarbeitung, Leistungsschreiben, Texterfassung	54

c) 10-Minuten-Abschrift, verwende dazu die Stoppuhr auf deinem Handy.

Zeilen	Das Tastschreiben	Anschläge
1	Das Tastschreiben mit zehn Fingern ist eine verbreitete	58
2	Technik, um die Computertastatur effizient zu bedienen.	115
3	Die Tasten sind dabei so angeordnet, dass sie für den	170
4	jeweiligen Finger, durch eine sinnvolle Verteilung, gut	227
5	erreichbar sind. Nach einer gewissen Einarbeitungszeit	283
6	und viel Übung ist es dir möglich, beim Schreiben nicht	339
7	mehr auf die Finger zu sehen, d. h. blind zu schreiben	393
8	und dich nicht auf die einzelnen Tasten zu konzentrieren,	450
9	sondern auf die Wörter und Texte. Dadurch kannst du deine	509
10	Ergonomie verbessern, deine Fehlerquote senken und deine	566
11	Schreibgeschwindigkeit steigern.	599

Auf den Punkt gebracht

Texte können durch Formatierungen lesbarer und ansprechend gestaltet werden. Zu den **Formatierungsmöglichkeiten** gehört die Wahl der Schriftart, der Schriftgröße, der Schriftfarbe und der Hervorhebung.

Texte können mittig, links- oder rechtsbündig, als Blocksatz oder als Flattersatz ausgerichtet werden.

Bestandteile von Texten (Zeichen, Wörter, Zeilen, Absätze) werden als **Objekte** bezeichnet.

Vor dem Formatieren muss das gewünschte Objekt **markiert** werden.

Alle Schritte, die noch **nicht gespeichert** wurden, können schnell **rückgängig** gemacht werden. Auch gespeicherte Dateien können geändert werden, aber nicht schrittweise rückgängig gemacht werden.

1.5 Ergonomischer Arbeitsplatz Computer

Ergonomie ist die Wissenschaft von der Gesetzmäßigkeit menschlicher bzw. automatisierter Arbeit. Wojciech Jastrzebowski hat diesen Begriff schon 1857 definiert und verwendet. Ziel der Ergonomie in der Schule ist es, deinen Computerarbeitsplatz so zu gestalten, dass du daran effektiv arbeiten kannst und dabei körperlich gesund bleibst.

Du kennst ergonomische Bedingungen zur Arbeitsplatzgestaltung und Körperhaltung bei der Computerarbeit und beugst gesundheitlichen Schäden durch gymnastische Übungen für Körper, Hände und Augen vor.

Dein Tisch

Er soll in der Höhe verstellbar sein, damit du ihn auf deine persönliche Arbeitshöhe einstellen kannst. Die Tischhöhe ist dann richtig, wenn deine Unterarme und Oberarme etwa einen rechten Winkel (90°) bilden.

Nice to know 

Ergonomie
ergon (altgr.) = Arbeit; Werk
nomos (altgr.) = Regel; Gesetz

Dein Stuhl

Er soll in der Höhe verstellbar sein und fünf Füße (mit oder ohne Rollen) haben.
Die Rückenlehne des Stuhles soll verstellbar sein und deiner Sitzposition angepasst werden können.
Stelle ihn so ein, dass deine Füße im rechten Winkel auf dem Boden stehen.

Dein Bildschirm

Er soll parallel zum Fenster stehen, damit sich nichts darauf spiegeln kann (strengt die Augen an). Auch bei künstlichem Licht musst du Spiegelungen vermeiden. Der Bildschirm sollte eine leichte Neigung haben.

Der Konzepthalter

Er schont den Nacken, da man nicht nach unten sehen muss. Stelle ihn links neben den Bildschirm und lege deine Schreibvorlage (Buch oder Arbeitsblatt) darauf ab.

1

Grundregeln für einen Computerarbeitsplatz

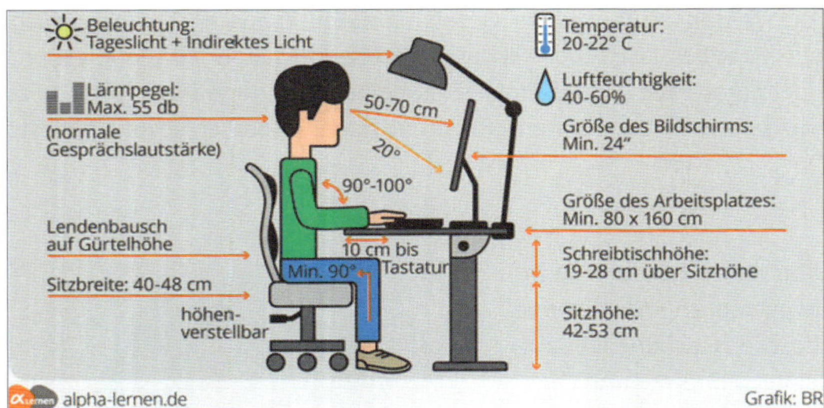

- Setze dich **gerade** hin.
- Deine Ober- und Unterarme bilden einen **90°-Winkel**.
- Deine Füße stehen **auf** dem Boden.
- Deine Unterarme und Handgelenke bilden **eine Gerade**, sie liegen beim Schreiben **nicht** auf dem Tisch auf.
- Der **Abstand** der Tastatur von der Tischkante beträgt **5–10 cm**.
- Der **Sehabstand** zum Bildschirm beträgt **70 cm**.
- Die **obere Bildschirmkante** befindet sich **in Augenhöhe**.

Ausgleichsgymnastik für Finger und Körper

Einzelne Übungen zur Entspannung für deine Finger und deinen Körper stehen bereits auf den vorhergehenden Seiten. Diese Gymnastik ist für dich ebenfalls wichtig, damit du keine körperlichen Beschwerden wie Rückenschmerzen, Sehnenprobleme in den Armen usw. bekommst, aber auch, um deine Finger beweglich zu halten.

Gymnastik für die Augen

Wenn du sehr lange auf deinen Bildschirm schaust, blinzelst du weniger oder gar nicht. Deine **Augen werden trocken**. Dadurch kann sich deine **Sehkraft verschlechtern**.
Um dies zu vermeiden, mache immer wieder die folgenden **Augenübungen:**

- Schaue mit deinen Augen **mehrmals** nach **links**, **rechts**, **oben** und **unten**.
- Schaue einen Moment auf ein Bild oder an die Tafel, damit sich deine Augen wieder auf die Ferne einstellen können.
- **Schließe** und **öffne** deine Augen **mehrere Male** schnell und locker hintereinander, etwa eine Minute lang.
- **Schließe** deine Augen und halte sie **3–4 Atemzüge lang** geschlossen (gegen brennende Augen).
- **Schließe** deine Augen und mache mit ihnen eine **kreisende Bewegung** einmal links-herum und einmal rechtsherum (Wiederhole diese Übung vier- bis fünfmal).

Auf den Punkt gebracht

Ergonomische Empfehlungen für den Computerarbeitsplatz betreffen die Höhe von **Tisch und Stuhl**, die Position des **Bildschirms** und die **Sitzhaltung**.
Regelmäßige gymnastische Übungen für Finger, Rücken und Augen schützen vor Verkrampfung und Ermüdung und Verschlechterung der Sehfähigkeit.

2 Objekte der Vektorgrafik

Vektorgrafiken begegnest du jeden Tag, immer wieder. Sei es auf deinem Schulweg (z. B. Verkehrszeichen für Fuß- und Fahrradwege), in deinen Schulbüchern (z. B. ein kleines Männchen als Hinweis für eine Regel) oder die Zeichen der verschiedenen Sportarten (z. B. Fuß- oder Handball) usw. Neben diesen statischen (festen) Zeichen sind dir sicher auch schon bewegliche Zeichen und Figuren, z. B. in Computerspielen, begegnet. Am Ende dieses Kapitels wirst du selbst statische und bewegliche Vektorgrafiken erstellen können.

Du kennst aus der objektorientierten Sicht Eigenschaften einfacher Vektorgrafiken sowie den Aufbau einzelner Objekte.

2

2.1 Vektorgrafiken

Die Vektorgrafik ist eine Computergrafik, die aus geometrischen Formen wie Rechteck, Quadrat, Dreieck, Kreis, Linien und weiteren Formen entsteht. Diese Formen sind durch wenige Merkmale eindeutig zu beschreiben. Ein Kreis wird eindeutig durch die Lage des Mittelpunktes und die Länge des Radius bestimmt. Mit diesen Angaben kann er sowohl für die Ebene (2-D), als auch für den Raum (3-D) erstellt werden. Vektorgrafiken sind vielfach vereinfachte Darstellungen von realistischen Objekten und geben nur das wieder, was zur Erkennung des Objektes unbedingt notwendig ist.

Nice to know

Vektor: engl. **vector**, lat. **vector** = Träger, Fahrer

Vektoren in der Mathematik sind Gruppen von Pfeilen in der Ebene und im Raum mit bestimmten Eigenschaften.

Finde einen Zusammenhang zur Vektorgrafik.

1. Hier findest du eine abstrakte Personendarstellung. Nenne die geometrischen Formen, aus denen sie besteht.
2. Erstelle mit einem Textverarbeitungsprogramm diese Figur.

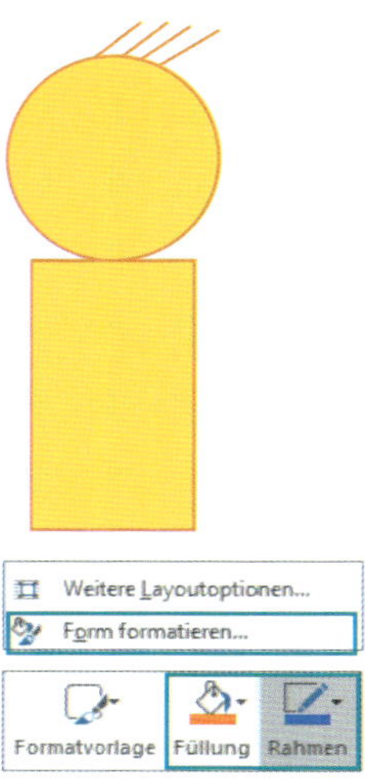

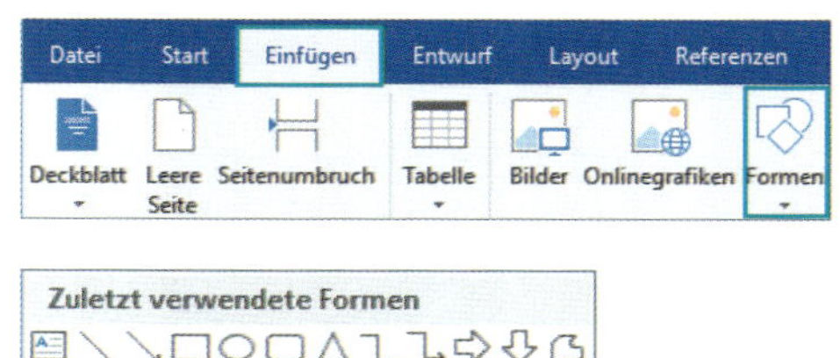

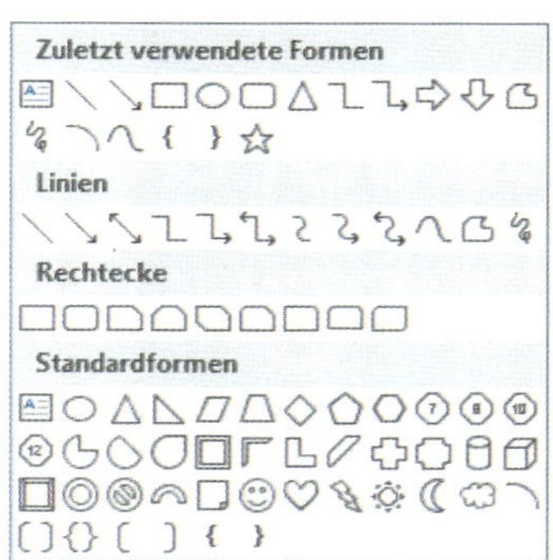

Mit **Füllung** und **Rahmen** kannst du schon die verschiedenen Farben, aber auch die Linienart und Linienstärke einstellen. Über **Form formatieren** hast du noch weitere Möglichkeiten, die Grafik zu bearbeiten.

Überlege, woher dir noch andere Vektorgrafiken bekannt sind.

3. Versuche mit deinem Textverarbeitungsprogramm die Leitfiguren *Mo, Noa, Mia* und *Lea* zu zeichnen. Schau dir dazu die Figuren auf Seite 35 an.

Begriffe der Vektorgrafik

Du unterscheidest bei Vektorgrafiken Klassen, Objekte, Attribute und Attributwerte.

In deinen ersten Übungen zur Erstellung von Vektorgrafiken hast du erfahren, dass sich Grafiken aus verschiedenen geometrischen Grundformen zusammenstellen lassen. Wie schon in der Textverarbeitung (➨ Kap. 1.4) wird auch in der Objektorientierung dafür der Begriff **Objekt** verwendet.

Jedes Objekt hat besondere Eigenschaften, die **Attribute** genannt werden. Jedes Attribut hat wiederum Eigenschaftswerte, genannt **Attributwerte**.

Beispiel: Der Kopf der Figur oben ist das **Objekt** Kreis mit dem **Attribut** Rahmenfarbe oder Linienfarbe und dem **Attributwert** orange.

Alle Objekte, die dieselbe geometrische Form haben, gehören zu einer **Klasse**, z. B. zur Klasse **RECHTECK**.

Begriffe	Bedeutung
Vektorgrafik	Computergrafik, zusammengesetzt aus geometrischen Formen (Objekten) wie Kreis, Rechteck, Linien usw.
Modell	vereinfachte Darstellung des Objektes mit wesentlichen Eigenschaften des Originals
Objekt(e)	geometrische Formen wie Kreis, Rechteck, Linie Dreieck usw.
Attribut(e)	Eigenschaft(en) des Objektes, z. B. Linienfarbe, Länge
Attributwert(e)	Eigenschaft(en) des Attributs, z. B. orange, 5 cm
Klasse	eine Art Bauplan, der für ein und dieselben Objekte zutrifft, z. B. alle Rechtecke. Die Klasse definiert die Attribute für die Objekte. Bevor Objekte erstellt werden können, muss immer erst die Klasse definiert werden.

4. Erstelle eine vollständige Tabelle für die Vektorgrafik aus Aufgabe 3 nach dem folgenden Muster. Übertrage die jeweiligen Merkmale, die du vorher in deinem Textverarbeitungsprogramm genutzt hast.

Objekte	Attribut	Attributwert
Kreis	Linienfarbe	orange
Kreis	Linienstärke	0,75 pt
Kreis	Füllfarbe	hellgelb
Rechteck	?	?

5. Die folgende Vektorgrafik zeigt dir eine Zimmereinrichtung in abstrakter Form.

a) Erstelle eine Tabelle zu den Objekten, ihren Attributen und den entsprechenden Attributwerten.

b) Stelle mithilfe eines Textverarbeitungsprogramms einen Grundriss deines Zimmers dar.

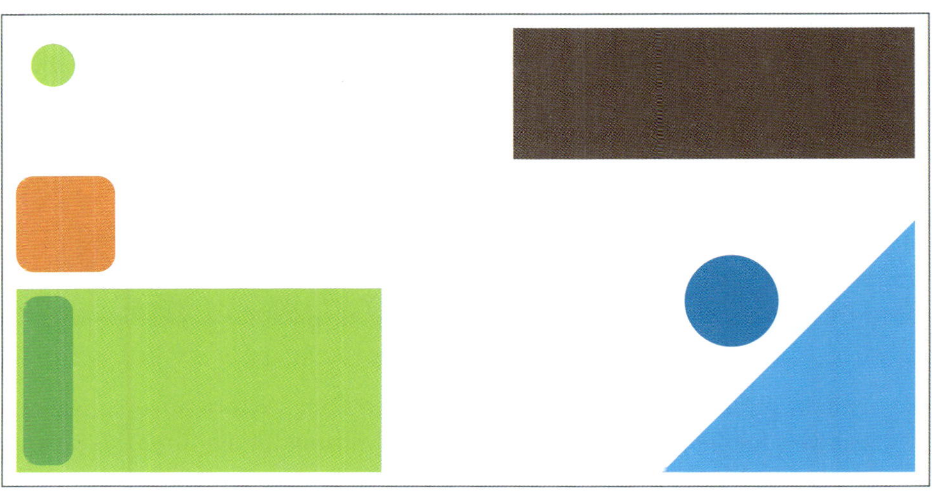

Einsatz von Vektorgrafiken

Du kennst Bereiche, in denen Vektorgrafiken wegen ihrer Eigenschaften genutzt werden, z. B. für Computerschriften, Icons, Logos und technische Zeichnungen.

Bei Vektorgrafiken werden nicht, wie bei Pixelgrafiken (➨ Kap. 5.1), die einzelnen Bildpunkte gespeichert. Die Objekte wie Linien, Pfeile, Rechtecke, Kreise usw. werden durch die Angabe der Koordinaten und die Angaben von z. B. Linienbreite, Linienfarbe, Linienart usw. beschrieben. Nur diese Parameter (➨ S. 40) werden gespeichert. Vektorgrafiken benötigen deshalb wenig Speicherplatz. Wird eine Vektorgrafik vergrößert oder verkleinert, bleibt die Bildqualität erhalten. Sie wird nicht unscharf. Aufgrund dieser Eigenschaften werden Computerschriften, Logos, Icons usw. als Vektorgrafiken erstellt.

Nice to know
Font: lat. **fundere**, engl. **font**, **fount**, franz. **fonte** = Gießen von Drucktypen. Unter dem Begriff Font ist in der Informationstechnologie jede auf dem Computer vorhandene Schrift gemeint.

Computerschriften

Computerschriften basieren meistens auf historischen Schriften. Technisch unterscheidet man zwischen zwei Hauptgruppen:

- den Bitmap-Schriften, die Linien aufweisen, die nicht senkrecht oder waagerecht verlaufen wie Treppenkanten (Pixelgrafik);
- den skalierbaren Schriften, die mithilfe geometrischer Figuren aufgebaut werden.

Vektorgrafik
Vektorfont

Pixelgrafik
Bitmap-Font

Nice to know
Logo: griech. **lógos** = Rede, Wort, Überlegung, Vernunft, philosophischer Lehrsatz, engl. **logotype**, gekürzt **logo** = ist logisch, ist klar. Das Wort Logo stand 1996 erstmals im Duden. Viele Unternehmen und Organisationen verwenden ein Logo als Markenzeichen.

Logos

Das Logo ist ein grafisches Zeichen, das ein reines Bild sein kann, nur aus einem Wort oder Buchstaben besteht oder als Kombination aus Bild und Wort.

Icons

Mit einem Icon ist in der Informationstechnologie ein kleines Bild (Symbol) oder Piktogramm benannt. Es ist ein Bestandteil der grafischen Oberfläche (Datei, Verzeichnis) oder auf Schaltflächen und kennzeichnet einen Befehl zur Anwendung.

Nice to know
Icon: griech. **eikóna** = Bild; **Ikone** = Idol, Leitbild, Star

Technische Zeichnungen

Die am Computer erstellten technischen Zeichnungen sind ebenfalls Vektorgrafiken. Das sind z. B. Dokumente, welche die nötigen Informationen für die Herstellung eines Produktes (Schreibtisch, Auto u. Ä.) in grafischer Form darstellen, teilweise auch mit Text (Bemaßung, wie z. B. Länge und Breite in mm). Technische Zeichnungen werden mit speziellen Zeichenprogrammen (CAD-Programmen: Computer-Aided-Design) erstellt.

In welchen Bereichen werden Vektorgrafiken noch verwendet?

6. Erstellt gemeinsam für den Einsatz in eurer Schule Vektorgrafiken, z. B. einen Hinweis für die Kiste der Fundsachen, Beschriftung für die Türen der Fachräume, Wegweiser zum Abfall usw.

Auf den Punkt gebracht

Vektorgrafiken werden mit Computerprogrammen erstellt und setzen sich aus unterschiedlichen geometrischen Figuren und Formen zusammen. Sie sind durch wenige Merkmale eindeutig zu definieren und benötigen wenig Speicherplatz. Sie sind ohne Qualitätsverlust zu vergrößern und verkleinern.
Beliebte **Anwendungen** sind Computerschriften, Icons, Logos und technische Zeichnungen.
Bei der **Erstellung von Vektorgrafiken** wird mit Fachbegriffen wie **Klasse**, **Objekt**, **Attribut** und **Attributwert** gearbeitet.

2.2 Klassen- und Objektkarten

Du kennst den Nutzen der Klassen- und Objektkarten, um die Attribute, Methoden und Parameter von Vektorgrafikelementen darzustellen zu können.

Jedes Objekt besitzt einen eindeutigen **Namen**, z. B.:
Rechteck1, **Rechteck2**, **Rechteck3**.

Alle Rechtecke kommen aus der **Klasse RECHTECK**.

Die Klasse beschreibt den **Bauplan**. Deshalb haben alle **Objekte** (Rechteck1, Rechteck2, Rechteck3) einer **Klasse** (hier Klasse:RECHTECK) **dieselben Attribute** (Füllfarbe, Linienfarbe, Linienstärke). Die Attributwerte können übereinstimmen oder unterschiedlich sein, wie hier bei Rechteck 1 und 2: Beide haben unterschiedliche Linienfarben (grün und blau), aber dieselbe Füllfarbe (gelb).

In eine **Klasse** gehören alle **Objekte** mit einem gemeinsamen Bauplan, mit **denselben Attributen** (z. B. Füllfarbe, Linienfarbe, Linienstärke) und den sog. **Methoden** mit den dazugehörenden **Parametern()** wie z. B. FüllfarbeSetzen(gelb), LinienfarbeSetzen(grün), LinienstärkeSetzen(2,25 pt).

Nice to know 

griechisch pará = neben.
In der Informatik: ein Argument, das einem Unterprogramm übergeben wird, wie z. B. die Füllfarbe (gelb).

1. Die folgenden Bilder sind dem Retro-Rechner-Quartett entnommen. Fasse sie als Objekte einer Klasse auf und benenne die Klasse und die Objektkarten. Nenne auch vorhandene Attribute und Attributwerte.

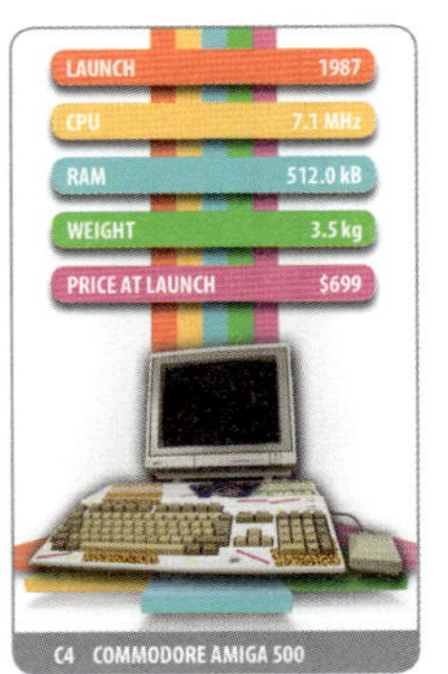

Quelle: nerd-dream.com

2. Finde Beispiele für Klassen, z. B. Hauptstädte, Bäume usw. und zugehörige Objekte. Füge geeignete Attribute und Attributwerte hinzu.

Darstellung von Klassen- und Objektkarten

Die **Klassenkarte** ist immer **rechteckig**.

Der Klassenname wird immer mit **GROSS-BUCHSTABEN** geschrieben.

Die **Objektkarte** hat immer **abgerundete Ecken**.

Objektname und Klassenname werden immer durch einen Doppelpunkt getrennt.

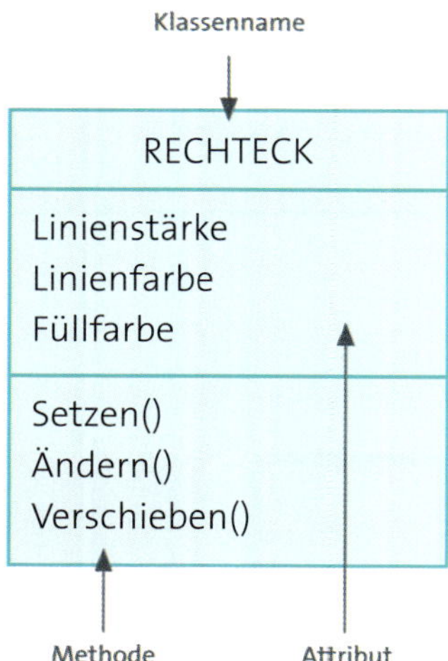

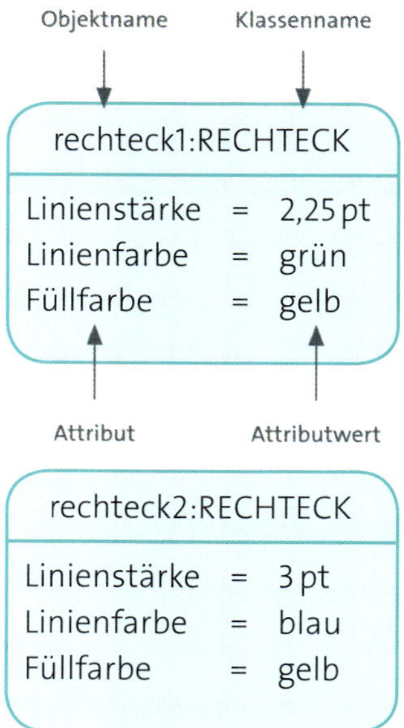

Mit der **Methode** kannst du Attributwerte **verändern**. Dazu musst du das Attribut und eine Methode wie z. B. **FüllfarbeSetzen()** aufrufen.

3. Beschreibe den Unterschied zwischen einer Klassenkarte und einer Objektkarte.

weitere Begriffe	Bedeutung
Klasse	Bauplan, der für die gleichen Objekte zutrifft, z. B. alle Rechtecke. Die Klasse benennt Attribute und Methoden.
Klassenkarte	ist immer rechteckig.
Klassennamen	werden immer in GROSSBUCHSTABEN geschrieben.
Methode und Parameter	**Methoden** sind die Fähigkeiten eines Objektes. **Parameter** sind zusätzliche Angaben, die eine Methode für ihre Ausführung benötigt. Sie stehen in runden Klammern hinter dem Methodennamen, z. B. Methode BreiteSetzen(); Parameter (40 mm).
Objekte	werden nach dem Bauplan einer KLASSE erzeugt.
Objektkarte	hat immer abgerundete Ecken.
Objekte einer Klasse	haben dieselben Attribute. Unterschiede sind der Objektname und die Attributwerte.

4. Du siehst in der Abbildung eine Vektorgrafik zu einem Fitnessparcours.

a) Nenne alle geometrischen Formen, die du bei dem Parcours sehen kannst.

b) Erstelle eine Klassenkarte KREIS.

c) Fertige jeweils eine Objektkarte (z. B. Medizinball:KREIS) an.

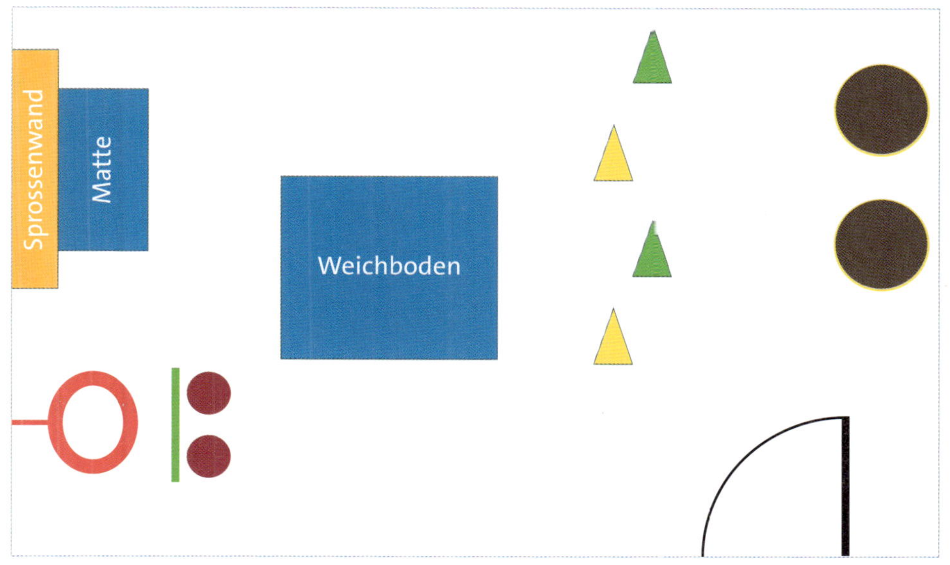

 **Auf den Punkt gebracht**

Gleiche Objekte werden durch einen Bauplan (KLASSE) mithilfe einer **Klassenkarte** beschrieben. Objekte werden durch Objektkarten beschrieben. Beide Karten haben ein **rechteckiges Format**; die Objektkarte aber abgerundete Ecken.
Die **Objektkarte** nennt den Objektnamen und – abgetrennt durch einen Doppelpunkt – den Klassennamen. Der **Klassenname** wird immer mit Großbuchstaben geschrieben.

2.3 Erstellen einer Vektorgrafik mit einem Zeichenprogramm

Du bearbeitest Vektorgrafiken mithilfe eines einfachen Programms und veränderst mit geeigneten Methoden Objekte anhand von Attributen und den Attributwerten.

Es gibt verschiedene Zeichenprogramme (Vektorgrafikprogramme) im Internet, die du jederzeit kostenlos herunterladen kannst. Für die folgenden Anwendungen wird das Zeichenprogramm **ObjectDraw** genutzt. Damit wurde auch das nebenstehende Bild der Kirche erstellt.

Wenn du rechts die Kirche betrachtest, kannst du deutlich sehen, dass sie aus Objekten verschiedener Klassen zusammengesetzt ist: RECHTECK, DREIECK und ELLIPSE.

Das Programmfenster

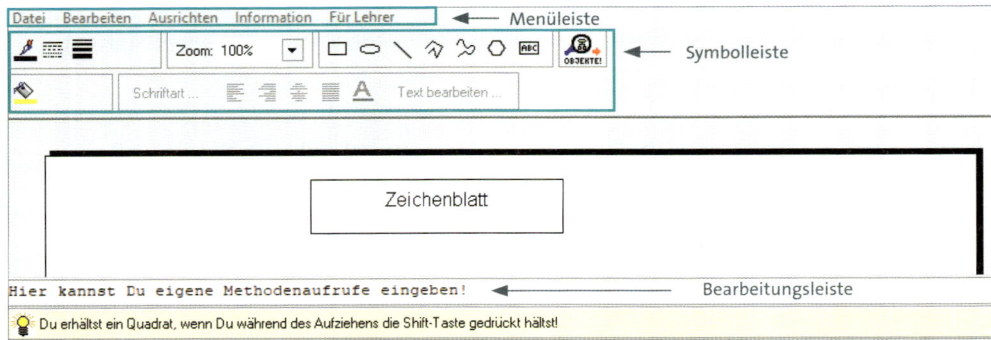

Wenn du das Programm öffnest, wird es mit einem leeren Zeichenblatt, der Menüleiste und der Symbolleiste geöffnet.

In der Symbolleiste findest du alle Icons, die für die Erstellung einer geometrischen Form und deren Gestaltung nötig sind.

Wenn du einen Kreis (Quadrat) zeichnen willst, klickst du das Symbol **Ellipse (Rechteck)** an, drückst gleichzeitig die **Shift-Taste** (➨ S. 14) und ziehst den **Kreis (Quadrat)** mit der Maus auf dem Zeichenblatt auseinander.

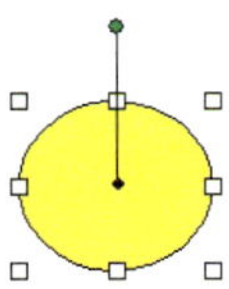

Solange der Kreis noch markiert ist, kannst du die Größe, die Füllfarbe, die Linienfarbe, die Linienart und die Linienbreite verändern.

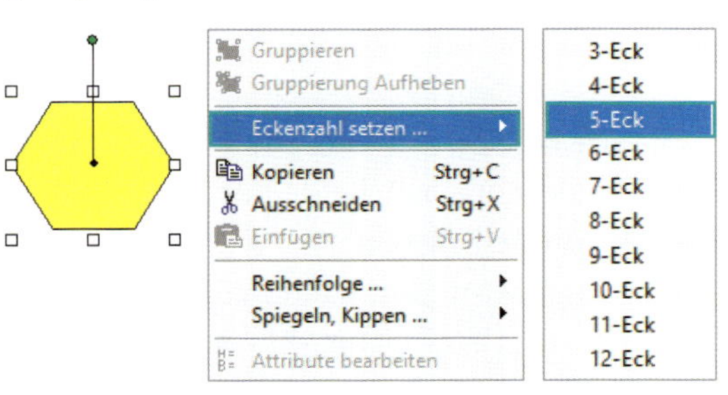

Willst du ein **Vieleck** zeichnen, wird es zu Beginn immer ein 6-Eck sein. Gehe mit der Maus auf die markierte **Fläche des 6-Ecks** und drücke die **rechte Maustaste**. Es öffnet sich das Kontextmenü mit dem Punkt **Eckenzahl setzen**. Hier kannst du die Anzahl der Ecken bestimmen.

Über die Icons Füllfarbe sowie Linienfarbe, -art und -stärke kannst du das Objekt verändern.

Analysator-Fenster

Wenn du in der Symbolleiste des Programmfensters auf das Icon **Objekte** drückst, öffnet sich das Analysator-Fenster. Wie du auf dem Bild sehen kannst, gibt es vier verschiedene Registerkarten.

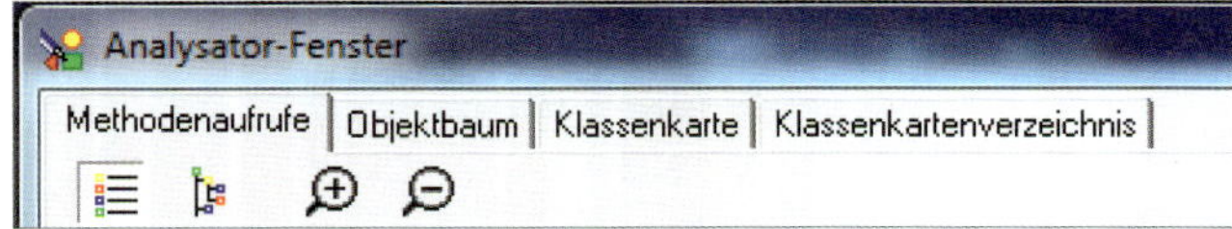

Beim **Methodenaufruf** kannst du alle am Objekt durchgeführten Methoden sehen.

Unter der Registerkarte **Objektbaum** erstellt das Programm eine grafische Übersicht über alle bereits erstellten Objekte. Auf der nächsten Seite wird beschrieben, wie du den Objektnamen ändern kannst.

In der Registerkarte **Klassenkarte** findest du alle für eine Klasse möglichen Attribute und Methoden.

Im **Klassenkartenverzeichnis** kannst du dir eine Klasse (z.B. RECHTECK) auswählen. Dann werden dir vorab schon die Attribute und die möglichen Methoden angezeigt.

Die **Objektkarte**, z.B. für das Objekt mit dem Namen re0:RECHTECK, steht immer im unteren Teil des Analysator-Fensters, mit allen gültigen Attributen und Attributwerten.

Der **Objektname** wird vom Programm selbst erstellt. Weiter unten findest du eine Beschreibung, wie du den Objektnamen ändern kannst.

Wenn du das Objekt **re0** anklickst, erscheint die **nebenstehende Objektkarte** mit allen Attributen und Attributwerten für das Rechteck. Die Attributwerte kannst du durch die Icons in der Symbolleiste oder durch die Eingabe der entsprechenden Methode in der Bearbeitungsleiste (re0. Methode = re0.**FüllfarbeSetzen**) ändern.

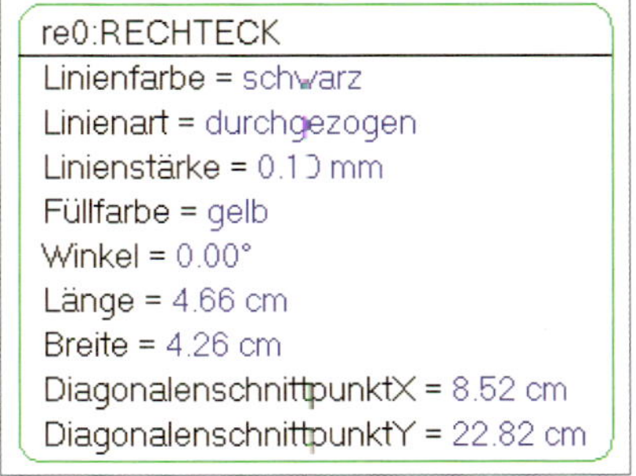

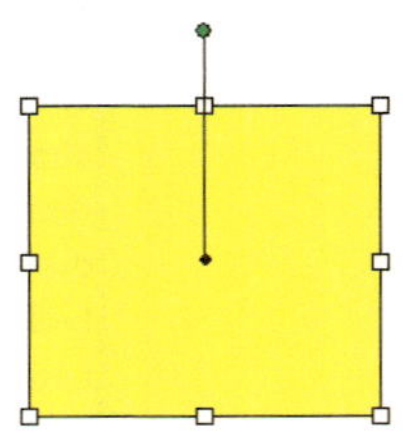

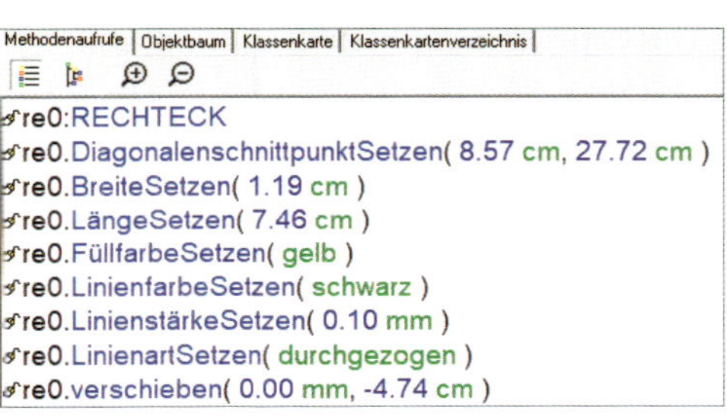

Im Analysator-Fenster kannst du den **Methodenaufruf** mit den verschiedenen Methoden, wie z.B. **BreiteSetzen**, sehen. Manche Methoden benötigen zusätzliche Angaben, die **Parameter**. Sie stehen in runden Klammern **(1.19 cm)** hinter der Methode. Wenn eine Methode keine Parameter benötigt, schreibst du ein leeres Klammernpaar **()**.

Willst du z.B. die Breite des Rechtecks verändern, kannst du das in der Bearbeitungsleiste des Programmfensters tun. Du gibst den Objektnamen ein **(re0.)**, suchst die Methode **LängeSetzen**, gibst den neuen Parameterwert ein, z.B. **(9.00 cm)** und bestätigst die Eingabe mit dem grünen Dreieck (▶).

1. Verändere die Attributwerte des gelben Rechtecks: Länge 5,50 cm, Breite 4,00 cm, Linienbreite 0,75 mm und Linienart breitgestrichelt.

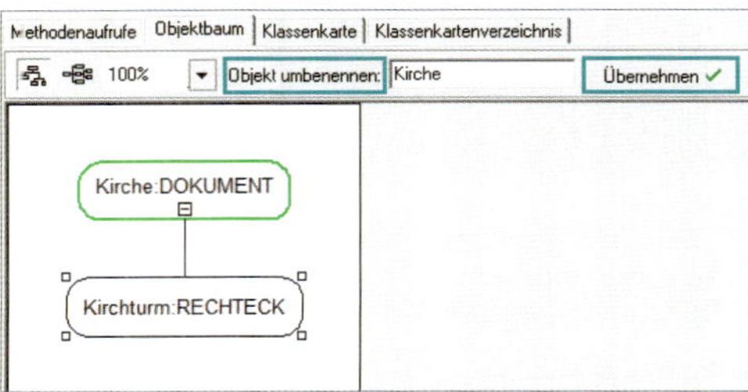

Der **Objektbaum** ist eine grafische Darstellung und zeigt dir die schon erstellten Objekte. Hier hast du die Möglichkeit, den **Objektnamen** zu ändern. Dabei klickst du das entsprechende Objekt (z.B. re0:RECHTECK) an, die Umrandung wird grün und du kannst rechts neben dem Fenster **Objekt umbenennen** den neuen Objektnamen **Kirchturm** eintragen. Mit einem Klick auf **Übernehmen** wird der bisherige Objektname **re0:RECHTECK** in **Kirchturm:RECHTECK** geändert und die einzelnen Objekte werden somit für dich klarer erkennbar. Diese Änderung wird auch in der Objektkarte übernommen.

2

Methoden anwenden

Wenn du z. B. ein Rechteck gezeichnet hast, kannst du für dieses Objekt verschiedene Methoden aufrufen. Dazu gibst du in der Bearbeitungsleiste den Objektnamen, z. B. re0, ein.

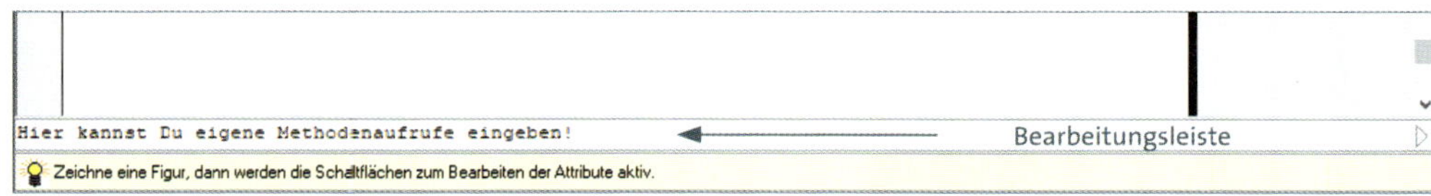

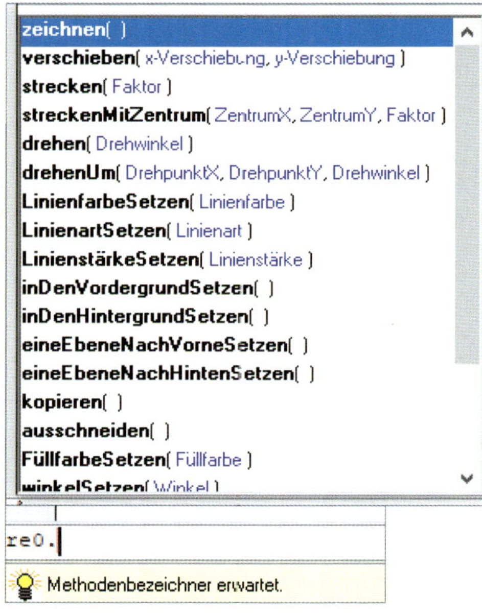

Dann öffnet sich das nebenstehende Fenster mit den Methoden, die für das Objekt Rechteck möglich sind.
Du suchst dir z. B. die Methode **verschieben** **(x-Verschiebung, y-Verschiebung)** aus und klickst sie mit der Maus an.

Hinweis: In der Klassenkarte eines Rechtecks findest du alle möglichen Attribute und Methoden (wie z. B. verschieben, drehen, strecken, FüllfarbeSetzen usw.)

Nun kannst du die Parameter ergänzen, z. B. **(2 cm, 0)**, damit das Programm weiß, wie weit das Rechteck verschoben werden soll. Nach Betätigen der Eingabetaste wird das Rechteck um 2 cm nach rechts verschoben.

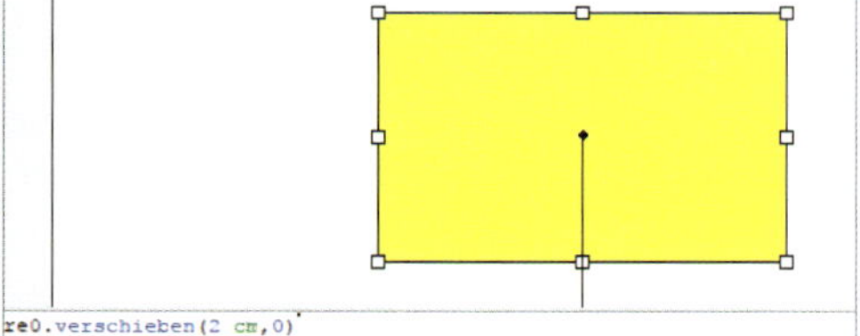

Soll das Rechteck nach links verschoben werden, muss vor die **2** ein Minuszeichen gesetzt werden **(−2 cm, 0)**. Der Text in der Klammer zeigt dir immer an, wie viele Parameter du angeben musst.

Hinweis: Du kannst Objekte auch mit gedrückter linker Maustaste (Drag and Drop) verschieben.

Reihenfolge ändern

Bei einer Bildkomposition mit mehreren Objekten musst du darauf achten, dass auch die Reihenfolge stimmt. Möchtest du im folgenden Bild das Haus nicht vom grünen Rechteck verdeckt haben, änderst du die Reihenfolge. Du markierst das Objekt und machst einen Mausklick rechts. Das Kontextmenü öffnet sich. Hier findest du die Methode **Reihenfolge ...** mit den weiteren Möglichkeiten. Jetzt kannst du den Rasen in den Hintergrund schieben.

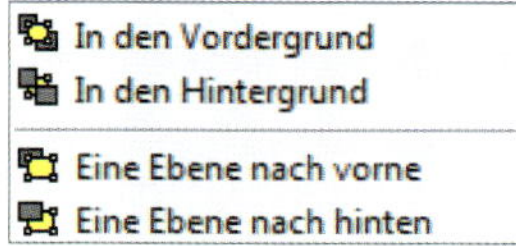

1. Erstelle mithilfe des Zeichenprogramms ObjectDraw die nebenstehende Kirche. Überlege dabei, wie viele verschiedene Objekte notwendig sind und welche Attribute und Attributwerte du eingeben musst. **Tipp:** Wenn du mehrere gleiche Objekte hast (Fenster), kannst du eins erstellen und dann kopieren.
2. Gestalte anschließend um die Kirche herum eine kleine Landschaft (Wiese, Bäume, Sonne usw.).

Objekte gruppieren

Um eine Grafik, wie z. B. einen Laster, mit allen Objekten gleichzeitig verschieben zu können, müssen die Objekte (3 Rechtecke und 2 Kreise) zu einer Gruppe zusammengefügt werden.

Für den nebenstehenden Laster ist weiter unten bereits ein Objektbaum mit den einzelnen Objekten angelegt. Die einzelnen Objektnamen werden von dem Programm vergeben. Die Objektnamen können nach Wunsch geändert werden (➨ S. 43).

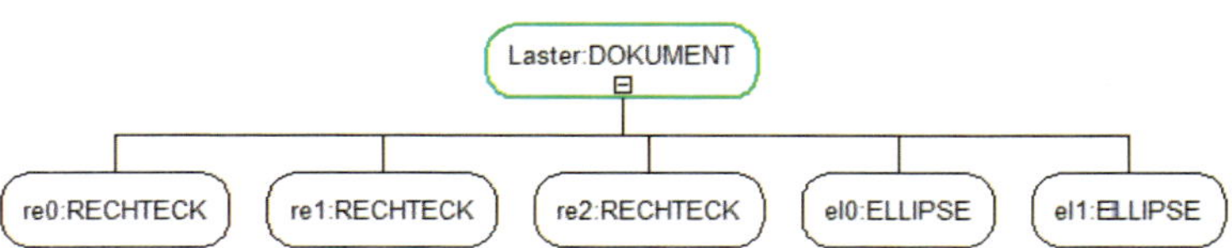

Wenn du jetzt den Laster verschieben willst, musst du die einzelnen Objekte zu einer **Gruppe** zusammenfassen.

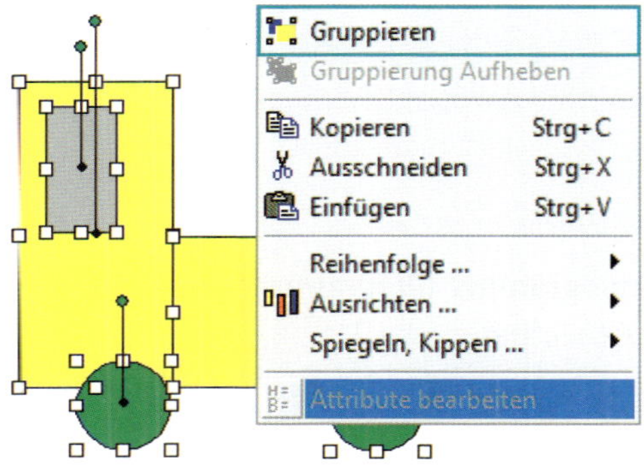

Wie du in der Grafik links sehen kannst, werden alle Objekte markiert. Dabei musst du die **Shift-Taste** (➨ S. 14) gedrückt halten und alle Objekte einzeln anklicken. Anschließend fährst du mit der Maus auf den Laster und drückst die rechte Maustaste. In dem erscheinenden Kontextmenü wählst du die Methode **Gruppieren** aus.

Was hat sich geändert?

- Der grüne Markierungsrahmen liegt um den gesamten Laster.
- Der Name des Objektes lautet jetzt: **gr0:GRUPPE**.
- Der Objektbaum hat sich um die **gr0:GRUPPE** erweitert.

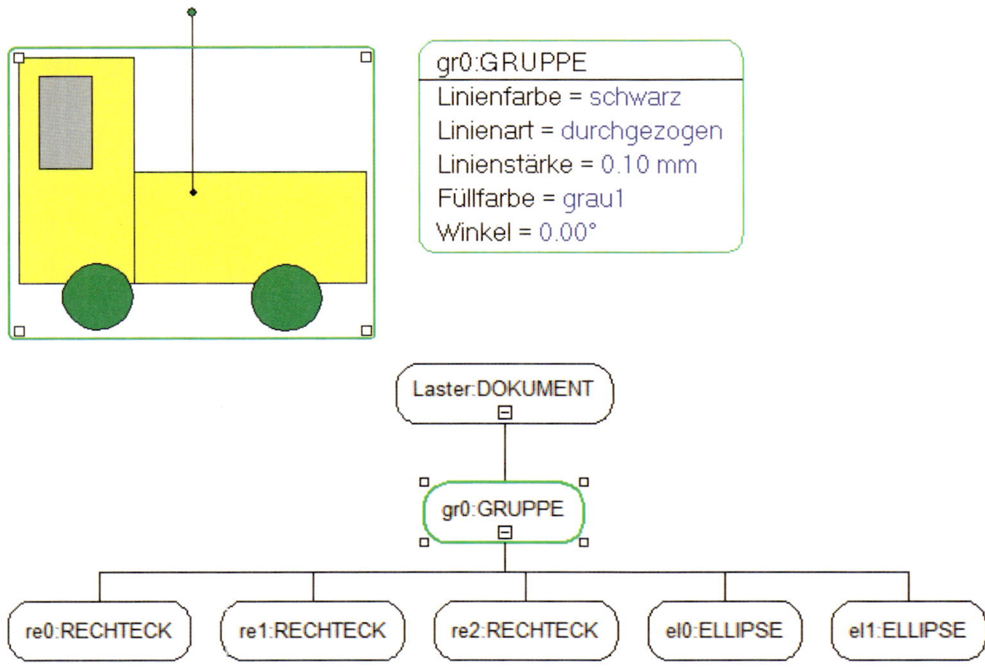

Möchtest du zusätzlich die Räder des Lasters hinter das Fahrgestell bringen, musst du im Kontextmenü ( S. 45) die Reihenfolge wieder ändern.

3. Gestalte weitere Grafiken, wie z. B. einen Badesee, eine Blumenwiese, ein Boot auf dem Wasser usw., und wende dabei die gelernten Methoden: **verschieben**, **gruppieren**, **Reihenfolge ändern** an.

Auf den Punkt gebracht

Du hast gelernt:

- den **Aufbau** eines einfachen **Vektorgrafikprogramms** (Programmfenster, Analysefenster mit Methodenaufruf, Klassenkarte, Objektbaum usw.)
- das **Arbeiten** mit einem einfachen Vektorgrafikprogramm (erstellen und bearbeiten von einzelnen Formen)
- eine Grafik durch **Methoden** (Breite setzen, verschieben, in den Hintergrund setzen) zu verändern
- Objekte einer Grafik (Lastwagen) zu **gruppieren**

2.4 Einfaches Programmieren

Du kannst in verschiedenen vektorgrafischen Programmen Objekte erstellen und verändern.

Um kleine Programme mit oder ohne bewegte Bilder zu schreiben, eignet sich das **Vektorgrafikprogramm EOS**, das du kostenlos aus dem Internet herunterladen kannst. Bei EOS ist es erforderlich, dass du die Objekte mit **Eingabe von Befehlen** (Punktnotation) erstellen musst. Das unterscheidet EOS von anderen Zeichenprogrammen.

Bevor du dich mit der Programmoberfläche vertraut machst, ist es wichtig, die **Schreibweise der Punktnotation**, die du auch in ObjektDraw gesehen hast, zu lernen.

Was ist mit Punktnotation gemeint?

Es ist eine genau festgelegte Schreibweise, mit der Informationen über ein Objekt kurz und eindeutig aufgeschrieben werden. Die folgenden Beispiele zeigen dir, wie du schreiben musst. Diese Punktnotationen musst du beim **Programmieren** anwenden.

Nice to know

Programmieren: Erstellen einzelner Eingabeschritte für den Ablaufplan eines Computerprogramms.

Objekte erzeugen: Der Objektname wird immer von der Klasse oder Gruppe durch einen **Doppelpunkt** getrennt.

Objektname und Klasse = **Objektname:KLASSE** führerhaus:RECHTECK

Objektname und Gruppe = **Objektname:GRUPPE** lastwagen:GRUPPE

Attributwerte zuweisen: Du trennst den Objektnamen durch einen Punkt von dem Attribut, das Attribut wird durch einen **Doppelpunkt** und ein **Gleichheitszeichen** vom Attributwert getrennt.

Objektname, Attribut und Attributwert = **führerhaus.breite:=120**

Methoden aufrufen: Methoden werden über eine Auswahlliste angezeigt und ausgewählt. Dabei setzt du nach dem Objektnamen einen **Punkt**, es folgen die **Methode** und die **Parameter** in runden Klammern **()**.

Objektname und Methode (Parameter) = **führerhaus.füllfarbeSetzen(gelb)**

1. Beschreibe die folgende Figur in der Schreibweise der Punktnotation. Liste die Attribute, Attributwerte und Parameter auf. Beachte dabei die vorangehenden Beispiele.

Einführung in die Programmoberfläche

Wenn du das **Programm EOS** öffnest, erscheint zuerst das **Bearbeitungsfenster** mit folgenden Icons:

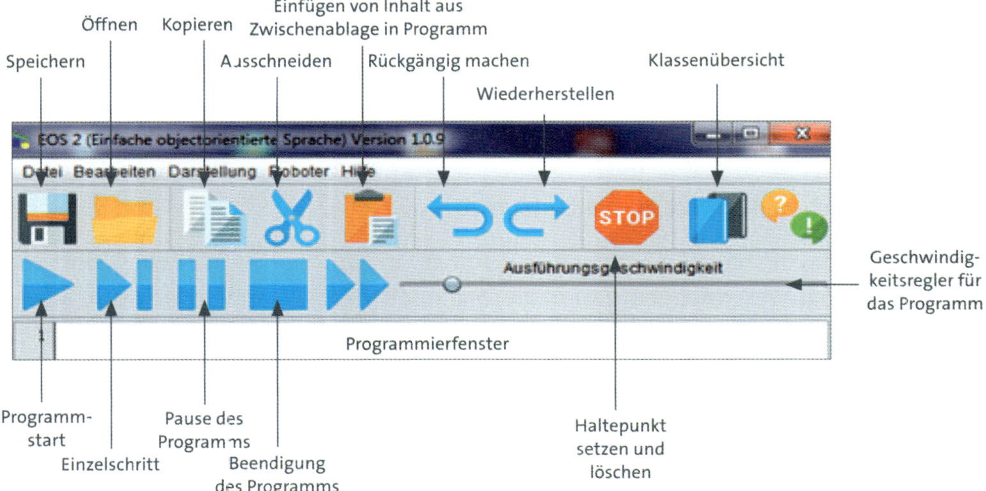

Programmierfenster

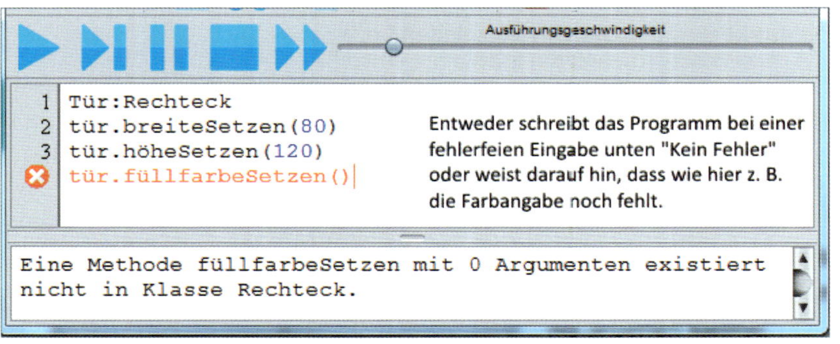

Objektansicht

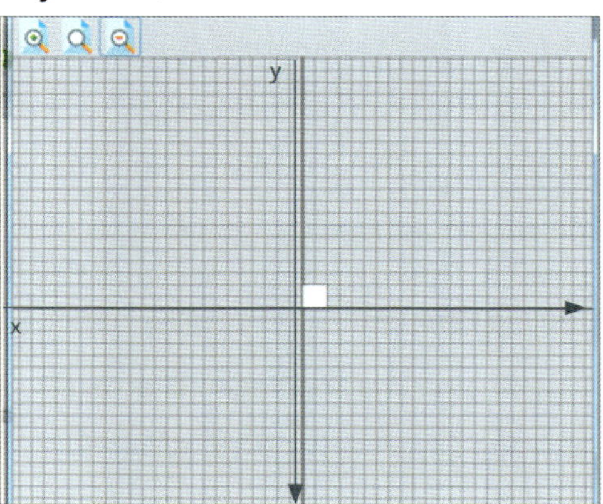

In das **Programmierfenster** schreibst du, wie du sehen kannst, dein Programm hinein. Klickst du auf den ersten blauen Pfeil (▶), öffnet sich die **Objektansicht**, in der du den Ablauf deines Programms beobachten kannst.

Bei der Anwendung des Programms EOS werden unterschiedliche Methoden in einer bestimmten Reihenfolge abgearbeitet. Dabei müssen die Anweisungen Methode für Methode zeilenweise untereinandergeschrieben werden. Eine solche Abfolge von Anweisungen nennt man eine **Sequenz**.

Wie du in der **Objektansicht** sehen kannst, wird in diesem Programm mit einem Koordinatensystem gearbeitet. Jeder Punkt der Figuren, die in der Objektansicht erscheinen, ist durch seine x- und y-Koordinaten festgelegt. Diese musst du bei der Angabe der Parameter, z. B. bei der Methode **eckenSetzen**(links, oben, rechts, unten) beachten.

Der Schnittpunkt der Koordinatenachsen liegt bei (0, 0). Die negativen x-Werte liegen links von der y-Achse, die negativen y-Werte liegen unterhalb der x-Achse.

Nice to know

Sequenz:
lat. **sequens** = Abfolge, Ablauf, Prozess. Sequenz ist eine Folge nacheinander auszuführender Anweisungen.

Vorübung mit Quadrat und Rechteck

Bevor du im Programm EOS mit dem Programmieren beginnst, kannst du diese Vorübung nachvollziehen. Darin wird eine einfache Figur **Quadrat** erstellt und anschließend verschoben. Gib zuerst Programmierfenster die Klasse ein.

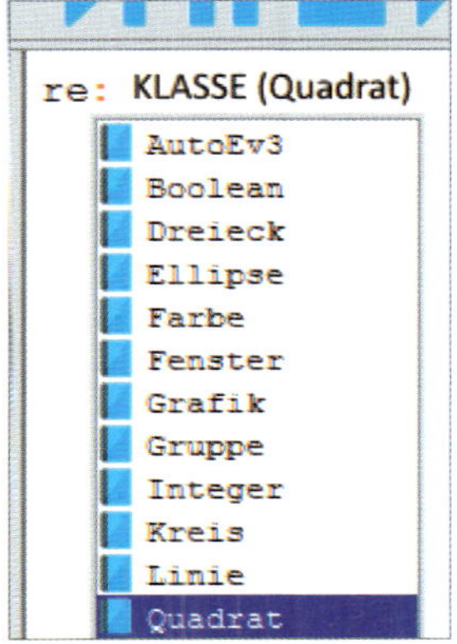

Wenn du im Programmierfenster den Objektnamen schreibst und anschließend den Doppelpunkt setzt, öffnet sich die Auswahl für **Klassen (K)**.

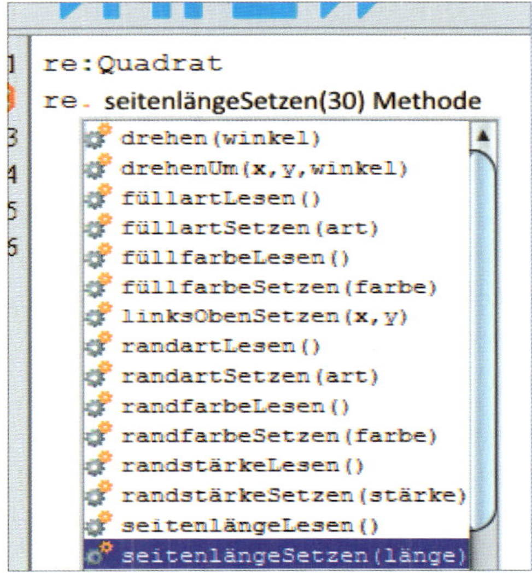

Wenn du in der nächsten Zeile die Methode einfügen willst, schreibst du den Objektnamen (re) klein und anschließend einen Punkt. Es öffnet sich wieder eine Auswahl für **Methoden (M)**.

Mit der Methode **seitenlängeSetzen(30)** wird das Quadrat zunächst symmetrisch um den Schnittpunkt der beiden Achsen angelegt. Die Methode **verschiebenNach (15, 15)** kann das Quadrat nach rechts und oben versetzen.

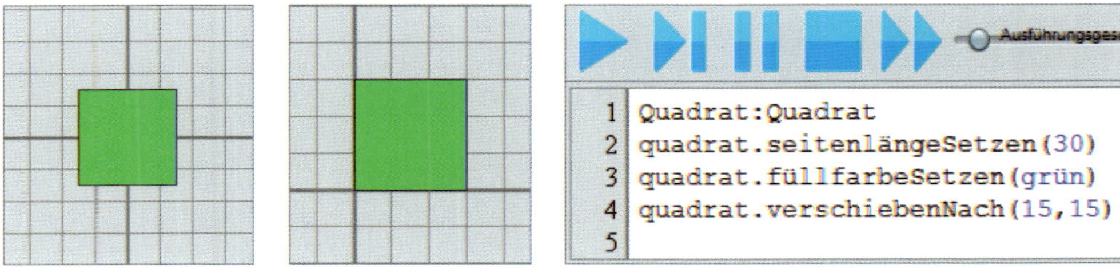

2. Erstelle nach vorhergehender Beschreibung ein Rechteck mit den Maßen 20 × 30 mm. Verwende jetzt die Methode **eckenSetzen(links, oben, rechts, unten)**. Verschiebe anschließend das Rechteck so, dass es vollständig im negativen Bereich der Objektansicht liegt.

Einen Lastwagen erstellen

Nach dieser Vorübung wird dir jetzt gezeigt, wie du einen Lastwagen programmieren kannst. Stell dir zunächst folgende Fragen:

Was will ich darstellen?	**einen Lastwagen**
Wie soll er aussehen?	**dazu eine Skizze**
Welche Bestandteile hat er?	**geometrische Formen**
Welche Attribute und Attributwerte möchte ich haben?	**z. B. Farbe (gelb), Radius**
Welche Methoden setze ich ein?	**z. B. FüllfarbeSetzen, verschieben**

Die Skizze

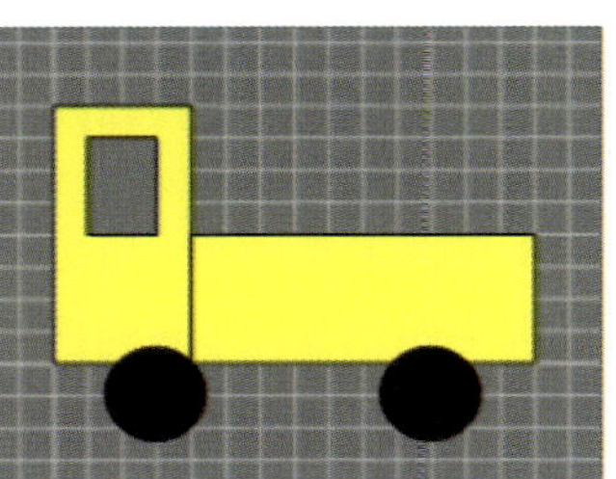

Klasse:	RECHTECK (Fahrerhaus, Ladefläche, Fenster)
Attribute:	Linienfarbe, Füllfarbe
Attributwerte:	schwarz, gelb
Klasse:	KREIS (Reifen 1, Reifen 2)
Attribut:	z. B. Radius
Attributwert:	20

Die Programmierung fängt mit einer kleinen Bleistiftzeichnung auf kariertem Papier an. Hier kannst du das Modell zeichnen, das du anfertigen willst. Mithilfe des karierten Papiers kannst du auch schon festhalten, welche Attributwerte du einsetzt. Im Folgenden siehst du die Gruppe der zugehörigen Objektkarten.

3. Zeichne die Gruppe aus der folgenden Darstellung auf einen Block und setze in die Objektkarten die noch fehlenden Werte ein, die du an der Skizze zum Lastwagen auszählen kannst.

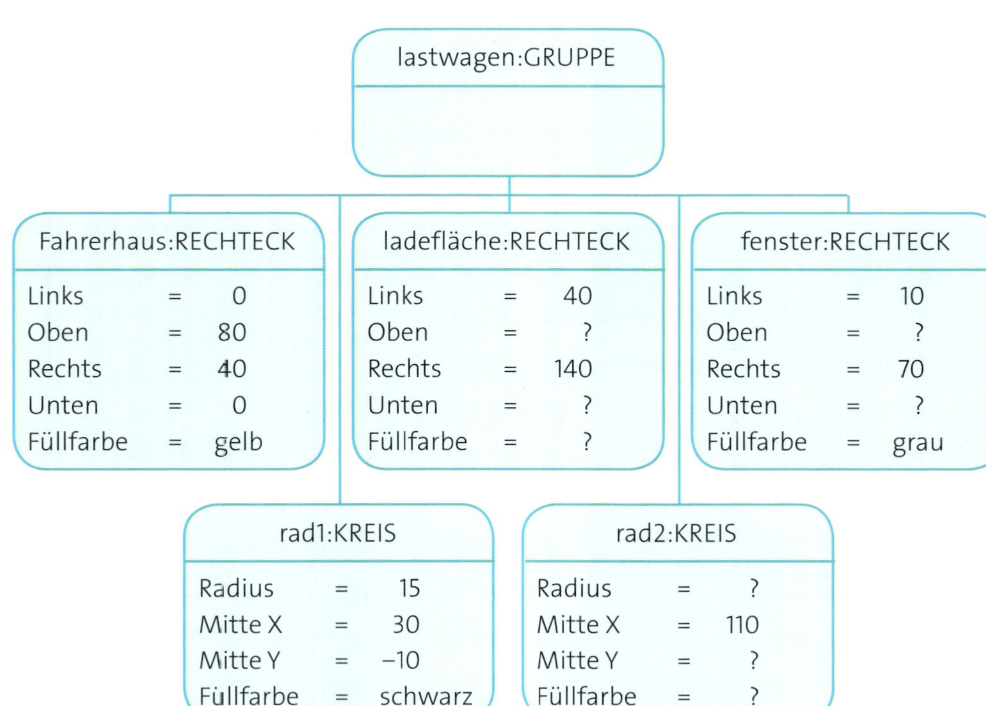

4. Erstelle jetzt in dem Programm EOS den Lastwagen und speichere unter dem Dateinamen **Lastwagen** ab. Die folgende Abbildung zeigt den Anfang.

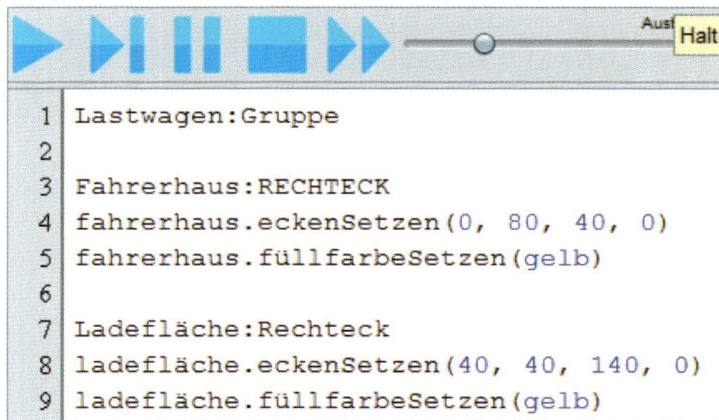

```
Lastwagen:Gruppe

Fahrerhaus:RECHTECK
fahrerhaus.eckenSetzen(0, 80, 40, 0)
fahrerhaus.füllfarbeSetzen(gelb)

Ladefläche:Rechteck
ladefläche.eckenSetzen(40, 40, 140, 0)
ladefläche.füllfarbeSetzen(gelb)
```

5. Zeichne ein weiteres Objekt (z. B. einen Krankenwagen) auf, bestimme die benötigten Klassen, Attribute und Attributwerte und setze alles in dem Programm um.

Beachte, dass die einzelnen Objekte in der Reihenfolge erstellt werden, wie sie erzeugt werden. Beginnst du z. B. beim Programmieren mit den Reifen, dann liegen die hinter der Karosserie. Änderungen von Attributen, Attributwerten sowie die Reihenfolge der einzelnen Objekte können im Programmierfenster durchgeführt werden.

Der Lastwagen kommt ins Rollen

Mit dem nächsten Schritt kannst du den Lastwagen zum Rollen bringen. Dazu musst du deine Datei wieder öffnen. Wie du sehen kannst, hat sich der Lastwagen im rechten Bild nach rechts bewegt. Was musst du dafür tun?

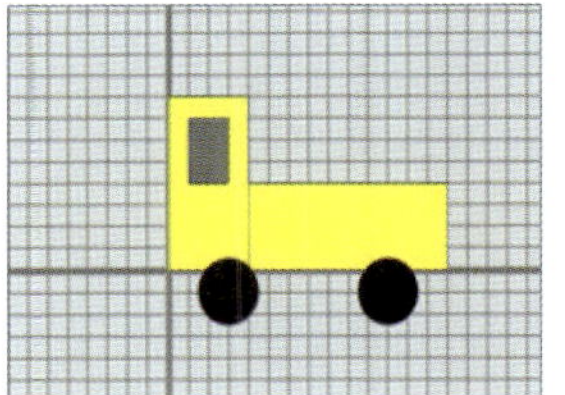

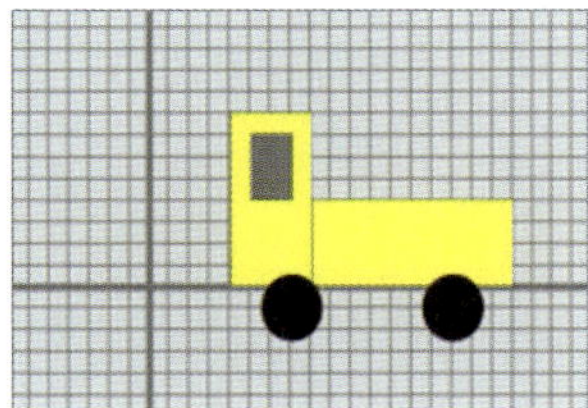

Du kennst den Aufbau und die Funktion einer Programmierumgebung und algorithmische Grundbausteine wie Anweisungen oder Befehle, Sequenzen oder die Folge von Befehlen und die Möglichkeit der Wiederholung.

Bildung einer Gruppe

Damit sich der gesamte Lastwagen nach rechts bewegt und nicht nur jedes einzelne Objekt verschoben wird, musst du auch in EOS eine Gruppe bilden.

Hierfür gibst du mit der Punktnotation folgende Befehle ein:

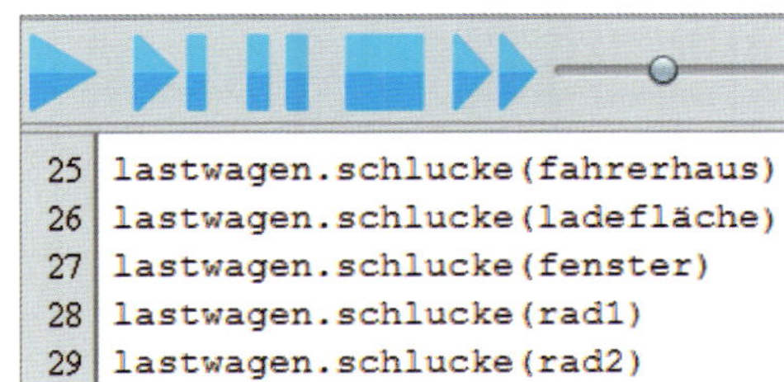

```
lastwagen.schlucke(fahrerhaus)
lastwagen.schlucke(ladefläche)
lastwagen.schlucke(fenster)
lastwagen.schlucke(rad1)
lastwagen.schlucke(rad2)
```

Vom Objektnamen **lastwagen:GRUPPE** brauchst du den ersten Teil **lastwagen**.

Nachdem du einen **Punkt** gesetzt hast, öffnet sich das Methoden-Fenster und du suchst dir die Methode **schlucke()** aus. Im Programm ObjektDraw war das die Methode **gruppieren**.

Objektname.Methode(Parameter)
lastwagen.schlucke(führerhaus)

6. Schreibe auch die weiteren Punktnotationen in dein Programm.

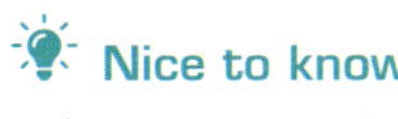

lat. = aggregatio; Bedeutung: anhäufen, vereinigen, zusammenfassen

weiterer Begriff	Bedeutung
Aggregation (Gruppierung)	Verbindung zwischen Objekten; sie werden einer bestimmten Gruppe zugeordnet, es werden allgemeine Aussagen über die gesamte Gruppe gemacht: Gruppe lastwagen, Methode schlucke, Parameter(fenster) lastwagen.schlucke(fenster)

Du wirst jetzt noch nicht viel sehen, denn du hast nur die Gruppe zusammengefasst. Wenn du jetzt jedoch das Objekt nach rechts verschieben willst, verschiebt sich der gesamte Lastwagen und nicht seine einzelnen Objekte. Denke an die Gruppenbildung im Zeichenprogramm!

Objekt verschieben

Wenn du jetzt noch die rechts stehenden Programmiereingaben schreibst, kannst du sehen, wie der Lastwagen nach rechts und wieder nach links fährt.

Dabei bewegt er sich 100-mal um 1 Bildpunkt nach rechts oder −1 Bildpunkt nach links.

```
wiederhole 100 mal
lastwagen.verschieben(1,0)
rad1.drehen(6)
rad2.drehen(6)
*wiederhole

wiederhole 100 mal
lastwagen.verschieben(-1,0)
rad1.drehen(-6)
rad2.drehen(-6)
*wiederhole
```

Eine einmalige Bewegung nach rechts und links kann auch nur mit der Methode **verschieben** durchgeführt werden (wie z. B. das Verschieben einer Kiste ohne Räder). Dabei drehen sich die Räder nicht.

7. Programmiere nach diesem Schema einen bewegten Doppeldeckerbus. Erstelle zunächst mithilfe der Skizze und der nebenstehenden Objektansicht die Klassen- und Objektkarten.

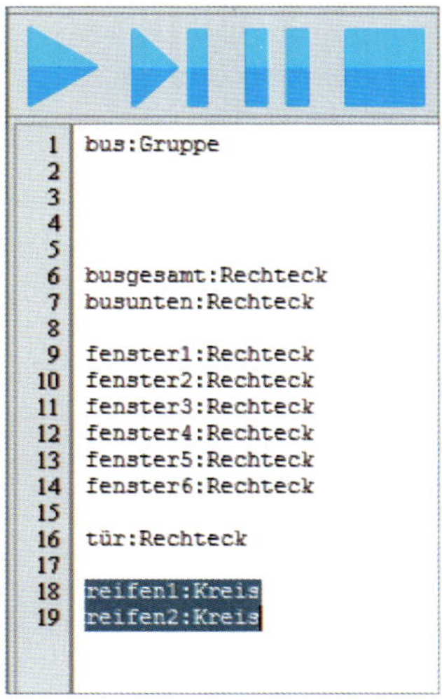

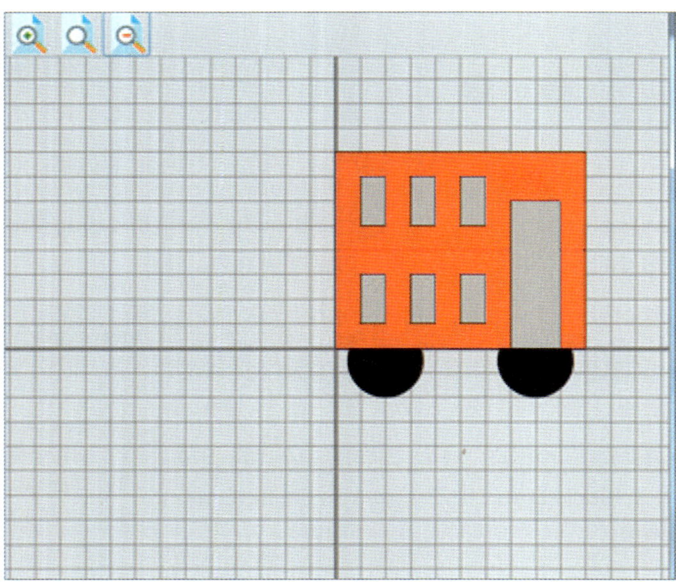

Wenn du die Reihenfolge der Objekte im Programmierfenster ändern möchtest, musst du diese markieren, kopieren und wieder dort einfügen, wo du sie haben willst. So kannst du z. B. die reifen1 und reifen2 von Zeile Zeile 18 und 19 in die Zeile 3 und 4 verschieben.

Ehe du die Methode **verschieben** anwendest, musst du vorher die einzelnen Objekte mit der Methode **schlucke** zu einer Gruppe zusammenfassen. Beginne wie folgt:

bus.schlucke(reifen1)
bus.schlucke(reifen2)

8. Ergänze die restlichen Objekte und bringe anschließend den Doppeldeckerbus ins Rollen.

Anwendung weiterer Methoden

Methode verschieben

Wie schon bei dem Programm **ObjectDraw** kannst du auch hier den Bus hin- und herfahren lassen.

Dazu trägst du **bus.verschieben (1, 0)** ein. Der Bus wird um einen Bildpunkt nach rechts auf der x-Achse verschoben. Setzt du ein **Minus** vor die 1, fährt er nach links.

Setzt du bei der Methode **verschieben** beide geforderten Parameter ein, z. B. **ballon.verschieben (2, 4)**, wird dieser an der x-Achse um 2 Bildpunkte und an der y-Achse um 4 Bildpunkte nach rechts oben verschoben.

Methode drehen

Du schreibst z. B. **reifen.drehen(–8)**. Jetzt wird der Reifen um 8° **im** Uhrzeigersinn gedreht. Ohne das Minus vor der 8 wird er **gegen** den Uhrzeigersinn gedreht. Um eine Drehung von 360° zu erreichen, muss **reifen.drehen (–8)** 45-mal wiederholt werden.

Die Wiederholung ist ein **algorithmischer** Grundbaustein in der Programmiersprache. Damit z. B. der Reifen um 360° gedreht wird, muss die Anweisung **reifen.drehen(–8)** zwischen **wiederhole 45-mal** und ***wiederhole** gesetzt werden.

wiederhole 45mal
reifen.drehen (–8)
*wiederhole

Wenn du die Anweisung zwischen **wiederhole immer** und ***wiederhole** setzt, wird die Anweisung so lange durchgeführt, bis du diese selbst stoppst.

Nice to know 

Algorithmus
ist eine Folge von Anweisungen, die eine bestimmte Reihenfolge einhalten müssen, um nach endlich vielen Schritten ein bestimmtes Problem zu lösen.

Methode strecken

Willst du einen Ballon aufblasen, schreibst du z. B. **ballon.strecken(2.5)**. Der Ballon wird um das 2,5-Fache größer. Bei der Angabe des Parameters muss immer ein Punkt anstelle des Kommas gesetzt werden.

9. Programmiere einen Traktor in EOS und lasse ihn fahren.

- **a)** Zeichne das Modell erst auf einem karierten Blatt auf.
- **b)** Erstelle die Objektkarten (siehe unten) und trage die Klassen und Attributwerte ein.
- **c)** Schreibe dein Programm in EOS.
- **d)** Füge die Objekte zu einer Gruppe zusammen.
- **e)** Lasse deinen Traktor hin- und herfahren.

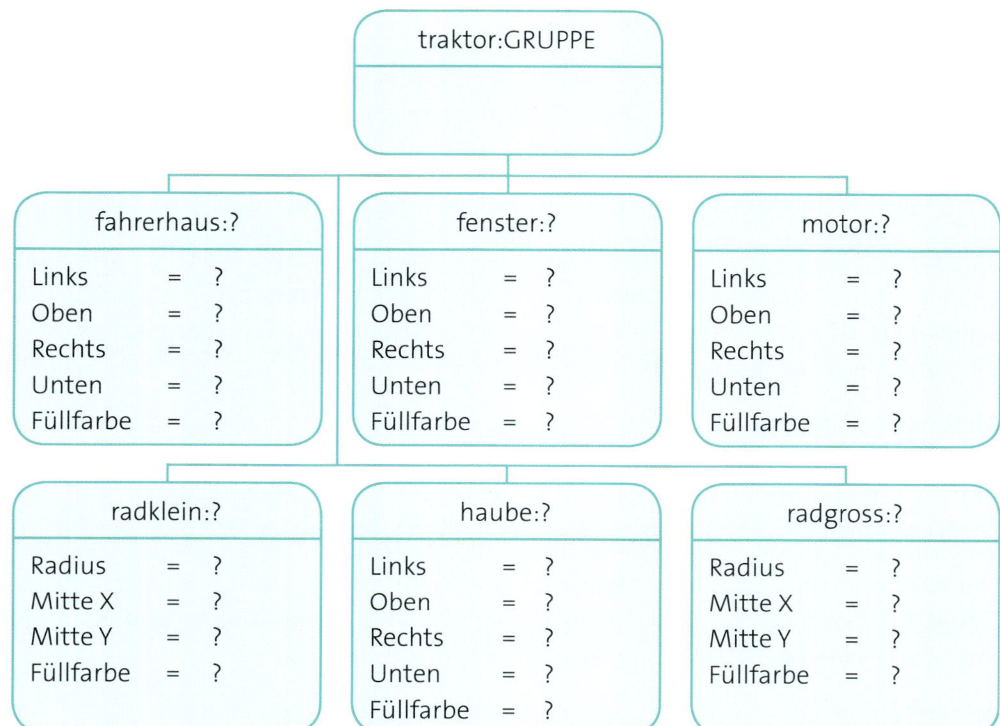

10. Erstellt gemeinsam mit EOS animierte Einladungs- oder Glückwunschkarten oder auch Grußkarten zu Ostern bzw. Weihnachten. Überlegt euch passende Animationen durch Verwendung geeigneter Methoden.

Auf den Punkt gebracht

EOS ist ein Programm, mit dem Vektorgrafiken programmiert und in Bewegung gebracht werden können.
Die **Eingaben zur Programmierung** erfolgen im Programmierfenster durch die Wahl geeigneter Methoden. In einer Objektansicht kann der **Ablauf der Programmierung** verfolgt werden. Die **Objektansicht** ist als Koordinatensystem aufgebaut.
Die Programmierung erfolgt über die Schreibweise der **Punktnotation**.
Bewegte Figuren können durch die Methoden **verschieben**, **drehen** und **strecken** erzeugt werden.

3 Textverarbeitung

Textverarbeitung bedeutet, den schon erfassten Text zu gestalten. Bei der Gestaltung sollen Schrift und Bild in ein ansprechendes und übersichtliches Ganzes gebracht werden. Textverarbeitung gibt es jedoch nicht erst seit dem Arbeiten mit einem Computer. Handgeschriebene Bücher hatten, soweit es damals möglich war, Bilder, Initiale, aber auch schon Farbe, um diese zu gestalten. Oft waren solche Bücher wahre Kunstwerke. Die programmierten Werkzeuge eines Textverarbeitungsprogramms und die Vielzahl von Schriften bieten heute auch dem Laien Möglichkeiten, den erfassten Text zu gestalten. Neben der Einhaltung bestimmter typografischer Grundregeln sollte auch die Verwendung des Schriftstücks, wie Bericht in der Schülerzeitung, eine Einladung zur Geburtstagsfeier, ein Stundenprotokoll usw., Einfluss auf die Gestaltung haben.

3.1 Ziffern, Zeichen, Funktions- und Sonderzeichen

Während des Erlernens des 10-Finger-Systems sind dir die Griffe für **Klein- und Großbuchstaben** sowie die **Satzzeichen** (Komma, Punkt, Doppelpunkt und Strichpunkt) vertraut geworden.

Zur Erinnerung: Nach jedem Satzzeichen kommt ein Leerschritt!

Jetzt fehlen noch die **Zifferntastenreihe**, die **Sonderzeichen** und die **Zeichen der Drittbelegung** (z. B. für die Symbole @, €).

1. Schreibe die einzelnen Übungen zur Wiederholung ab.

   a) beide Zeilen (2 Minuten)

Zeilen		Anschläge
1	Menschen Ende Anfang Millionen Jahre Gesellschaft Zukunft	64
2	Politik Mitglieder Spiel Computer Europa Programm Prozent	128

   b) die 4 Zeilen (5 Minuten)

Zeilen		Anschläge
3	vorletztes Jahrhundert, hauptsächlich in Freistunden,	183
4	das Alphabet kennen, Papier und Bleistift, Mitschüler	240
5	frage, Freizeit, nötig, Erdkunde, Entstehungsjahr ist	296
6	unbekannt, beliebige Teilnehmerzahl, jede Spielgruppe	351

   c) Schreibe den Text als Fließtext (10 Minuten).

Zeilen		Anschläge
1	Jeder Schüler spielte und spielt gerne Stadt, Land,	55
2	Fluss. Ein Spiel, das auch schon eure Eltern gespielt	112
3	haben. Das Entstehungsjahr dieses Spieles ist jedoch	167
4	unbekannt. Sicher ist nur, dass es bereits Ende des	220
5	vorletzten Jahrhunderts von privat unterrichteten	270
6	Schülern gespielt wurde. Es wurde immer bekannter und	325
7	Schüler spielen es hauptsächlich in Freistunden oder	379
8	in der Freizeit. Es kann überall gespielt werden, da	433
9	man dazu nur ein Blatt Papier und einen Bleistift be-	488
10	nötigt. Die Teilnehmerzahl bei diesem Spiel ist belie-	544
11	big. Jeder Mitschüler soll das Alphabet kennen und	597
12	sich auch in Erdkunde etwas auskennen. Dabei kann man	652
13	neben den Begriffen Stadt, Land, Fluss auch weitere	707
14	Begriffe hinzufügen. Das kann jede Spielgruppe für	760
15	sich selbst entscheiden.	784

Du lernst den **Mittestrich** und den **Unterstrich**.

3

Mittestrich: rechter kleiner Finger leicht nach rechts unten
Unterstrich: beim Unterstrich die linke Umschalttaste drücken

Zeilen		Anschläge
1	ö-ö ö-ö ö-ö -ö- -ö- -ö- ö_ö ö_ö ö_ö ö-ö ö_ö ö-ö ö_ö ö-ö ö_ö	59
2	yay ö-ö xsx ö-ö cdc ö-ö vfv ö-ö bfb ö-ö jnj ö-ö jmj ö-ö k,k	118
3	Der Mittestrich wird auf verschiedene Weise verwendet. Dazu	181
4	gibt es - je nach Verwendung - verschiedene Regeln. Wenn du	243
5	diesen Text geschrieben hast, kannst du auch die einzelnen,	303
6	für dich wichtigen, DIN-Regeln im Regelkasten finden.	361

Verwendung des Mittestrichs

Gedankenstrich	Bindestrich
(vor und danach ein Leerzeichen) *Mittags – es war gerade Pause – kam der Milchwagen angefahren.*	(Verbindung zwischen Wörtern, Wörtern und Ziffern, ohne Leerzeichen) *Er wohnt in München-Sendling, Richard-Strauß-Platz 15.* *2-Zimmer-Wohnung; S-Bahn*
Silbentrennungsstrich	**Ergänzungsbindestrich**
(ohne Leerzeichen, ist jedoch auch mit automatischer Silbentrennung über das Programm möglich) *Kurz-schrift, Schul-ab-schluss*	(für das wegfallende Wort mit einem anschließenden oder vorangehenden Leerzeichen) *Im 1. Stock befinden sich Personal- und Sozial**amt.*** *Diese Fabrik stellt **Büro**schränke und -tische aus Stahl her.*
Aufzählungszeichen	**Vorzeichen**
(mit nachfolgendem Leerzeichen) *– 100 g Nüsse* *– 150 g Rosinen*	(direkt vor der Zahl, ohne Leerzeichen) *Gestern Nacht hatten wir –13 °C.*
Zeichen für Streckenangaben, gegen, bis und Minus	
(vor- und nachher ein Leerzeichen) *Fußballspiel Bayern München – Werder Bremen* *Englischunterricht: 08:00 – 08:45 Uhr*	 *Strecke München – Passau* *Sprechstunde: 9 – 12 Uhr*

Verwendung des Unterstrichs

Er wird oft als Trennlinie, als Linie für Unterschriften oder als Platzhalter, z. B. bei E-Mail-Adressen oder Dateinamen, verwendet.
Die Schülerin hat die Prüfung mit der Note ______________________ bestanden.

3

Du schreibst die Ziffern **4**, **9**, **5**, **8**, **6**, **7**, **3**, **0**, **2**, **1**.

4: linker Mittelfinger gerade nach oben in die Zifferntastenreihe
9: rechter Mittelfinger gerade nach oben in die Zifferntastenreihe

Zeilen		Anschläge
1	ded de4 de4 de4 de4 d4e d4e d4e d4e d4e e4d e4d e4d e4d e4d	59
2	kik ki9 ki9 ki9 ki9 k9i k9i k9i k9i k9i i9k i9k i9k i9k i9k	118
3	4 Klassen, 4 Telefonate, 4 Schüler, 4 Lehrer, 4 Länder, 494	182

5: linker Zeigefinger gerade nach oben in die Zifferntastenreihe
8: rechter Zeigefinger gerade nach oben in die Zifferntastenreihe

Zeilen		Anschläge
4	frf fr5 fr5 fr5 fr5 f5r f5r f5r f5r f5r r5f r5f r5f r5f r5f	59
5	juj ju8 ju8 ju8 ju8 j8u j8u j8u j8u j8u u8j u8j u8j u8j u8j	118
6	5 Hamster, 5 Teilnehmer, 5 Gruppen, 5 Griffe, 5 Wellen, 549	182

6: linker Zeigefinger weit nach rechts oben in die Zifferntastenreihe
7: rechter Zeigefinger leicht nach links oben in die Zifferntastenreihe

Zeilen		Anschläge
7	ftf ft6 ft6 ft6 ft6 ft6 f6t f6t f6t f6t f6t t6f t6f t6f t6f	59
8	juj ju7 ju7 ju7 ju7 ju7 j7u j7u j7u j7u j7u u7j u7j u7j u7j	118
9	7 alte Bäume, er ist 67 Jahre, Hausnummer 6, 7 Brieftauben,	181

3: linker Ringfinger gerade nach oben in die Zifferntastenreihe
0: rechter Ringfinger leicht nach rechts oben in die Zifferntastenreihe

Zeilen		Anschläge
10	sws sw3 sw3 sw3 sw3 sw3 s3w s3w s3w s3w s3w w3s w3s w3s w3s	59
11	lol lo0 lo0 lo0 lo0 lo0 l0o l0o l0o l0o l0o o0l o0l o0l o0l	118
12	3. Reihe, 3. Platz, 30. Teilnehmer, 3. Oktober, 3. Ausgabe,	182

1: linker kleiner Finger gerade nach oben in die Zifferntastenreihe
2: linker kleiner Finger schräg nach links in die Zifferntastenreihe

Zeilen		Anschläge
13	aq2 aq2 aq2 aq1 aq1 aq1 aq2 aq2 aq2 aq1 aq1 aq1 aq2 aq1 aq2	59
14	aq2 aq1 aq2 aq1 aq2 aq1 aq2 aq1 2qa 1qa 2qa 1qa 2qa 1qa 2qa	118
15	21 Tage, 12 Monate, 2 Wochen, 1 Stunde, 21 Minuten, 12 Sek.	183

Zahlengliederung nach DIN 5008

Die Deutsche Industrie-Norm (DIN) 5008 benennt Festlegungen und Empfehlungen für die Textverarbeitung. Diese betreffen u. a. die typografisch richtige Verwendung von Satzzeichen, Schriftzeichen für Wörter, Rechenzeichen, Formeln und Zahlengliederungen sowie die Gliederung von Texten und den Aufbau von Tabellen. Es ist eine Hilfe, Schriftstücke übersichtlich zu gestalten.

Lerne und merke dir die verschiedenen Schreibweisen aus der folgenden Tabelle. Sie gehören zum Grundwissen.

Schreibweisen für Zahlentypen	Beispiele
Zahlen	
• Nach Zahlen folgt vor dem Buchstaben ein Leerzeichen.	5 Tage, 52 Wochen, 12 Monate, Klasse 7 a
Ordnungszahlen	
• Bei Ordnungszahlen folgt das Leerzeichen erst nach dem Punkt.	1. Platz, 3. März, 43. Woche
Zahlen mit mehr als drei Stellen	
• Gliederung durch einen Leerschritt nach je drei Stellen	3 650 Teilnehmer, 10 500 Einwohner
• Geldbeträge sollten mit einem Punkt gegliedert werden, um Missverständnisse zu vermeiden.	1.250 EUR, 1.650.000 €
dezimale Teilungen	
• Für die dezimale Teilung verwendet man das Komma.	21,50 €; 20,115 kg; 0,005 kg
• Bei ganzen Zahlen können die Nachkommastellen wegfallen.	21 EUR oder 21 €; ca. 20 km
Uhrzeit	
• Stunden, Minuten und Sekunden sind mit je zwei Ziffern anzugeben und mit einem Doppelpunkt zu gliedern. • Das Wort **Uhr** muss immer dabeistehen.	15:00 Uhr, aber auch 15 Uhr 00:05 Uhr, 02:40 Uhr, 13:08:20 Uhr
Postfach	
• von rechts nach links in Zweiergruppen gliedern	5 67; 93 53; 8 74 36
Postleitzahl	
• Die fünfstellige Postleitzahl wird nicht gegliedert.	80366 München, 10825 Berlin
Kalenderdaten	
• numerisch mit Bindestrich gegliedert	2018-01-15 oder 18-01-15
• numerisch mit Punkt gegliedert • Tag und Monat werden dabei 2-stellig angegeben.	05.01.2018 oder 05.01.18
• alphanumerisch	5. Januar 2018 oder 5. Jan. 2018

Du wendest die Schreib- und Gestaltungsregeln für Zeichen, Wörter und Zahlen nach aktuellen Normen, z. B. Schreibweisen für Datum und Uhrzeit, an.

3

Nice to know 

typografisch:
griech. = **typos** (Abdruck, Typ),
griech. = **graphia** (schreiben)
Gestaltung eines Druck-Erzeugnisses

Telefonnummern (Festnetz und Mobil)	
• funktionsbezogen durch je ein Leerzeichen gliedern (Anbieter, Landesvorwahl, Ortsnetzkennzahl, Anschluss) • Zur besseren Lesbarkeit dürfen funktionsbezogene Teile von Telefon- und Telefaxnummern durch Fettschrift oder Farbe hervorgehoben werden.	542, 8456, 337801 0531 675493; 05312 6653 **Durchwahl mit Bindestrich:** 089 2194-0 02234 677-353 **0157** 2389373
Internationale Telefonnummern	
• Vor der Landeskennzahl steht ein +, die 49 ist die Landeskennzahl für Deutschland. Nach der Landeskennzahl fällt die **0** vor der Ortsnetzkennzahl weg.	+49 5364 72-0
Faxnummer	
• gleiche Gliederung wie bei der Telefonnummer, jedoch mit Zusatz **Fax**	0534 152234
Bankleitzahl/BLZ	
• national (BLZ) – von links nach rechts beginnend: zweimal Dreiergruppe, einmal Zweiergruppe • international (IBAN = International Bank Account Number) – von links nach rechts beginnend: fünfmal Vierergruppe, einmal Zweiergruppe	BLZ: 258 900 17 IBAN: DE89 3402 0040 0487 0550 00

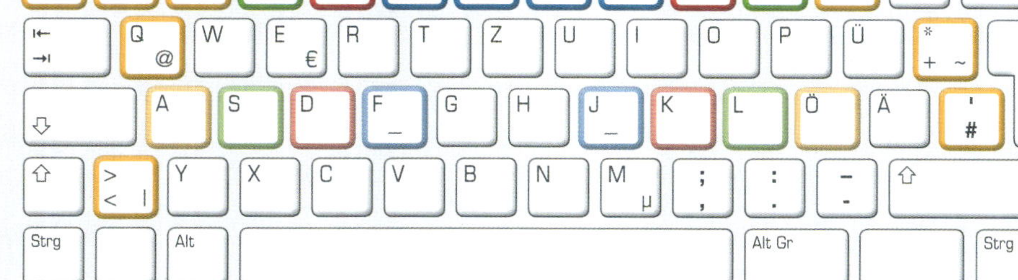

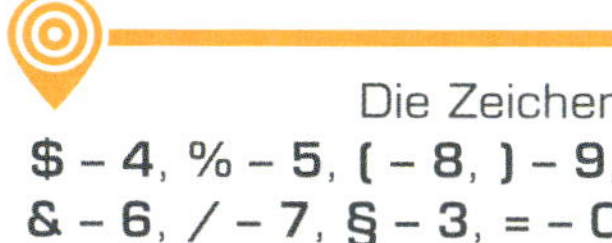

Um die Zeichen über den Ziffern zu schreiben, musst du, wie auch bei der Großschreibung, jeweils die rechte oder die linke Shift-Taste gedrückt halten.

$: linker Mittelfinger nach oben in die Zifferntastenreihe zur 4
): rechter Mittelfinger nach oben in die Zifferntastenreihe zur 9
%: linker Zeigefinger nach oben in die Zifferntastenreihe zur 5
(: rechter Zeigefinger nach oben in die Zifferntastenreihe zur 8

Zeilen		Anschläge
1	ded4d$ ded4d$ ded4d$ ded4d$ kik9k) kik9k) kik9k) kik9k) 494	67
2	frf5f% frf5f% frf5f% frf5f% juj8j(juj8j(juj8j(juj8j(858	134

&: **linker Zeigefinger nach oben in die Zifferntastenreihe zur 6**
/: **rechter Zeigefinger nach oben in die Zifferntastenreihe zur 7**
§: **linker Ringfinger nach oben in die Zifferntastenreihe zur 3**
=: **rechter Ringfinger nach oben in die Zifferntastenreihe zur 0**

Zeilen		Anschläge
3	ftf6f& ftf6f& ftf6f& ftf6f& juj7j/ juj7j/ juj7j/ juj7j/ 676	67
4	sws3s§ sws3s§ sws3s§ sws3s§ lol0l= lol0l= lol0l= lol0l= 767	134

3

„“: **linker kleiner Finger nach oben in die Zifferntastenreihe zur 2**
!: **linker kleiner Finger nach oben in die Zifferntastenreihe zur 1**

Zeilen		Anschläge
5	aqa2a" aqa2a" aqa2a" aqa2a" aqa1a! aqa1a! aqa1a! aqa1a! 121	67
6	aqa2a" aqa1a! aqa2a" aqa1a! aqa2a" aqa1a! aqa2a" aqa1a! 2a1	134

?: **rechter kleiner Finger gerade nach oben in die Zifferntastenreihe zum ß**
+ (*): **rechter kleiner Finger weit schräg nach oben rechts zum + oder mit Umschalttaste zum ***
 # (’): **rechter kleiner Finger gerade nach rechts neben das Ä zur # oder mit Umschaltung zum ’**
< (>): **linker kleiner Finger leicht links nach unten zum < oder mit der Umschaltung zum >**

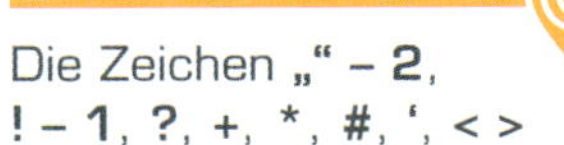
Die Zeichen „“ – 2, ! – 1, ?, +, *, #, ‘, < >

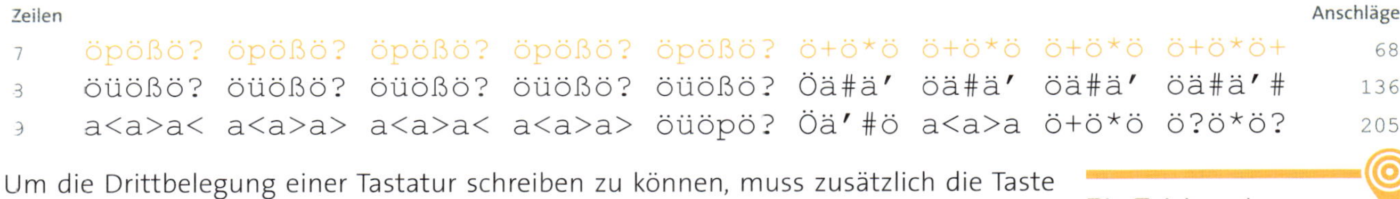

Zeilen		Anschläge
7	öpößö? öpößö? öpößö? öpößö? öpößö? ö+ö*ö ö+ö*ö ö+ö*ö ö+ö*ö+	68
8	öüößö? öüößö? öüößö? öüößö? öüößö? Öä#ä’ öä#ä’ öä#ä’ öä#ä’#	136
9	a<a>a< a<a>a> a<a>a< a<a>a> öüöpö? Öä’#ö a<a>a ö+ö*ö ö?ö*ö?	205

Um die Drittbelegung einer Tastatur schreiben zu können, muss zusätzlich die Taste [Alt Gr] gedrückt werden. Hier Beispiele für Drittbelegungen durch folgende Tastenkombinationen:

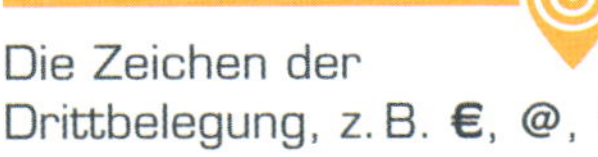
Die Zeichen der Drittbelegung, z. B. €, @, ^{3}

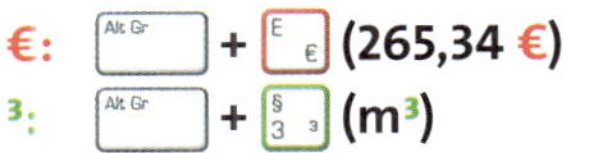

€: [Alt Gr] + [E €] **(265,34 €)**
^{3}: [Alt Gr] + [§ 3 ³] **(m^3)**
@: [Alt Gr] + [Q @] **(mustermann@gmx.com)**

Geschützte Zeichen

Bei einem automatischen Zeilenwechsel dürfen Zahlen und deren Werte (200 €), Zahlengliederungen wie 20 000, Straßennamen mit Bindestrich (Richard-Strauß-Straße) oder auch Trennstriche nicht auseinandergerissen werden.
Deshalb verwendest du hierfür die Tastenkombinationen. Weitere Sonderzeichen und deren Tastenkombinationen findest du über **Einfügen** ➨ **Symbol** ➨ **Sonderzeichen**.

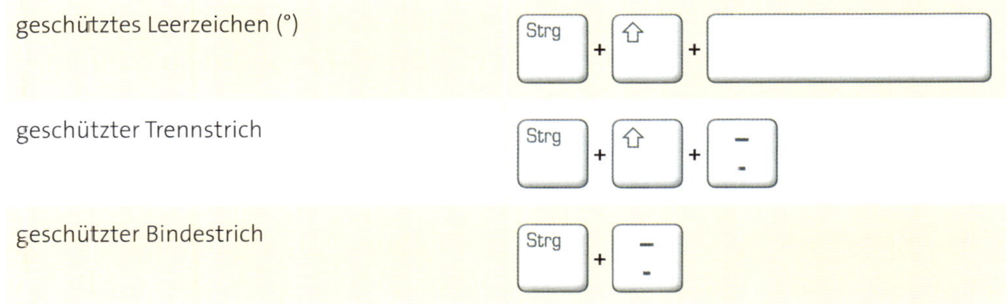

geschütztes Leerzeichen (°)	Strg + ⇧ + [Leertaste]
geschützter Trennstrich	Strg + ⇧ + –
geschützter Bindestrich	Strg + –

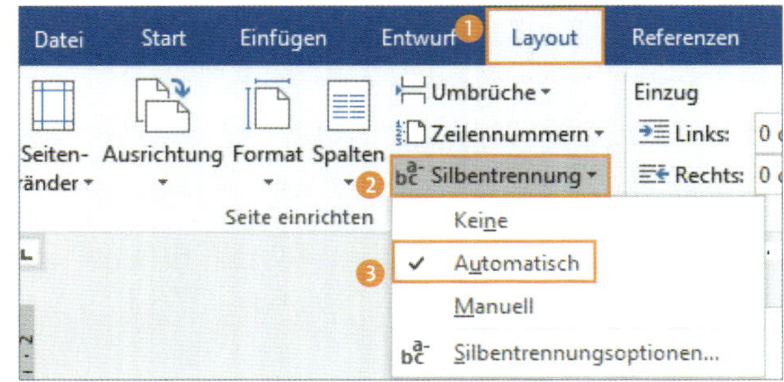

Automatische Silbentrennung

Um bei der Fließtexteingabe einen möglichst gleichmäßigen rechten Rand zu erhalten, kannst du in deinem Textverarbeitungsprogramm die automatische Silbentrennung einstellen. Verfolge dabei im nebenstehenden Bild die Schritte 1 bis 3. Sobald du einen Text änderst, ändert sich auch die Trennungsstelle.

3

Anwendung der Zeichen

Regeln	Beispiel
Paragraf §	
• Das Zeichen **§** darf nur in Zusammenhang mit einer Zahl angewandt werden und wird durch einen Leerschritt von der Zahl getrennt.	Diese Ware ist nach **§ 3** des UstG steuerfrei. Die **§§ 5 bis 7** der Schulordnung sind neu.
• Ohne Zahl muss das Wort geschrieben werden.	Die anderen **Paragrafen** werden überarbeitet.
Prozent %	
• Das Zeichen % wird durch einen Leerschritt von der Zahl getrennt.	Wenn wir 10 Stück der Ware kaufen, erhalten wir **3 %** Rabatt.
• Folgt ein Suffix an die Prozentangabe, schreibt man ohne Leerschritt.	Wir hatten eine **20%ige** Umsatzsteigerung.
Promille o/oo	
• Das Zeichen o/oo wird durch einen Leerschritt von der Zahl abgesetzt. • o/oo oder **Einfügen ➨ Symbol ➨ hoch- und tiefgestellte Zahlen ➨ ‰**	Die Maklergebühr beträgt **3,57 ‰**. Die Bezeichnung Promille bedeutet 1/1000. Damit entspricht 1 Promille der Zahl 0,001.
Gebrauch von &	
• Das Zeichen (sprich: und) darf nur in Zusammenhang mit Firmennennung verwendet werden. Vor und nach dem Zeichen muss ein Leerschritt erfolgen.	Wir übergeben den Auftrag an die Firma Schneider **&** Söhne.
Schrägstrich (Slash)	
• Vorher und nachher kommt kein Leerschritt.	Die Geschwindigkeit wird auf 50 **km/h** beschränkt. Wir haben jetzt das Schuljahr **2018/2019**.
• Der Schrägstrich, zusammen mit dem Punkt, wird für das Wort **gegen** eingesetzt, allerdings nur in gerichtlichen Fällen.	Die Gerichtsverhandlung Heinrich **./.** Gruber beginnt morgen.
• Der Schrägstrich kann als **Bruchstrich** gesetzt werden.	Für das Eis benötigen wir einen **1/8** l Sahne. (oder: **Einfügen ➨ Symbol ➨ Zahlenzeichen ➨** ⅛)
Anführungszeichen	
• ohne Leerzeichen vor und nach den eingeschlossenen Textteilen	Wir werden das Wahlfach „Klettern“ weiterhin anbieten.

Nice to know

Suffix: lat. = **suffixum**. Damit ist die an ein Wort oder einen Wortstamm angehängte Nachsilbe gemeint.

Halbe Anführungszeichen	
• Innerhalb schon gesetzter Anführungszeichen ohne Leerschritt das Apostrophzeichen verwenden.	Sie fragte: „Werden wir während der Modenschau auch das Modell ‚ROMA' sehen?"
Apostrophzeichen	
• ersetzt ausgelassene Buchstaben	unser Käpt'n; Franz' Schwester Liesl
Klammern ( ), [ ] { }	
• ohne Leerzeichen vor und nach den eingeschlossenen Textteilen	Frankfurt (Main), Coburg (Bayern) Bankrott (italien. „banca rotta" [zusammengebrochene Bank])
Rechenzeichen + – × : = < >	
• Vor und nach jedem Rechenzeichen kommt ein Leerzeichen. Das Multiplikationszeichen kann ein kleines x sein oder ein Punkt.	Additionszeichen: 53 **+** 17 = 70 Subtraktionszeichen: 53 **–** 17 = 36 Multiplikationszeichen: 36 **×** 3 = 108 Divisionszeichen: 36 **:** 3 = 12 Gleichheitszeichen **=**
Zeichen * +	
• Vor und nach diesen Zeichen muss ein Leerschritt gesetzt werden: ***** (geboren) und **+** (gestorben)	Konrad Zuse * 22.06.1910 + 18.12.1995
Zeichen #	
• Ersatz für das Wort „Nummer" • nur in Verbindung mit nachfolgenden Ziffern	Der Artikel # 93 ist im Ausverkauf günstiger. Wir liefern die Artikel # 63 und 175 sofort.
Verhältniszeichen :	
• gesprochen **zu**	Die Mannschaft hat 3 **:** 2 gewonnen. Der Maßstab auf der Landkarte beträgt 1 **:** 50 000.
Vorzeichen, hoch- oder tiefgestellte Zeichen, Exponenten und Indizes	
• werden ohne Leerzeichen an den Zahlenwert oder die Basis angefügt	–45 °C; Flächenwinkel von 6°; Wohnfläche 150 m^3; chemische Verbindung H_2O
Einheiten wie €, $, m, kg, m² usw.	
• Nach der Zahl folgt immer ein Leerschritt. • Die Währungseinheit kann vor oder nach der Zahl stehen. • Innerhalb eines Textes steht sie immer dahinter.	45 m, 3 500 km € oder EUR: 23,67 € oder 23,67 EUR; € 23,67 oder EUR 23,67 Wir haben bereits 23,67 € für die Fahrt bezahlt.
@-Zeichen	
• Teil der E-Mail-Adresse, kein Leerzeichen	vorname.name@gmail.com a_mustermann@t-online.de

Nice to know 

Hashtag:
engl. = hash (Raute),
engl. = tag (Strukturzeichen).
Ein mit einem Rautezeichen markiertes Schlüssel- oder Schlagwort in einem elektronischem Text. Es kann damit als potenzieller Suchbegriff markiert werden.

Akzentzeichen (französisch: accent)

Sie entsprechen von der Form her dem griechischen Zeichen und tragen auch deren übersetzten Namen.

Bezeichnung	Pfad/Tastenkombination
ç (= c cédille)	Einfügen ➡ Symbol ➡ Lateinisch-1 (Ergänzung)
Ç (= c cédille majuscule)	Einfügen ➡ Symbol ➡ Lateinisch-1 (Ergänzung)
é (´ = Accent aigu, é)	Taste rechts neben dem ß: ´ + e
è (` = accent grave, à, ù)	Taste rechts neben dem ß: shift + ` + e (erst umschalten, dann das Zeichen) (à, ù)
ê (^ = accent circonflexe, â, î, ô, û)	Taste links von der 1 ^ + e (a, i, o, u)

Aujourd'hui, François et Irene vont français manger.
Franz und Irene gehen heute französisch essen.

Le Président était choisi à neuf.
Der Präsident wurde neu gewählt.

2. Noch ein paar Übungen zum Gebrauch der Zeichen.

Anschläge

Die Firma Huber & Bauer muss den Termin vom 27. Mai 2018 63
verschieben. Leider konnte das Geschäft die 3 % Rabatt nicht 127
geben. Sie sagte: „In den nächsten Tagen werde ich zu 185
dir kommen." Der Zug fährt erst um 09:30 Uhr ab. Für die 247
Fahrt kaufte sie sich die Zeitschrift „Spot on". 300

Wir werden heute fragen, warum die Skipiste gesperrt ist? 360
Das Zeichen + verwenden wir für gestorben und das Zeichen * 423
für geboren. Die # schreiben wir nur in Verbindung mit Zif- 485
fern oder Zahlen. Das Zeichen ' ersetzt ausgelassene Buchsta- 551
ben (Mathias' Heft). Die spitzen Klammern verwenden wir 613

auch als Zeichen für < (kleiner) oder > (größer). 668
Julia et François viennent à l'école et habitent chez nous. 732
Julia und François kommen an die Schule und wohnen bei uns. 794

Um schneller zu werden, kannst du immer wieder die verschiedenen Trainingsmöglichkeiten aus dem Teil Texterfassung (wie z. B. Griffübungen, Wortwiederholungen, Zeilenwiederholungen usw.) nutzen. Auf diesem Weg wird es dir gelingen, beim Schreiben mit dem 10-Finger-System sicher und fehlerfrei zu werden. Nutze auch die **freien Übungsprogramme** im Internet, z. B. **TIPP 10**, **schreibtrainer.com** oder **calli clever**.

Automatische Rechtschreibprüfung

Bevor du jedoch mit der **10-Minuten-Abschrift** beginnst, stellst du dir noch die **Korrektur- und Rechtschreibhilfe** in deinem Programm ein. So kannst du dabei vorgehen: Klicke zunächst in deiner Menüleiste **Datei** an und verfolge die Schritte ❶ bis ❸ in den Abbildungen.

Du kannst die Korrektur- und Rechtschreibhilfe nutzen.

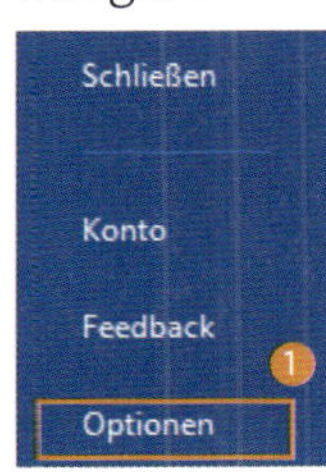

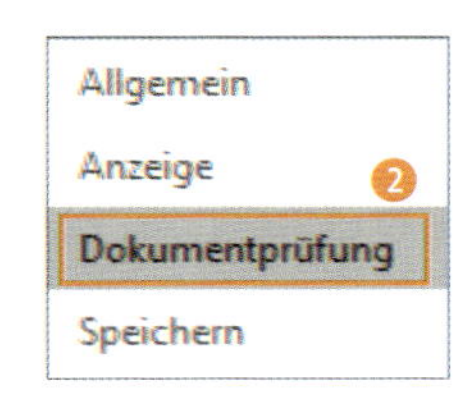

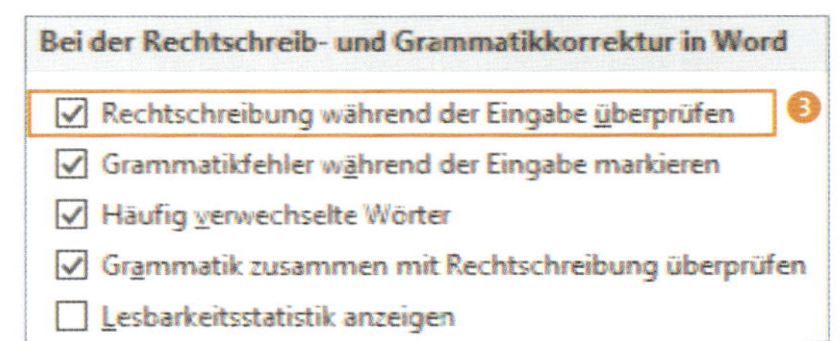

3. 10-Minuten-Abschrift – schreibe den Text als Fließtext.

Vom Papyrus zur eInk: Anschläge
Die Ägypter lagerten schon vor 6 000 Jahren wichtige 55
Schriftstücke auf Papyrusrollen in Bibliotheken. Spä- 112
ter entwickelte man im griechischen Pergamon das Per- 167
gament. Auch Holz- und Wachstafeln wurden für Aufzeich- 226
nungen zu „Notizbüchern" zusammengebunden. In mittelal- 285

terlichen Klöstern kopierten Mönche die Texte per Hand 343
und schmückten diese Buchmanuskripte mit feinen Illustra- 402
tionen aus. Als Johannes Gutenberg den Buchdruck in Euro- 464
pa erfand, änderte sich alles: Bücher konnten schneller 521
vervielfältigt werden und waren daher der breiten Bevöl- 578

kerung zugänglich. Immer mehr Leute wollten lesen, die Zahl 640
der Analphabeten sank. Plötzlich war auch der Bedarf nach 700
unterhaltenden Texten geweckt. Ende des 19. Jahrhunderts 759
stieg man schließlich auf die industrielle Großproduktion 817
um. 1971, noch 20 Jahre vor der Entwicklung des World Wide 879

Webs, erschien das erste eBook: eine digitalisierte Form 939
der amerikanischen Unabhängigkeitserklärung. Im Vergleich 999
zu den heutigen eBooks war dies natürlich noch sehr einfach 1059
gehalten. Von diesem Zeitpunkt an begannen sich allerdings 1119
die technischen Entwicklungen zu überschlagen. Mit der Er- 1180

findung der CD kamen digitale Handbücher in Mode, das Inter- 1245
net ermöglichte den schnellen Datenaustausch und Stephen King 1309
trieb es schließlich auf die digitale Spitze: Seine Erzählung 1373
„Riding the Bullet" veröffentlichte er im Jahr 2000 aus- 1434
schließlich als digitalen Download! Damit bleibt seine Story 1498

auf jeden Fall exklusiv, da bis heute die meisten eBooks 1556
auch immer als gedrucktes Buch erscheinen. Mit der Erfindung 1619
der eInk 2007 und neuen eReadern gibt es ein immer breiter 1679
gefächertes Angebot an digitalen Büchern auf dem Markt. 1737

Quelle: buecher.de GmbH & Co.KG: eBook vs. Buch. In: buecher.de/go/special/ebook-vs-buch/ (abgerufen am 23.03.2018)

4. Speichere den Text unter dem Dateinamen **E-Book** ab.
5. Suche dir Texte (Deutsch, Geschichte, Erdkunde) für eine 10-Minuten-Abschrift.
6. Suche dir englische Wörter und Texte im Englischbuch zum Abschreiben.
7. Versuche dabei immer, trotz des schnelleren Schreibens, Fehler zu vermeiden.

Auf den Punkt gebracht

Schreib- und **Gestaltungsregeln** für Zeichen, Wörter und Zahlen im offiziellen Schriftverkehr und in der Schule werden nach der **Deutschen Industrie-Norm** (DIN 5008) gestaltet. Voreingestellte **Korrektur-** und **Rechtschreibhilfen** des Textverarbeitungsprogramms unterstützen bei der Erstellung fehlerfreier Texte.

3.2 Textgestaltung

Du kannst Textdokumente ansprechend gestalten.

Mit einem Textverarbeitungsprogramm lässt sich noch viel mehr machen als die reine Texterfassung. Dazu musst du wissen, wie du Zeichen und Absätze verändern und Objektkarten dazu erstellen kannst, wie du Spalten anlegen und ein Format übertragen kannst und wie du Texte ausschneiden, kopieren oder einfügen kannst. Dadurch wird dein Text ansprechend und auch übersichtlich.

Man unterscheidet verschiedene Klassen:

Dokument	Im üblichen Sprachgebrauch ist es ein amtliches Schriftstück, z. B. dein Zeugnis, eine Urkunde oder dein Ausweis. In der Informationstechnologie sind damit Texte oder Textdateien gemeint, z. B. mit der Dateiendung .docx.
Absatz	Unterbrechung in einem gedruckten oder geschriebenen Text, der nach einer Leerzeile (zwei Mal die Eingabetaste drücken) mit einer neuen Zeile beginnt.
Abschnitt	Teil oder Teilstück von einem Text wie ein Kapitel oder Passus (Textpassage, Textteil), abgekürzt: Abschn.
Zeichen	Festgelegte, ganz bestimmte Information vermittelnde grafische Einheit (Symbol), wie in der Textverarbeitung z. B die einzelnen Buchstaben, Ziffern und Satzzeichen.

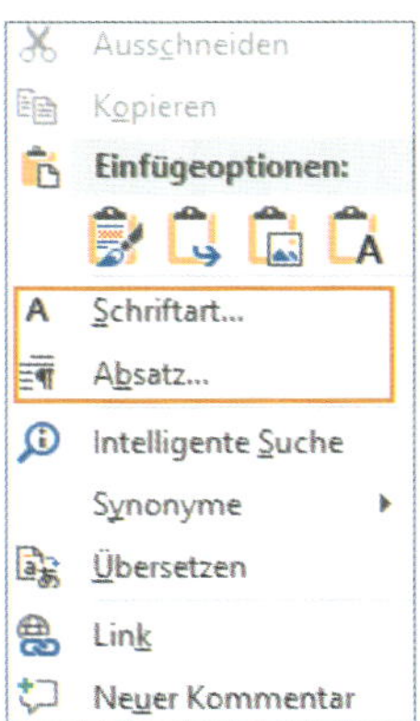

Im Unterricht arbeitest du vor allem mit **Zeichen** und **Absatz**. Um mit den beiden Klassen zu arbeiten, musst du sie zunächst markieren und hast dann zwei Möglichkeiten:

- Du wählst unter dem Menüpunkt **Start** aus den Symbolen der Gruppen **Schriftart** und **Absatz** aus.

für weitere Optionen der Zeichenbearbeitung — für weitere Optionen der Absatzbearbeitung

- Du machst mit der Maus einen **Rechtsklick** auf die markierte Klasse und wählst im Kontextmenü innerhalb der Gruppen **Schriftart** und **Absatz** die gewünschte Formatierung aus.

Zeichen lassen sich einzeln formatieren. So kannst du jedem Zeichen eine andere Farbe, Größe, Schrift usw. geben. Einen Absatz kannst du nur im Ganzen formatieren (linksbündig, rechtsbündig, zentriert, Blocksatz). Diese Formatierungen können auch in Objektkarten festgehalten werden (➨ Kap. 2.2).

Objektkarten erstellen

Mit einer Objektkarte benennst du im oberen Teil die Klasse (Absatz oder Zeichen), die immer in Großbuchstaben geschrieben wird, und das Objekt (Objektname), das in dieser Klasse zu bearbeiten ist. Die Attribute (Schriftfarbe, Ausrichtung usw.) und Attributwerte (schwarz, links usw.) stehen im unteren Teil.

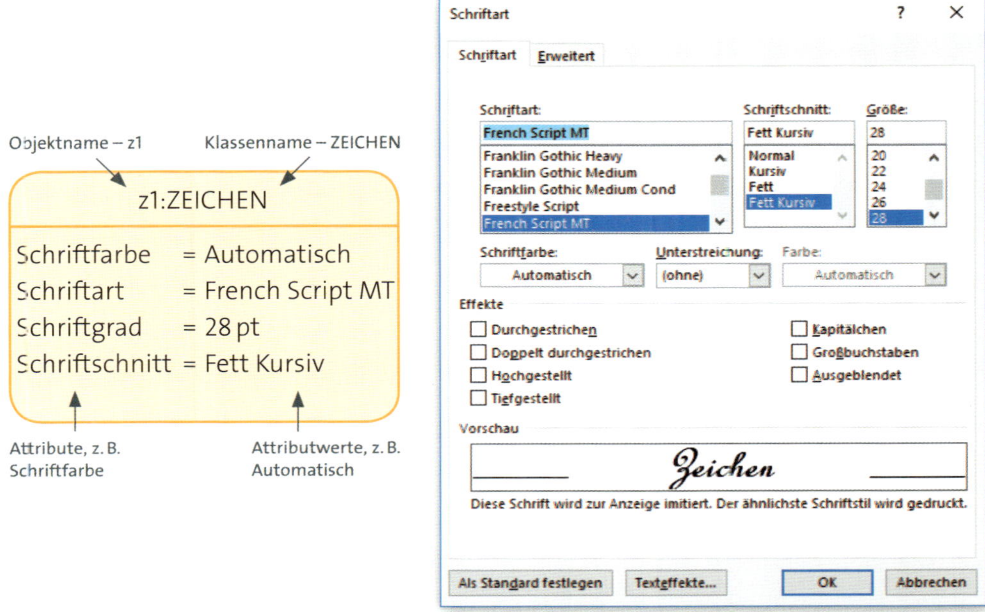

Eine **Objektkarte** zeigt dir, was du an einem Zeichen oder für einen Absatz einstellen sollst.

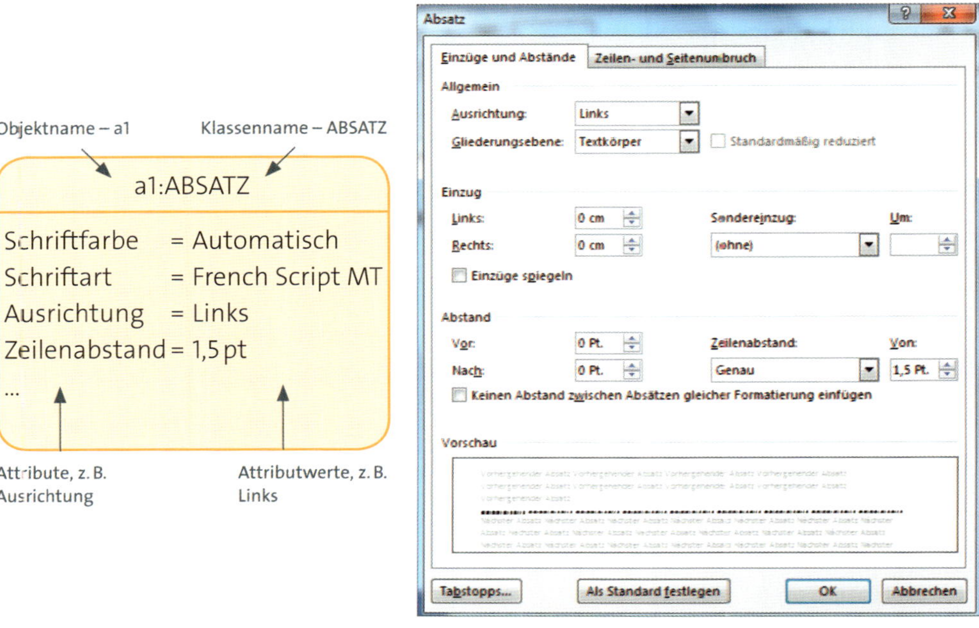

1. Schreibe den folgenden Text als Fließtext ab und speichere ihn unter dem Dateinamen **Sehenswürdigkeiten London**.

Text	Anschläge
Sehenswürdigkeiten in London	
Madame Tussaud erbte, nach dem Tod ihres Onkels 1794, seine	63
Wachsfigurensammlung, die sie mit von ihr selbst gestalteten	124
Wachsfiguren erweiterte. Zu Beginn war es eine Wanderaus-	185
stellung, vor allem in Irland und Großbritannien. In London	248
zeigte sie ihre Ausstellung zum ersten Mal 1802. Zusammen mit	312
ihren Söhnen gründete sie dann 1835 ein eigenes Museum für die	376
Ausstellung in der Baker Street und führte es bis 1842. Ihr	439
Enkel verlegte die Ausstellung 1884 an den jetzigen Ort, der	502
Marylebone Road.	520
Das London Eye oder Millennium Wheel hat eine Höhe von 135 m	586
und ist damit das höchste Riesenrad von Europa. Es steht am	648
Südufer der Themse in der Nähe der Westminster Bridge und ist	714
eines der Wahrzeichen der Hauptstadt London. Wie der Name	776
schon sagt, wurde es für die Jahrtausendwende errichtet und	836
sollte nur für 5 Jahre betrieben werden.	877

2. Formatiere die Überschrift **Sehenswürdigkeiten in London** nach den folgenden Vorgaben:
(Überschrift zentriert und unterstrichen, Schriftgrad 14 pt, Schriftart Cambria).
Erstelle dazu eine Objektkarte a0:ABSATZ.

3. Setze den Zeilenabstand des ersten und zweiten Absatzes genau auf 1,5 pt und speichere den Text wieder ab.

Text ausschneiden, kopieren und einfügen

Du kannst Text mit der Maus oder über Tastenkombinationen ausschneiden, kopieren und einfügen.

Für das ***Ausschneiden*** oder ***Einfügen*** eines Textes musst du den Textteil zunächst markieren. Dann hast du zwei Möglichkeiten:

- mit rechter Maustaste: ➨ ***Ausschneiden*** ➨ neue Position mit Cursor festlegen ➨ rechter Mausklick ➨ ***Einfügen***
- mit Shortcuts: ***Ausschneiden*** Strg + X, ***Kopieren*** Strg + C, ***Einfügen*** Strg + V

4. Markiere den zweiten Absatz des Textes aus Aufgabe 1., schneide den Absatz aus und füge ihn vor den ersten Absatz wieder ein.

5. Arbeite weiter an dem Text aus Aufgabe 1. Erstelle eine Objektkarte für den neuen Absatz 2 „Madame Tussaud". Orientiere dich dabei an der nebenstehenden Objektkarte zum neuen Absatz 1.

6. Wende noch weitere, dir bekannte Formatierungen und Hervorhebungen beim Text der Aufgabe 1 an.

a1:ABSATZ		
Ausrichtung	=	zentriert
Schriftgrad	=	20
Einzug links	=	0
Einzug rechts	=	0
Zeilenabstand	=	einfach
Absatzhintergrundfarbe	=	gelb
...		

7. Speichere den Text dann wieder unter einem neuen Namen ab.

Format übertragen

Möchtest du eine bestimmte Formatierung noch öfter in deinem Text verwenden, kannst du diese übertragen. Dabei gehst du folgendermaßen vor:

- bestehende Formatierung ***markieren***
- in der Gruppe **Zwischenablage** auf **Format übertragen** klicken
- Vor dem Cursor erscheint jetzt das Pinsel-Symbol.
- ***markieren*** der neuen Stelle, auf die dieses Format übertragen werden soll
- nach dem Markieren die Maustaste loslassen

Wenn du die Formatierung an mehrere Stellen übertragen willst, mache einen Doppelklick auf **Format übertragen**. Am Ende löst du den Befehl mit einem Klick auf **Format übertragen** wieder auf.

Shortcuts für **Format übertragen** sind aber auch: Strg + Shift + C und Strg + Shift + V.

Textspalten anlegen

Wie du z. B. in verschiedenen Zeitungen sehen kannst, werden Absätze nicht nur horizontal, sondern auch vertikal gegliedert. Das folgende Aktivitätsdiagramm nennt dir den Weg:

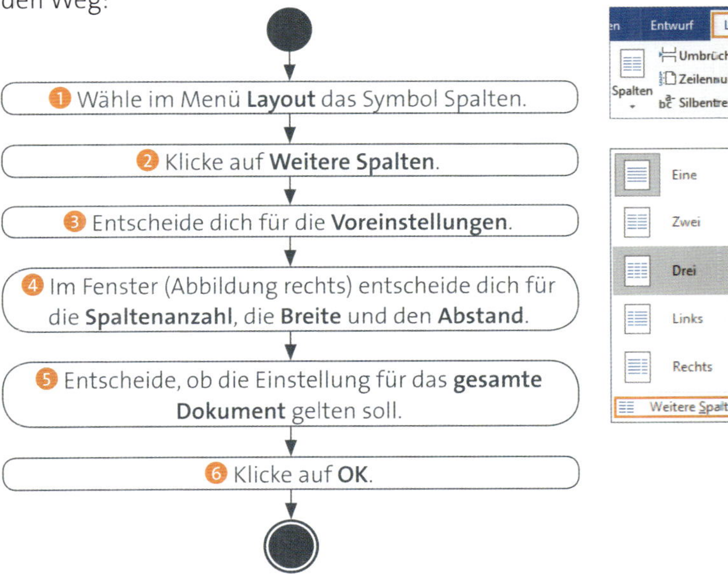

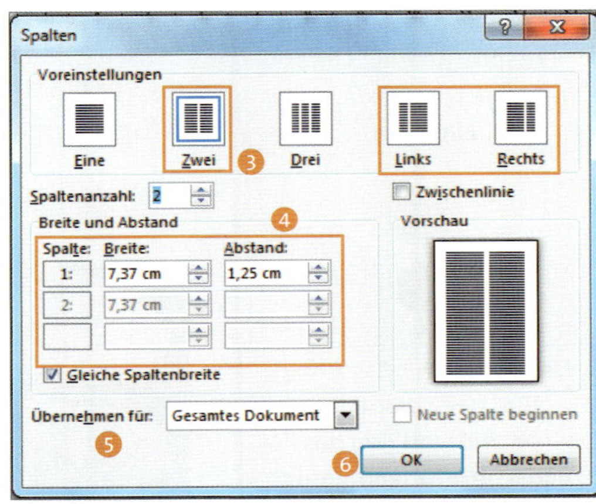

8. Öffne deine Datei **Sehenswürdigkeiten London**.

9. Setze den ersten Absatz in zwei Spalten.

10. Führe die Silbentrennung (➨ S. 62) durch, setze dann die Spalten auf Blocksatz und speichere die Datei wieder.

Auf den Punkt gebracht

Die Klassen: **Dokument**, **Abschnitt**, **Absatz** und **Zeichen** benennen verschiedene Einheiten innerhalb eines Textes. Die **Attribute** und **Attributwerte** für die Formatierung von Zeichen und Absätzen werden in **Objektkarten** festgehalten. **Ausschneiden**, **Kopieren** und **Einfügen** kann nach dem Markieren mit der **Maus** oder über **Shortcuts** erfolgen. Über **Layout** können Texte vertikal in **Spalten** gegliedert werden.

Du kannst weitere Klassen zur Textgestaltung nutzen: Grafiken, Textfelder, Tabellen in Word, Kopf- und Fußzeilen.

3

3.3 Einfügen von Bildern, Textfeldern und Tabellen

Um ein Textdokument (z. B. Schülerzeitung, Jahresbericht der Schule) zu gestalten, solltest du wissen, wie du verschiedene Elemente wie Fotos, Grafiken, Textfelder oder Tabellen einfügen kannst.

Illustration einfügen

Dein Textverarbeitungsprogramm bietet dir unter dem Menüpunkt **Einfügen** die Möglichkeit, Abbildungen in dein Textdokument einzufügen. Die Gruppe **Illustrationen** zeigt dir unterschiedliche Abbildungsformen.

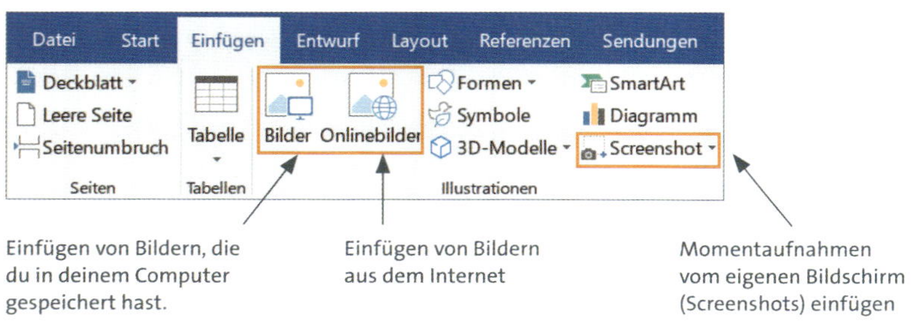

Einfügen von Bildern, die du in deinem Computer gespeichert hast.

Einfügen von Bildern aus dem Internet

Momentaufnahmen vom eigenen Bildschirm (Screenshots) einfügen

Im nebenstehenden Aktivitätsdiagramm siehst du, wie Bilder eingefügt werden. Das Einfügen von **Online-Bildern** erfolgt auf dem gleichen Weg.

Die eingefügten Bilder kannst du weiter anpassen. Ziehe dazu an den Eckpunkten.

Die Textdatei ist geöffnet und der Cursor dort positioniert, wo das **Bild eingefügt** werden soll.

Klicke im Menüpunkt **Einfügen** auf das Symbol **Bilder**.

Ein Fenster mit der Bibliothek **Bilder** öffnet sich.

Suche das Bild im entsprechenden Order, markiere es und klicke auf ***Einfügen***.

An den Eckpunkten kannst du die Grafik gleichmäßig größer ziehen. An dem Pfeil kannst du die Grafik drehen.

An den Punkten links und rechts ziehst du die Grafik in die Breite.

An den Punkten in der Mitte oben und unten ziehst du die Grafik in die Länge.

Screenshot erstellen und einfügen

Ein Screenshot ist eine Momentaufnahme (Foto) deines Bildschirms. Das nebenstehende Aktivitätsprogramm zeigt dir, wie du einen Screenshot erstellst und einfügst.

Die Textdatei ist geöffnet und der Cursor dort positioniert, wo das **Bildschirmfoto eingefügt** werden soll.

Klicke im Menüpunkt **Einfügen** auf das Symbol **Screenshot**.

Klicke weiter auf **Bildschirmausschnitt**.

Ein aktuell geöffneter Bildschirmausschnitt mit **einem Kreuz** wird angezeigt.

Durch **Ziehen des Kreuzes** mit der Maus lässt sich der Bildschirmausschnitt bestimmen, der eingefügt werden soll.

Beim **Loslassen der Maus** ist das Bild eingefügt.

Bild und Screenshot zuschneiden und anpassen

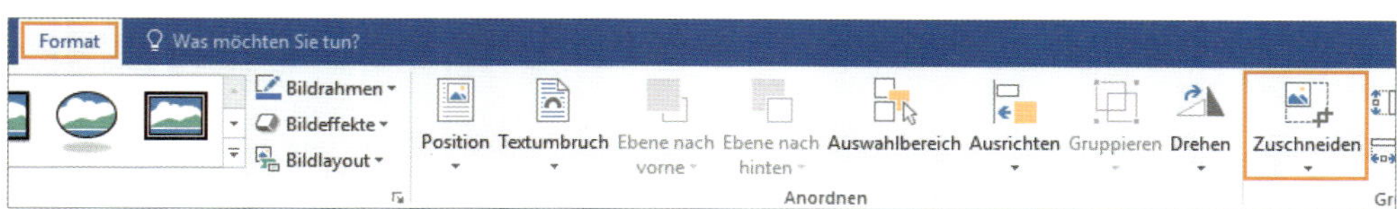

Wenn du das Bild oder den Screenshot eingefügt hast und zum Bearbeiten anklickst, öffnet sich die Leiste, die du oben sehen kannst. Du klickst bei **Bildtools** auf **Format** ➨ **Zuschneiden**.

An den schwarzen Ecken kannst du dir genau den Bildausschnitt zuschneiden, den du haben möchtest.

Umgang mit Rechten an Bildern

Wenn du Bilder in dein Dokument eingefügt hast und dieses Dokument öffentlich machen willst, musst du das Urheberrecht (➨ Kap. 7.5) beachten. Bei einer Veröffentlichung musst du dich immer um die Einwilligung des Urhebers und ggf. der abgebildeten Personen kümmern. Bei Bildern aus dem Internet wirst du feststellen, dass den Bildern häufig ein Hinweis auf den Urheber durch das Copyright © hinzugefügt ist. Vor Veröffentlichung musst du bei diesem Urheber anfragen.

Layoutoptionen für eingefügte Bilder

Du möchtest das Bild, das du in deine Textdatei eingefügt hast, zusammen mit dem vorhandenen Text nach Wunsch positionieren. Dazu musst du die eingefügte Bilddatei noch **passend** machen. Klicke mit der Maus zuerst das Bild an, dann auf das Symbol neben der Grafik. Es öffnen sich die **Layoutoptionen**. Unter dem Abschnitt **Mit Textumbruch** klicke das umrandete Symbol an. Dann lässt sich später dein Bild auf der Textseite verschieben, wobei der Text immer angepasst wird.
Willst du weitere Optionen nutzen, klicke auf:
➨ Weitere anzeigen
➨ Textumbruch ➨ Passend ➨ OK

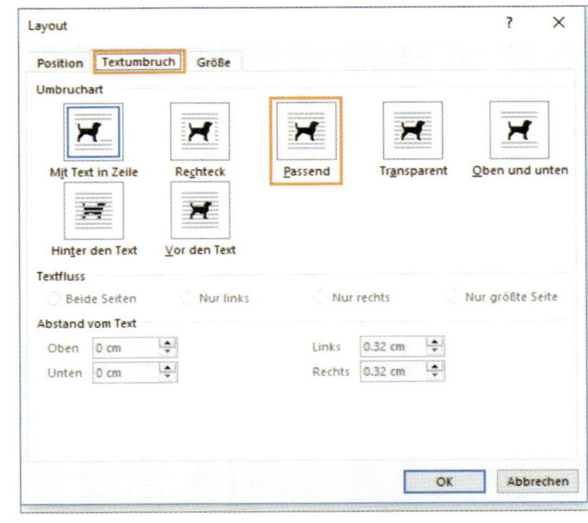

Welche Größe hat mein Bild?

Die Bildgröße wird in **dpi** oder **ppi** angegeben. Dpi (dots per inch) oder auch ppi (pixel per inch) zählt **Bildpunkte pro Inch** (2,54 cm). Es ist die **Maßeinheit der Bildauflösung**. Je mehr Bildpunkte, desto schärfer erscheint das Bild, z. B. beim Ausdrucken.
So kannst du feststellen, wie viel dpi dein Foto hat:
➨ Datei ➨ Optionen ➨ Erweitert ➨ Bildgröße und Qualität.

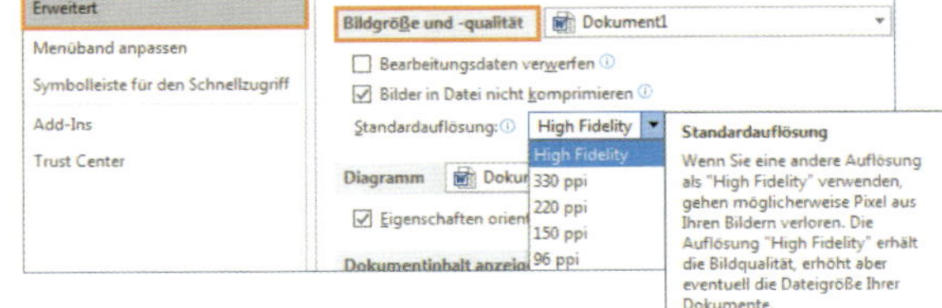

1. Öffne den Text aus Aufgabe 1 von Kap. 3.2 **Sehenswürdigkeiten London** und füge drei passende Online-Grafiken **passend** in das Textdokument ein.
2. Stelle die Bildgröße auf **High Fidelity**.

3

Textfeld einfügen

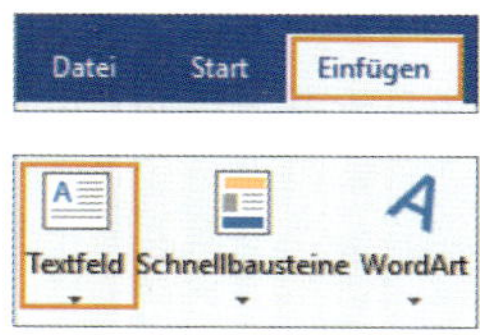

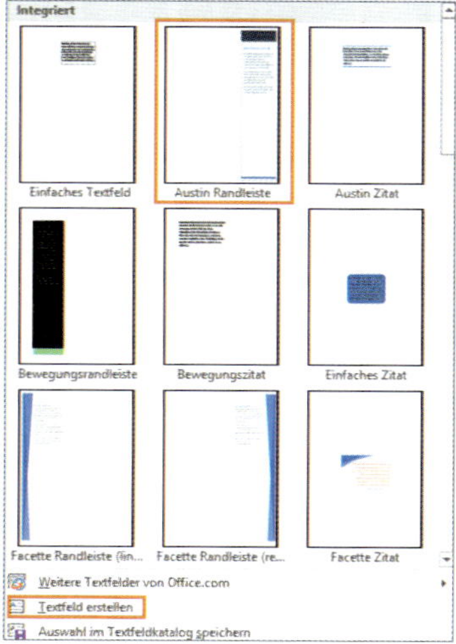

Du hast in deinem Textverarbeitungsprogramm eine Datei geöffnet und möchtest darin ein Textfeld einfügen. Über **Einfügen ➨ Textfeld** kannst du entweder eines der vorgegebenen Textfelder aussuchen oder **Textfeld erstellen** anklicken. Es erscheint in deinem Dokument ein schwarzes Kreuz. Positioniere es an der Stelle, an der du das Textfeld einfügen willst, und klicke darauf. Neben dem neuen Textfeld kannst du, wie bei eingefügten Bildern, die Layoutoptionen festlegen. Anschließend kannst du das Textfeld weiter bearbeiten.

Fahre mit der Maus auf den Rahmen des Textfeldes, bis das Kreuz erscheint. Drücke die **rechte** Maustaste. Das Kontextmenü öffnet sich. Klicke auf **Form formatieren** und es öffnet sich die Formatierungsleiste. Hier kannst du zwischen **Formoptionen** und **Textoptionen** wählen.

Hinweis: Auch eine Sprechblase ist ein Textfeld.

3. Füge zwei Sprechblasen in dem Text Sehenswürdigkeiten London zu den eingefügten Bildern passend ein. Gehe dabei wie folgt vor:

Tabellen erstellen

Die Tabelle ist eine Darstellung von Informationen in Zeilen (horizontal) und Spalten (vertikal). Sie muss innerhalb der Seitenränder platziert werden und soll mindestens eine Leerzeile vom vorhergehenden und nachfolgenden Text entfernt sein. Innerhalb der Tabelle kannst du dich mit den Cursortasten, aber auch mit der **Tabulator-Taste** bewegen.

Begriffe zu Tabellen	
Überschrift	entweder in einer Zeile über der Tabelle oder in den Tabellenkopf miteinbezogen
Tabellenkopf	enthält alle Spaltenbezeichnungen, ist durch waagerechte und senkrechte Trennungslinien gegliedert, Spaltenbeschriftung sollte zentriert sein
Vorspalte	enthält die Vorspaltenbezeichnung und alle Zeilenbezeichnungen, ist linksbündig
Felder	Texte in Zellen sollten linksbündig, Zahlen rechtsbündig ausgerichtet sein.

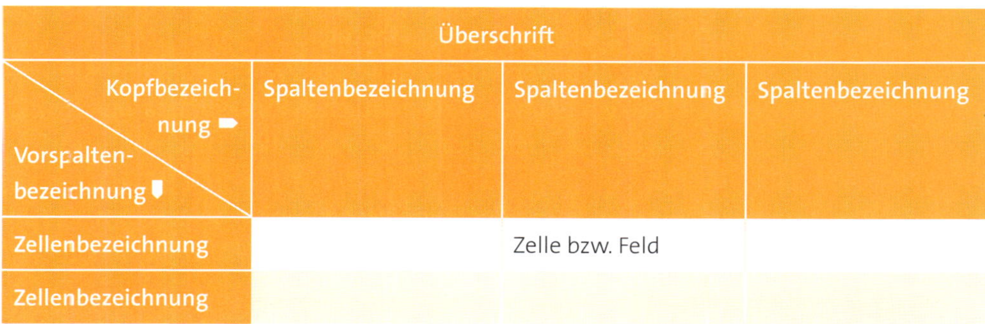

Überschrift			
Kopfbezeichnung ➨ / Vorspaltenbezeichnung ⬇	Spaltenbezeichnung	Spaltenbezeichnung	Spaltenbezeichnung
Zellenbezeichnung		Zelle bzw. Feld	
Zellenbezeichnung			

Tabelle einfügen

Um eine Tabelle in einen Text einzufügen, musst du diese erst erstellen. Gehe dazu die Schritte, die im nebenstehenden Akt -vitätsdiagramm gezeigt sind.
Gleichzeitig öffnet sich ein Tabellentool, in dem du die Möglichkeit hast, deine Tabelle noch weiter zu bearbeiten.

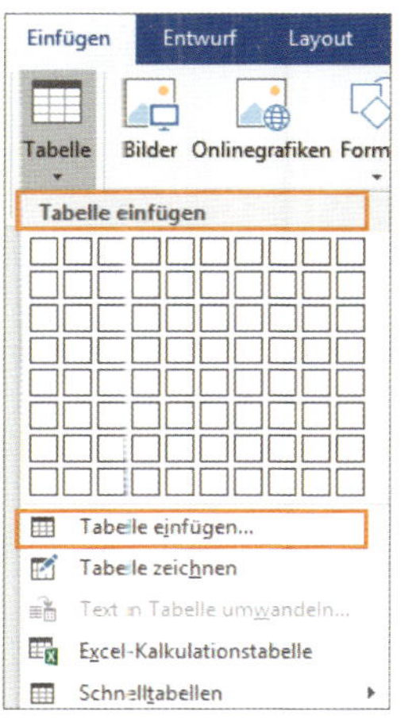

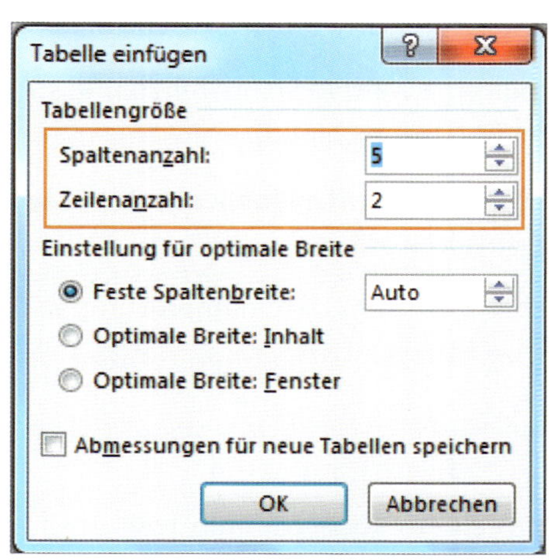

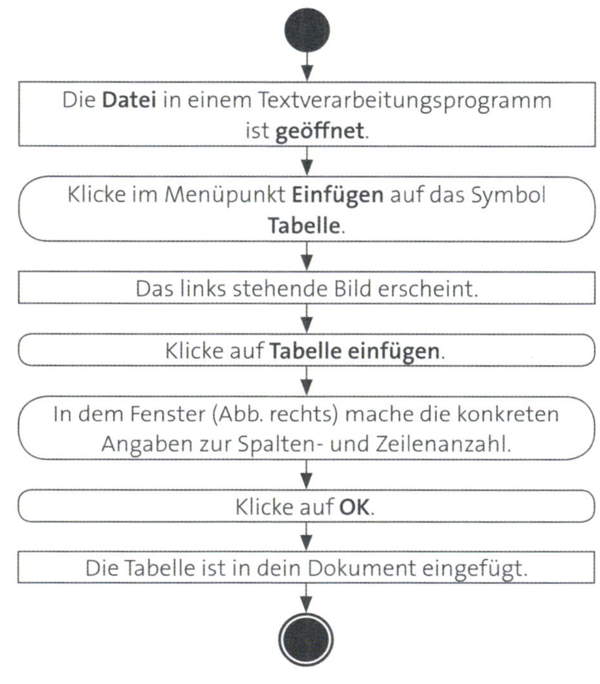

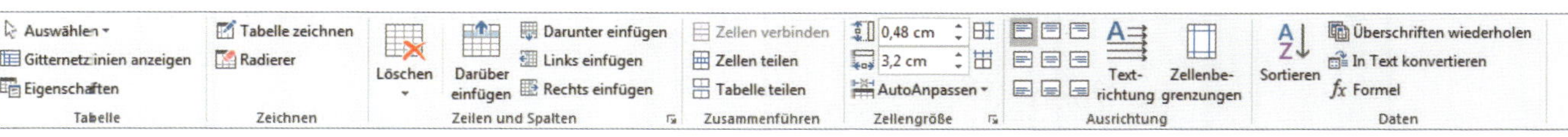

Einfügen weiterer Spalten oder Zeilen

Zeile oder Spalte markieren ➨ rechter Mausklick ➨ Das Kontextmenü öffnet sich.
➨ Einfügen ➨ Entscheide: **Zeile oben oder unten; Spalte rechts oder links** einfügen.
Du kannst **Spalten oder Zeilen** auch über das Fenster **Tabellentools** einfügen:
➨ Tabellentools ➨ Layout ➨ Zeilen und Spalten.

3

4. Arbeit mit Tabellen am Beispiel europäischer Staaten

Die Europäische Union war nicht von Anfang an so groß wie heute. Die ersten europäischen Staaten, die sich 1957 zur wirtschaftlichen Zusammenarbeit (EWG) entschlossen, waren Belgien, Deutschland, Frankreich, Italien, Luxemburg und die Niederlande.
Weitere Staaten sind nach und nach der Europäischen Union beigetreten. Inzwischen hat sich Großbritannien für den Austritt aus der EU entschieden.

Europäische Union			
Staat	Hauptstadt	Größe	Einwohner
Frankreich	Paris	543 965 km²	65,4 Millionen
Deutschland			

a) Füge eine Tabelle nach dem Muster oben ein und übertrage die Daten.

b) Erweitere die Tabelle mit den anderen europäischen Staaten, deren Hauptstädten, Größe und Einwohnern (Suche die Daten im Internet).

c) Füge deiner Tabelle eine weitere Spalte hinzu und suche die entsprechenden Autokennzeichen (D = Deutschland).

d) Probiere auch die anderen unter **Tabellentools** ➨ **Layout** vorhandenen Änderungsmöglichkeiten aus.

e) Speichere die Tabelle mit dem Dateinamen Europäische Union ab.

Schattierung

Du kannst die Farbe hinter einem ausgewählten Text, Absatz oder einer Tabellenzelle ändern. Das ist nützlich, wenn eine Information ins Auge fallen soll.
Schattierung findest du aber auch wieder unter den **Tabellentools** ➨ **Entwurf**.

Rahmen

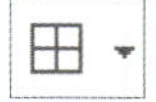

Hinter diesem Symbol findest du eine Auswahl von **Rahmenlinien**, die du hinzufügen oder entfernen kannst. Möglichkeiten für das Ändern von Rahmenlinien findest du unter den **Tabellentools** ➨ **Entwurf**.
Hier findest du **weitere Dialogfelder** wie Rahmen, Schattierung u. a.

Initiale

Unter einer Initiale versteht man die **Abkürzung** von einem **Vor- und Nachnamen**. In alten Büchern waren es meist vergrößerte und verzierte Anfangsbuchstaben eines Kapitels oder Absatzes. Die bekannteste Initiale ist die des **Malers Albrecht Dürer** (AD).

Im Menüpunkt **Einfügen** findest du die Initiale. Unter dem Punkt **Initialeoptionen** kannst du selbst die Position, die Höhe und den Abstand entscheiden.

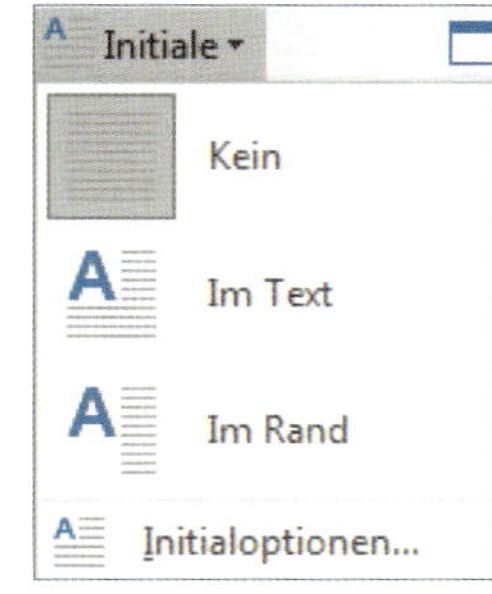

Kopf- und Fußzeile

Kopf- und Fußzeile liegen jeweils ober- und unterhalb einer Seite. Hier bringst du normalerweise Informationen unter, die dir bei der Sortierung und Organisation deines Dokumentes hilfreich sein können. In der Kopfzeile könnte beispielsweise der Titel einer Arbeit (Übungen) stehen, in der Fußzeile die Seitenzahl, der Dateiname oder auch das Speicherdatum.

Kopf- und Fußzeile einfügen

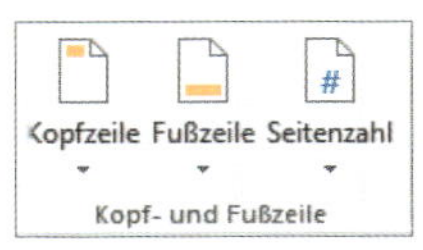

Über den Punkt **Einfügen** ➨ **Kopfzeile** suchst du dir eine leere Kopfzeile aus. Mit **Kopfzeile bearbeiten** kannst du auch noch nachträglich Änderungen vornehmen. Am Ende gehst du auf **Kopf- und Fußzeile schließen**.

5. **Öffne ein leeres Dokument in deinem Programm und füge eine Kopfzeile ein:**

   Mustermann, Anita 20..-09-16

   Hausaufgabe im Fach Informationstechnologie

6. **Speichere das Dokument unter Hausaufgaben IT ab.**
   Dieses Dokument kannst du immer wieder verwenden. Du musst nur für jede Hausaufgabe den Dateinamen ändern (z. B. Hausaufgabe IT 1, Hausaufgabe IT 2 usw.). Dann bleibt das Dokument **Hausaufgaben IT** erhalten.

Auf den Punkt gebracht

Textdokumente können durch Grafiken, Tabellen, Bilder, Rahmen und Schattierungen, Kopf- und Fußleisten erweitert bzw. bearbeitet werden. Die dazu notwendigen Tools sind unter dem Menüpunkt **Einfügen** zu finden.

3.4 Das Layout

Du kannst Layouts erstellen und sie auf ihre Wirkung hin beurteilen.

3

Die Anordnung von Texten und Bildern auf einer Seite oder auch Doppelseite eines Dokuments nennt man **Layout**. Die Gestaltung der Buchstaben und Wörter, wie die Schriftart, Schriftgröße oder auch -farbe, nennt man **Formatierung**.

Für das Gesamtbild eines Layouts sind die Anordnungen der Überschriften, Absätze usw. wichtig sowie das Verhältnis vom beschriebenen und dem freigelassenen Bereich (Weißraum) auf einer Seite.

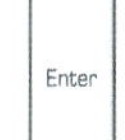

Absätze gliedern einen Text nicht nur optisch, sondern auch gedanklich. Zwischen den einzelnen Absätzen ist immer eine Leerzeile, die du mit der **Enter-Taste** erzeugst.

Layout: engl. = **to lay out sth.** etwas auslegen, z. B. einen Plan oder Entwurf. Heute wird mit Layout die Text-/Bildanordnung in einem gedruckten oder elektronischen Dokument bezeichnet.

Schriften sind in zwei große Bereiche aufgeteilt. Da gibt es die Schrift **mit Serifen** (kleine Striche die an den Enden der Buchstaben sitzen, wie z. B. Courier New, Times New Roman usw.), die man für einen Mengentext verwendet. Er wird durch die Linienführung der kleinen Striche leichter lesbar. Eine Schrift **ohne Serifen** (wie z. B. Arial, Calibri usw.) nimmt man gern für Überschriften.

Es ist jedoch keine feste Regel. Du musst bei der Gestaltung deines Layouts für dich selbst entscheiden, welche Schrift du benutzen willst. Bleib aber möglichst in einer **Schriftfamilie**. Wenn du **zwei Schriftfamilien** haben möchtest, ist es gut, eine Schrift **mit Serifen** und eine **ohne Serifen** zu verwenden. Welche Schriften gut zusammenpassen, ist wiederum deine Entscheidung.

Die **Schriftgröße** kann stufenlos größer oder kleiner sein. Für einen längeren Text verwendest du eine Schriftgröße (Schriftgrad) zwischen 10 pt und 12 pt (➨ Kap. 1.1, Seite 9).

Bei den Überschriften geht es von **Groß** nach **Klein**. Die Hauptüberschrift ist die größte. Überschriften für einen Abschnitt sind klein und Zwischenüberschriften kleiner.

Beispiel:	Hauptüberschrift	Gesunde Pause
	Abschnittsüberschrift	**Gründe für eine gesunde Pause**
	Zwischenüberschrift	Frisches Obst

1. Schreibe den folgenden Text als Fließtext ab und speichere ihn mit dem Dateinamen leerer Bauch. Kopiere den Text noch zweimal und gestalte ihn auf verschiedene Art. Du kannst auch Bilder einfügen.

Zeilen Ein leerer Bauch — Anschläge

Viele von euch kommen jeden Tag ohne Frühstück oder Pausen- 63
brot in die Schule. Zwischen deiner Ernährung und deiner Lern- 129
leistung gibt es aber einen engen Zusammenhang. Um dich gut 190
konzentrieren zu können, muss dein Blutzuckerspiegel konstant 252
bleiben. Das gelingt dir durch regelmäßige kleine Mahlzeiten 314
wie Frühstück oder Pausenbrot. Gute Langzeitenergiequellen 376
sind Vollkornprodukte, wasserreiche Obstsorten und Gemüse. Was 442
Sportler essen, ist auch für dich als „Gehirnjogger" gut. Ne- 508
ben dem Essen sollst du aber auch genug trinken, da dein Kör- 571
per auf Flüssigkeitsmangel genauso reagiert wie auf Hunger: 633
Du wirst müde. 648

Projekt

Flyer erstellen

Im Rahmen einer Projektarbeit könnt ihr selbst Schriftstücke gestalten. Wir schlagen vor, einen Flyer zu erstellen. Ein Flyer informiert in Kurzform über eine Veranstaltung, eine Sehenswürdigkeit oder er soll eine Lokalität bekannt machen.

In jedem Fall muss der Flyer ein Blickfang sein. Ehe ihr mit der Gestaltung beginnt, sind einige Entscheidungen zu treffen:

Planung

- Der Anlass für den Flyer muss festgelegt werden.
- Das Format des Flyers muss bestimmt werden. Dabei sind DIN-Formate preiswerter zu drucken.
- Soll der Flyer ein- oder beidseitig bedruckt werden?
- Der Inhalt des Flyers soll klar strukturiert sein, d. h. je klarer der Aufbau, desto schneller kann erfasst werden (roter Faden), worum es geht.
- Die Botschaft des Flyers soll so platziert sein, dass sie sofort ins Auge fällt.
- Bilder und Text sollen in einem ausgewogenen Verhältnis stehen: Zu viel Text liest keiner; nur Bilder reichen auch nicht, um den Inhalt zu verstehen.

Inhalt des Flyers

- Die ersten zwei bis drei Sekunden entscheiden darüber, ob der Inhalt eines Flyers für andere interessant ist oder nicht. Überlegt euch eine Aufmerksamkeit erregende Überschrift (Worum geht es in dem Flyer?).
- Setzt mit einem Foto (starkes Gestaltungsmittel) einen Blickfang. Das Bild soll ohne Worte so viel sagen, dass man eigentlich nichts mehr hinzufügen muss.
- Der Flyer soll zu einer konkreten Handlung aufrufen (z. B. *Schul-Dartturnier*).
- Denkt an die **W-Fragen** (Was? Wer? Wie? Wo? Warum? Wann?). Kommen alle wichtigen Details vor?
- Sind Kontaktinformationen (z. B. SMV) vorhanden, falls Rückfragen kommen?

Achtung! **Weniger ist mehr.** Trotz aller wichtigen Informationen soll der Flyer nicht überladen sein.

Schnellschreibwettbewerb

Wer ist die/der Schnellste an unserer Schule?

10-Minuten-Abschrift

14. Mai 20XX

13:00 Uhr – 16:00 Uhr

Teilnehmer: 6. Klassen
7. und 8. Klassen
9. und 10. Klassen

Ort: IT-Räume der Schule

Veranstalter: IT-Lehrer in Zusammenarbeit mit dem Elternbeirat

Der Elternbeirat stellt schöne Sachpreise zur Verfügung und sorgt für euer Wohl.

Analyse von Flyern

Schaut euch gemeinsam die beiden Flyer an und überlegt anhand der folgenden Fragen, welcher besser gelungen ist:

- Ist das Format für den Flyer passend?
- Fällt die Botschaft des Flyers sofort ins Auge?
- Passt die Schrift zum Layout?
- Sind alle DIN-Regeln eingehalten worden?
- Ist der Aufbau des Flyers gut strukturiert?
- Enthält der Text alle wichtigen Informationen?
- Passen die Bilder zum Layout?

Projektauftrag: Erstellt in kleinen Arbeitsgruppen einen Flyer zum Thema Gesundes Pausenbrot.

a) Beachtet dabei die o. g. Aspekte zur Gestaltung und zum Inhalt.

b) Macht eine Skizze für das Layout und erstellt Objektkarten für die einzelnen Klassen.

c) Achtet auf die DIN-Regeln und Rechtschreibfehler.

d) Die Formulierung und das Bild/die Bilder soll(en) aussagekräftig sein.

e) Bilder, passend zum Text, sollen eure Mitschüler ansprechen.

f) Die Auflösung der Bilder soll 300 dpi (dots per inch = Punkte pro Zoll) haben.

g) Seitenränder im Drucker richtig einstellen, da sonst nicht alles gedruckt wird.

Vergleicht eure Flyer und bewertet sie nach obigen Punkten.

Auf den Punkt gebracht

Ein Layout ordnet die Elemente eines Textdokuments ansprechend und gut erfassbar an. Durch die Wahl der Schrift, der Schriftgröße und geeignete Absätze lässt sich ein übersichtliches Layout erstellen.

Zum Abschluss noch eine 10-Minuten-Abschrift

(22. Bundespokalschreiben, 05.11.2011, Einbeck)

Zeilen Anschläge

Internet und Computer sind aus Freizeit und Beruf längst 60
nicht mehr wegzudenken. Die langfristigen Auswirkungen auf 120
Körper und Psyche des Menschen sind noch nicht erforscht. 180
Gesichert gilt unter Experten jedoch das Suchtpotenzial 238
virtueller Welten. Vor allem das Internet zieht labile Men- 301

schen oft in seinen Bann. Sie verlieren sich in Online-Spielen 367
und sogenannten Chatrooms, in denen man mit anderen virtuelle 429
Gespräche führen kann. Der 56-jährige Markus aus Nordfries- 492
land war fast sieben Jahre lang süchtig nach Kontakten zu 551
Menschen, die er gar nicht kannte. Nach außen lebte der 608

selbstständige Ingenieur in einer heilen Welt, führte einen 669
eigenen Betrieb, war verheiratet, hatte zwei Kinder und ein 730
Haus. Dennoch kam er mit seinem Leben nicht mehr klar: „Ich 795
bin nachts aufgestanden, ins Büro gegangen und habe gechat- 855
tet. Ich bin da nicht mehr von losgekommen und habe all das, 916

was zu tun war, einfach so mehr oder weniger nebenbei erle- 976
digt." Auch tagsüber im Büro lief der Chat stets im Hinter- 1040
grund. Mit einem Klick wechselte der Unternehmer zum virtu- 1102
ellen Gesprächspartner. Auch seine Gesundheit litt unter 1161
den mehr als zehn Stunden Sitzungen vor dem Computer. Aber 1223

die Verlockung, über das Internet zu kommunizieren, war 1280
stärker als jede Vernunft. Computer und Internet haben ein 1341
so großes Suchtpotenzial, weil sie faszinierende und ein- 1399
fache, gleichgeschaltete Welten bieten. Das ist oft eine 1457
Sackgasse, denn die exzessive Flucht aus der Realität treibt 1520

in die Isolation. Vor allem Kinder erliegen schnell der 1576
Faszination der Bilderwelten. Viele Eltern glauben, je 1634
früher ihr Kind mit neuen Medien vertraut gemacht wird, 1691
desto besser. Das ist ein Irrtum, denn gerade Kleinkinder 1751
müssen zuerst lernen, ihre Wahrnehmungsfähigkeit auszu- 1807

bilden, um sich die Welt in ihrer Ganzheit zu erschließen. 1866
Sie müssen Erfahrungen machen, die alle Sinne, nicht nur 1929
das Auge, in Anspruch nehmen. Nur so werden elementare 1986
Gedächtnisspuren im Gehirn überhaupt erst geprägt. Wie 2043
Trampelpfade im Schnee bilden die sinnlichen Erfahrungen 2102
bei Kindern Eindrücke, die ihr späteres Lernverhalten steuern. 2167

Auswertung der 10-Minuten-Abschrift

Jeder Buchstabe und jedes Leerzeichen zählt als 1 Anschlag.

Jeder Großbuchstabe, jedes Zeichen zählen als 2 Anschläge.

Jedes zu viel geschriebene Zeichen zählt dazu.

Jedes zu wenig geschriebene Zeichen wird abgezogen.

Notenberechnung: Fehler × 100 : Anschläge

Benotung:	1 = 0,000–0,100	2 = 0,101–0,200	3 = 0,201–0,300
	4 = 0,301–0,400	5 = 0,401–0,500	6 = 0,501–mehr

Zum Nachschlagen

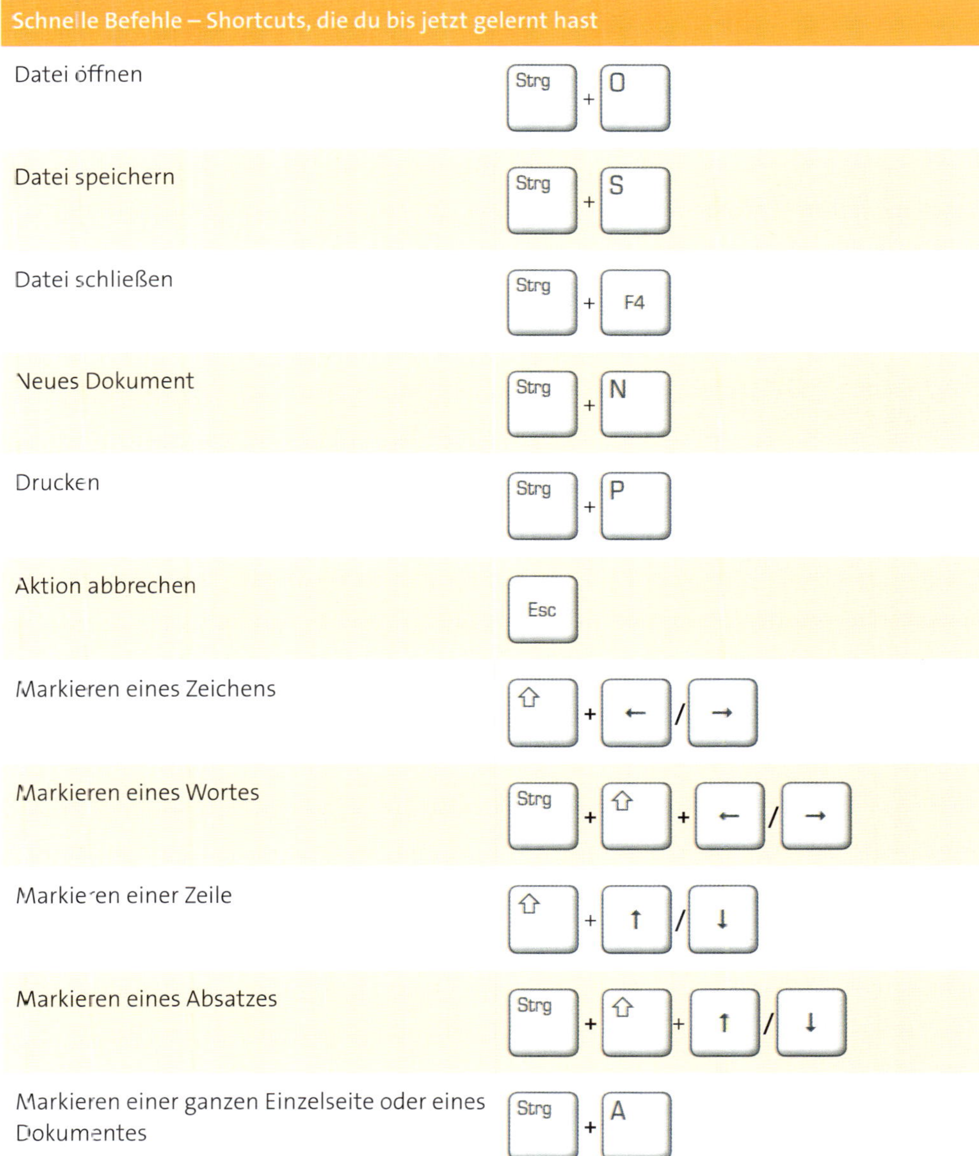

Schnelle Befehle – Shortcuts, die du bis jetzt gelernt hast	
Datei öffnen	Strg + O
Datei speichern	Strg + S
Datei schließen	Strg + F4
Neues Dokument	Strg + N
Drucken	Strg + P
Aktion abbrechen	Esc
Markieren eines Zeichens	⇧ + ← / →
Markieren eines Wortes	Strg + ⇧ + ← / →
Markieren einer Zeile	⇧ + ↑ / ↓
Markieren eines Absatzes	Strg + ⇧ + ↑ / ↓
Markieren einer ganzen Einzelseite oder eines Dokumentes	Strg + A

Schnelle Befehle – Shortcuts, die du bis jetzt gelernt hast	
Befehl rückgängig	Strg + Z
Wiederherstellen	Strg + Y
Ausschneiden	Strg + X
Kopieren	Strg + C
Einfügen	Strg + V
Format übertragen	Strg + ⇧ + C
kopierte Formatierung dem Text zuweisen	Strg + ⇧ + V
geschütztes Leerzeichen	Strg + ⇧ + [Leertaste]
geschützter Bindestrich	Strg + –
geschützter Trennstrich	Strg + ⇧ + –
formatiert markierten Text fett	Strg + ⇧ + F
formatiert markierten Text kursiv	Strg + ⇧ + K
unterstreicht den formatierten Text	Strg + ⇧ + U

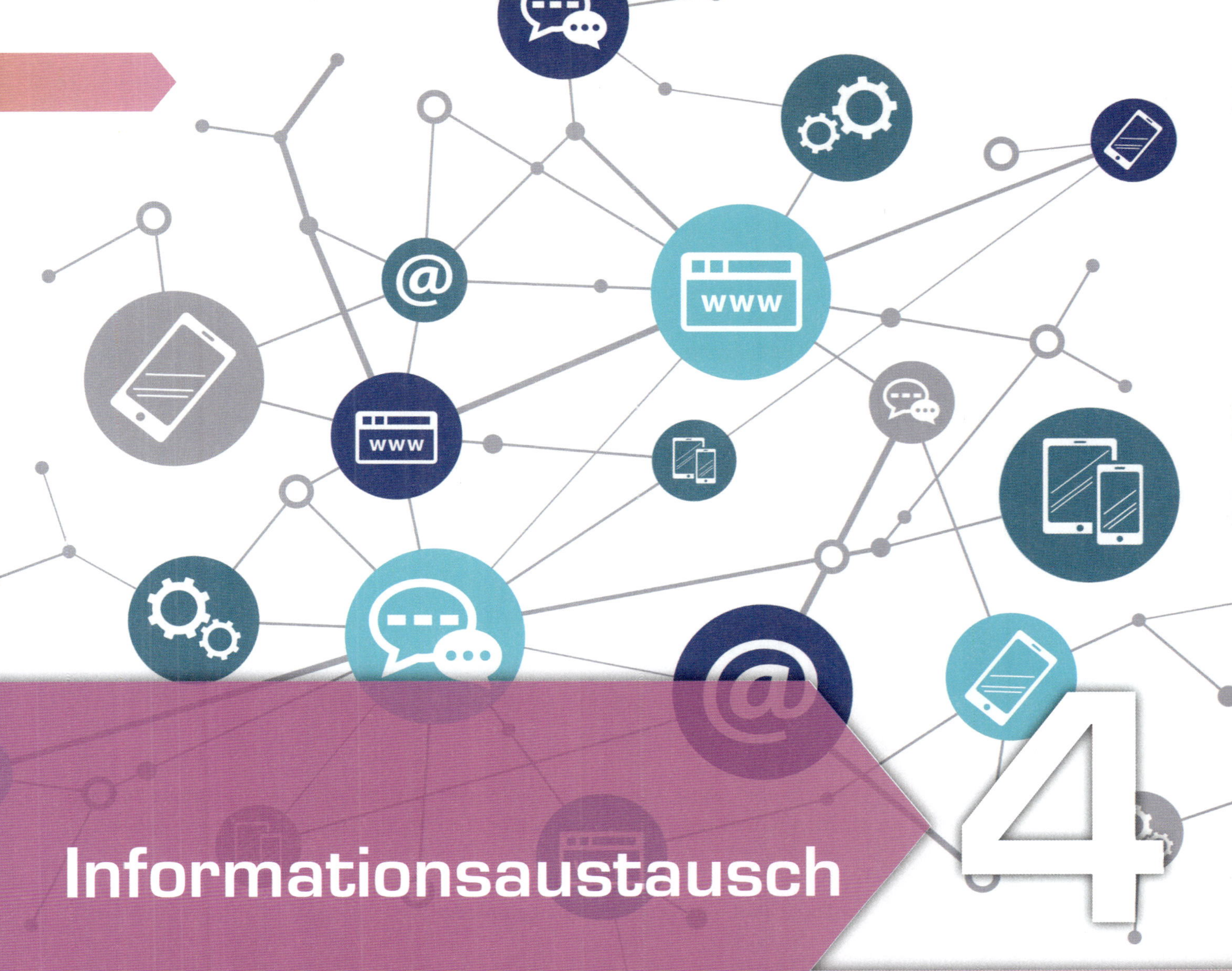

4 Informationsaustausch

Die Kommunikation zwischen Menschen und ihrer Umwelt existiert seit jeher, die Kommunikation zwischen Menschen und Maschinen ist jedoch eine Entwicklung in der Neuzeit. Der Austausch von Informationen unterliegt dabei gewissen mathematischen, technischen und auch zwischenmenschlichen Gesetzen, die es zu beachten gilt, um erfolgreich zu kommunizieren.

4.1 Kommunikation mit Lebewesen

Du nutzt ein Kommunikationsmodell, um grundlegende Vorgänge und Rahmenbedingungen des Informationsaustausches zu analysieren.

Lea, Mia, Noa und *Mo* dürfen in den Osterferien am jährlichen Schüleraustausch ihrer Schule teilnehmen. Da die vier im Rahmen ihres Wahlfaches Kommunikationstechnologie ein außergewöhnliches Projekt durchgeführt haben, wurden sie von ihrer Schule ausgewählt. Der Austausch findet zwischen ihrer Realschule und der Gesamtschule des Londoner Stadtteils Kensington statt.
Am Bahnhof in Kensington angekommen, werden sie von ihren Gastfamilien begrüßt. *Mos* Gastmutter *Lucy* will wissen:

Wie kommunizieren Tiere mit dir?

Ein Austausch, wie z. B. zwischen Gastmutter *Lucy* und *Mo*, wird als **verbale Kommunikation** bezeichnet. *Lucy* hat dabei eine Absicht. Sie setzt ihre Absicht in Worte um. Indem sie die Worte ausspricht, sendet sie eine Information an *Mo*. Er empfängt die Nachricht. *Mo* übersetzt nun *Lucys* Worte und interpretiert deren Bedeutung. Diesen Vorgang nennt man **Sender-Empfänger-Modell**.

Was könnte nun in *Mo's* Kopf ablaufen?

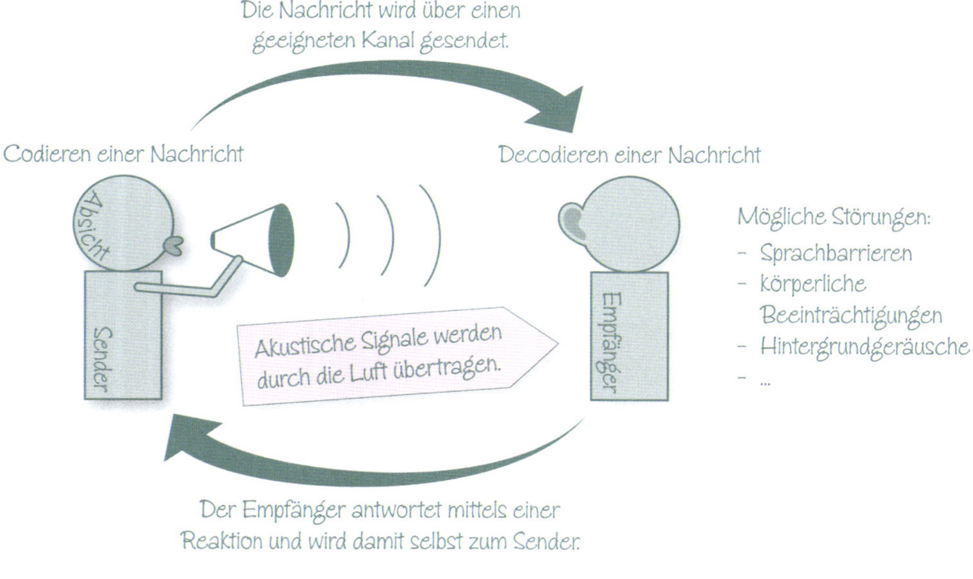

Welche weiteren Möglichkeiten der Kommunikation kennst du?

1. Nonverbale Kommunikation – Kommunikation ohne Worte ...
   a) Stelle nur durch Mimik *Leas* Abneigung gegenüber Lamm mit Minzsoße dar.
   b) Zeige durch deine Gestik, wie *Noa* das Essen findet.
2. Denkt euch in Kleingruppen einzelne Situationen aus, in die die vier in England geraten könnten, und stellt sie dar. Die Situationen sollen von den anderen Gruppen analysiert und besprochen werden.

3. *Mia* schreibt ihrem Bruder folgende Textnachricht:
„Bisher , heute . Gastfamilie .“

   a) Deute *Mias* Nachricht.

   b) Schreibe eine Textnachricht in einem Textverarbeitungsprogramm oder einem Messenger und baue alle deine Lieblingssymbole ein. Lasse deine Nachricht von deinen Mitschülerinnen interpretieren.

4. Was sagen die Symbole in der App deines Smartphones aus?

Auf den Punkt gebracht

Sender und **Empfänger** kommunizieren, wenn sie Botschaften austauschen. Dies geschieht sowohl mit Worten (**verbale Kommunikation**) als auch durch die Körpersprache (**nonverbale Kommunikation**). Menschen tauschen Informationen nicht nur untereinander aus; sie kommunizieren ebenso mit Tieren und Maschinen.

4.2 Kommunikation zwischen Mensch und Maschine

Zurück in Bayern setzt sich *Lea* an ihren Computer und schreibt eine lange E-Mail an ihre Gastfamilie, um sich für den schönen Aufenthalt zu bedanken.

Du wendest einfache Codierungsvorschriften an, um Kommunikationsvorgänge zwischen Mensch und Mensch sowie Mensch und Maschine nachzuvollziehen.

Lea kommuniziert mit einer Maschine, indem sie ihre Gedanken als **Befehle** mittels Tastatur und Maus eingibt. Diese Befehle werden in **elektrische Signale** umgewandelt und an das Motherboard und die Central Processing Unit (CPU) gesendet. Die CPU stellt das **Gehirn** des Computers dar. Dort werden die Informationen verarbeitet und so die erhaltenen Befehle ausgeführt. Die Befehlseingaben können über den Monitor, der die eingegebenen Informationen ausgibt, kontrolliert werden. (➨ Kap. 8.3)

Wie kommunizierst du mit Maschinen?

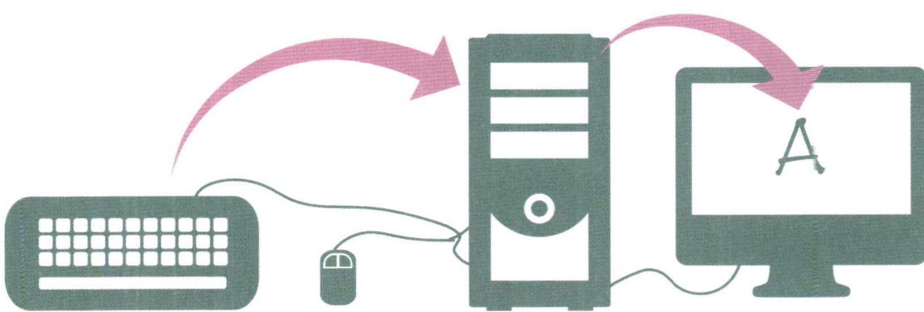

1. Beschreibe die Kommunikation zwischen *Noa* und seiner Konsole während eines Spiels.

2. Erläutere einen möglichen Verlauf der Kommunikation, wenn deine Mutter Bilder am Fotoautomaten ausdruckt.

3. Skizziere das vereinfachte Kommunikationsmodell zwischen dir und dem Getränkeautomaten in der Schule.

Welche Sprache versteht ein Computer?

In den vorangegangenen Aufgaben hast du an Beispielen gezeigt, wie du mit einer Maschine kommunizieren kannst. Doch was geschieht „hinter den Kulissen"? Damit Computer oder andere Maschinen, die Informationen verarbeiten, deine Befehle umsetzen können, müssen sie so **codiert** werden, dass sie von den Maschinen verstanden werden.

Ein Computer ist eine elektronische Maschine und kennt nur die beiden Zustände **Strom fließt** und **Strom fließt nicht**, dargestellt durch die Zeichen **1** und **0**.

Nice to know
Dual: lat. dualis, duo = zwei
Binär: lat. bini = zweifach
Bit: Zusammensetzung aus binary digit

Alle Informationen, die ein Computer verarbeiten soll, müssen mit diesen Zeichen codiert werden. Die **kleinsten Informationseinheiten 0** und **1** werden **Bit** genannt. Um mehr Informationen darstellen zu können, benötigt man mehr als ein Bit und **kombiniert** die Zeichen 1 und 0 bzw. die elektronischen Signale. Mit **zwei Bit** lassen sich bereits **vier Informationen** kombinieren: 00, 01, 10, 11. Ein System mit Kombinationen aus diesen zwei Zeichen wird auch **Binär-** oder **Dualsystem** genannt. Die verschlüsselten Informationen werden **Daten** genannt.

4. Beschreibe die Kommunikation, die du auf dem nebenstehenden Bild sehen kannst.

5. Finde zusätzlich zu den abgebildeten Geräten Beispiele, auf denen du die Ziffern 1 und 0 schon mal gesehen hast.

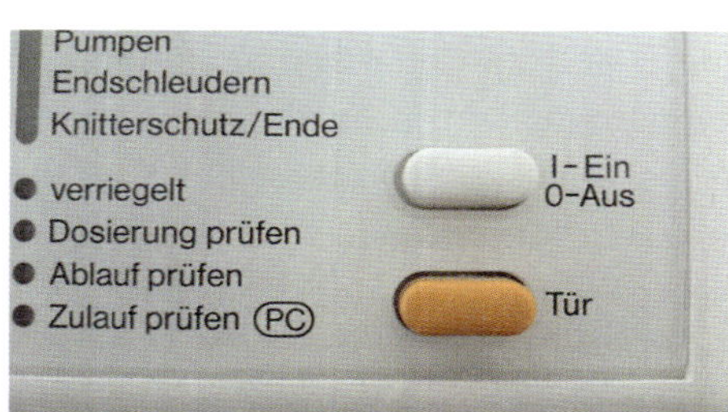

Bedienfeld einer Waschmaschine

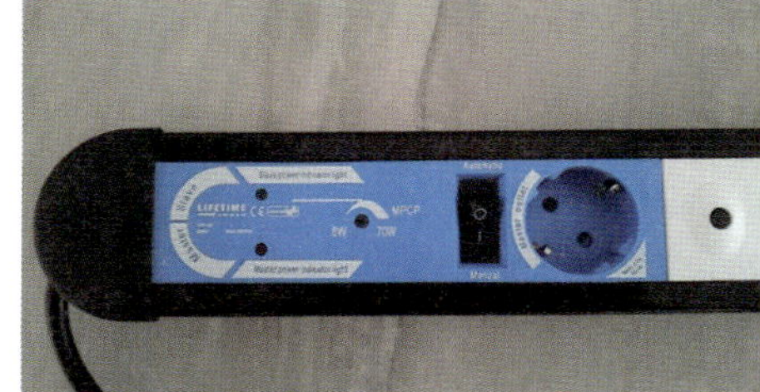
Schalter einer Mehrfachsteckdose

6. Stelle eine Information aus acht Bit dar und ermittle die Anzahl aller möglichen Kombinationen.

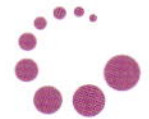

Auf den Punkt gebracht

Ein Computer arbeitet mit nur zwei elektronischen Signalen **Strom fließt** und **Strom fließt nicht**. Die Darstellung dieser beiden Zustände erfolgt durch die Ziffern **1** und **0**. Die Einheit dieser Information ist ein **Bit**. Dieses System wird als **Binär-** oder **Dualsystem** bezeichnet. Durch Kombination mehrerer Bit kann die Anzahl der Informationen (**Daten**) vervielfacht werden.

4.3 Einheiten für große Datenmengen

Lea möchte ihrer E-Mail einige Bilder anhängen, da sie während des Aufenthaltes in London sehr viele Fotos und Videos mit der Gastfamilie gemacht hat. Etwas verwundert über die Meldung *„Anhänge dürfen eine Speicherkapazität von 20 MB nicht überschreiten"* überlegt sie, was mit der Abkürzung **MB** gemeint ist, und recherchiert im Internet. Sie entdeckt hierbei eine Tabelle, in der weitere Einheiten aufgelistet und gestaffelt sind.

Nice to know 

Die Speicherkapazität einer 3,5"-Diskette betrug in den 1980er-Jahren 1,44 MB.

Ausgehend von der kleinsten Informationseinheit, 1 Bit, wurden auch für größere Datenmengen Einheiten festgelegt.

Name	Kürzel	Umrechnung
Bit	bit	–
Byte	B	1 B = 8 Bit
Kilobyte	kB	1 kB = 1 000 B
Megabyte	MB	1 MB = 1 000 kB
Gigabyte	GB	1 GB = 1 000 MB
Terabyte	TB	1 TB = 1 000 GB

Nice to know 

Umrechnung:
Der Umrechnungsfaktor 2^{10} = 1024 aus dem Dualsystem wird normalerweise nicht mehr verwendet. Die Umrechnung wurde auf das Dezimalsystem angepasst.

4

1. Anhand dieser Informationen muss *Lea* die getroffene Vorauswahl anpassen, damit sie die E-Mail versenden kann. Berechne die maximale Anzahl der Fotos, die sie versenden kann, wenn die mit ihrer Digitalkamera aufgenommenen Fotos eine Dateigröße zwischen 2 MB und 4,5 MB haben, abhängig vom Bildinhalt. Vergleicht eure Ergebnisse.
2. *Lea* hat alles in allem 387 Fotos (max. **4,5 MB** pro Aufnahme) und 9 Filme (mit durchschnittlich **60 MB**) aufgenommen und möchte sie auf einem Speichermedium sichern. Ermittle die erforderliche Speicherkapazität.
3. Die Speicherkarte in *Mo's* Smartphone umfasst eine Speicherkapazität von **64 GB**. Berechne, wie viele Musikdateien er downloaden kann, wenn eine MP3-Datei in der Regel **8 MB** groß ist.
4. *Mia* möchte einige wichtige E-Mails dauerhaft sichern, in denen ausschließlich Texte enthalten sind. Mit wie viel Speicherkapazität muss sie pro Datei rechnen? Recherchiere.

Auf den Punkt gebracht

Die kleinste Informationseinheit eines Computers ist **1 Bit** (bit). 8 Bit ergeben **1 Byte** (B). Für größere Datenmengen werden Präfixe, z. B. **Kilo** (k) **Mega** (M), **Giga** (G), **Tera** (T), vorangestellt, um Vielfache anzugeben.

Nice to know 

Präfix:
lat. praefixum = vorn anheften.
Dies bezieht sich auf Silben, die einem Wort oder einem Wortstamm vorangestellt werden.

4.4 Stellenwertsysteme

Lea verwendet einen USB-Stick, um ihre Daten zu sichern. Er hat laut Verpackung eine Speicherkapazität von 32 GB. Als sie den Stick an den Computer anschließt, wird ihr nur eine freie Speicherkapazität von 31 964 692 480 Byte angezeigt. Verwundert über den Wert, da nach ihren Berechnungen eine Speicherkapazität von 32 000 000 000 Byte angezeigt werden müsste, wendet *Lea* sich in der nächsten IT-Stunde an ihre Lehrerin. Diese erklärt, dass die Speichergrößen mit dem Dualsystem, der Kommunikationsbasis für Computer, zusammenhängen. Dann erklärt sie den Zusammenhang zwischen dem Dualsystem und dem bekannten Dezimalsystem.

Auf welchen Geräten findest du den Zahlenraum 0–9?

Um mit einem Computer zu kommunizieren, müssen alle Informationen mittels **Dualsystem** codiert werden. Um den Vorgang besser zu verstehen, betrachte zunächst das gewohnte Dezimalsystem. Auf dem Ziffernblock deiner Tastatur findest du die Ziffern 0–9, die die Einerstelle im Dezimalsystem bilden. Jeder Ziffer ist dabei ein ganz bestimmter Wert zugeordnet. Um Zahlen, die größer als 9 sind, darzustellen, kombinierst du zwei oder mehr Ziffern. Die **Stellung** der Ziffer innerhalb der Zahl entscheidet dabei über ihren Wert, auch **Stellenwert** genannt.

Die Zahl 2013 im Dezimalsystem

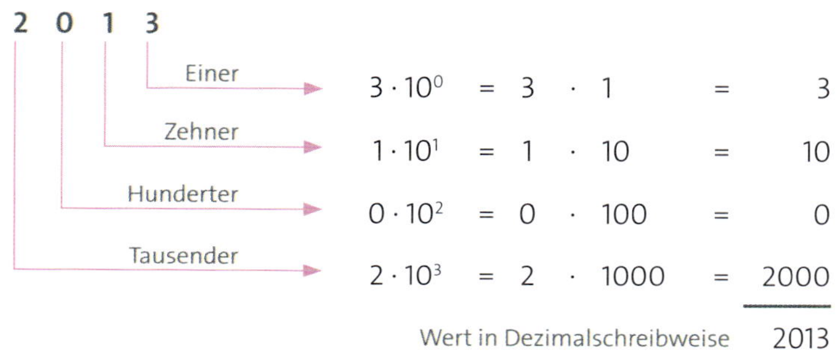

Im Dezimalsystem werden die Stellenwerte durch **Zehnerpotenzen** gebildet, da hier zehn Ziffern zur Verfügung stehen. Wie du bereits gelernt hast, kann der Computer jedoch nur im Dualsystem mit den zwei Zuständen *Strom fließt* (1) und *Strom fließt nicht* (0) arbeiten. Im Dualsystem oder auch Zweiersystem ergeben sich die Stellenwerte durch **Zweierpotenzen**. An Dualzahlen wird zur Unterscheidung eine tiefergestellte **2** angehängt. Dualzahlen können auf ihren Wert im Dezimalsystem umgerechnet werden.

Nice to know

Potenz = bezeichnet das Ergebnis der Multiplikation einer Zahl mit sich selbst. Bei Zweierpotenzen wird die Zahl (Basis) zweimal multipliziert. Die hochgestellte Zahl (Exponent) gibt an, wie oft die Multiplikation erfolgen soll.

Umrechnung der Dualzahl 10110_2 ins Dezimalsystem

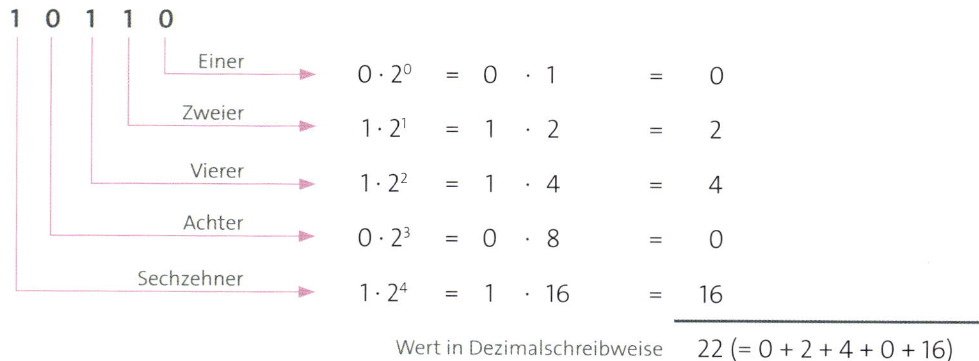

1. Erkläre, wie die Abweichung der berechneten und tatsächlichen Speicherkapazität von *Leas* Speichermedium zustande kommt.
2. In welchen Speichergrößen sind Datenträger erhältlich? Vergleiche die unterschiedlichen Speichergrößen.

3. 8 Bit entsprechen 1 Byte. Die größte Dualzahl 11111111_2 kannst du so in eine Dezimalzahl umrechnen:

$$11111111_2 = 1 \cdot 2^0 + 1 \cdot 2^1 + 1 \cdot 2^2 + 1 \cdot 2^3 + 1 \cdot 2^4 + 1 \cdot 2^5 + 1 \cdot 2^6 + 1 \cdot 2^7$$
$$= 1 + 2 + 4 + 8 + 16 + 32 + 64 + 128$$
$$= 255$$

Errechne die Dezimalzahl der kleinsten Dualzahl mit 8 Bit Speichergröße.

4. *Lea* möchte für *Noa, Mia* und *Mo* ein Rätsel erstellen. Dabei hat sie einige Dezimalzahlen in Dualzahlen umgewandelt. Welche Dezimalzahlen hatte sie sich ausgedacht? Wandle um.

a) 11011_2 **b)** 101101_2 **c)** 00011111_2 **d)** 11000011_2

5. *Mo* hat ein noch komplizierteres Rätsel erstellt, das im Rahmen eines Wettbewerbs gelöst werden soll. Während *Mo* eine Frage laut vorliest, sollen alle Klassenkameradinnen die passenden Dezimalzahlen in Dualzahlen umwandeln. Den Lösungsweg recherchierte er im Internet und fand einige Möglichkeiten. *Mo* wählte für die Zahl 153 folgende:

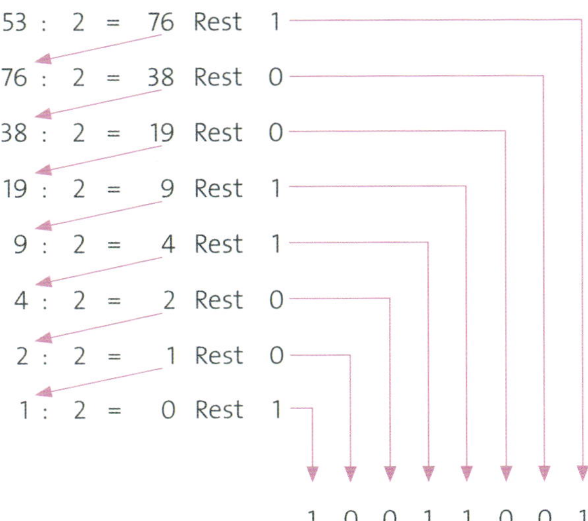

***Mos* Fragenkatalog**
- Deine Körpergröße in cm?
- Datum des nächsten Ferienbeginns?
- Aktuelles Kalenderjahr?
- Dein Alter?
- Deine Schuhgröße?
- Die Schüleranzahl deiner Schule?

a) Beantworte seine Fragen. Wer die meisten Fragen in kürzester Zeit beantwortet hat, gewinnt.

b) Hilf *Mo* und erfinde sechs weitere Aufgaben. Tausche anschließend die Fragen mit deiner Partnerin und löst sie.

6. Finde weitere Lösungswege zur Umwandlung von Dezimalzahlen in Dualzahlen im Internet und berechne die Zahl 153 erneut. Diskutiere mit deiner Partnerin, welcher Lösungsansatz der effektivste ist.

Auf den Punkt gebracht

Ein Stellenwertsystem, das mit der Basis 10 aufgebaut ist, wird **Dezimalsystem** genannt. Im **Dualsystem** wird das Stellenwertsystem mit der Basis 2 gebildet.
Für die **Umrechnung** einer Dualzahl in eine Dezimalzahl werden die jeweiligen Stellenwerte bestimmt und im Anschluss addiert. Der umgekehrte Vorgang kann u. a. mit dem sogenannten **Resteverfahren** durchgeführt werden.

4.5 Codierung bei den Römern

Nice to know
Kryptografie:
griech. kryptos = geheim, graphein = schreiben

Wieder zu Hause erinnert sich *Noa* an seinen Besuch im Londoner Science Museum. Ganz besonders faszinierte ihn dabei die Ausstellung zum Thema *Kryptografie und Codierung*. Dort wurden an Tafeln und Schauständen sowohl alte als auch neue Verfahren zur Verschlüsselung von Nachrichten veranschaulicht.
Im Museum hatte *Noa* Gelegenheit, eine „Cäsar-Scheibe" auszuprobieren, mit der bereits Cäsar militärische Befehle verschlüsselte. Er soll auf diese Weise sogar Liebesbotschaften an Kleopatra codiert haben.
Um nun ebenfalls Botschaften an seine Freunde verschlüsseln zu können, fertigt er sich eine eigene Scheibe an. Als Vorlage dient ihm ein dort gemachtes Foto. Aus Pappresten schneidet *Noa* zwei Scheiben mit unterschiedlichen Radien (5 cm und 6,5 cm) aus. Jede Scheibe unterteilt er in 26 gleiche Bereiche, in die er alle Buchstaben des Alphabets schreibt. Die beiden Scheiben verbindet er an den Mittelpunkten durch eine Musterklammer.
Um seine Nachricht nach der Cäsar-Methode zu verschlüsseln, dreht *Noa* die innere Scheibe um drei Stellen nach links und ordnet damit dem Buchstaben **A** der äußeren Scheibe den Buchstaben **D** der inneren Scheibe zu. Die äußere Scheibe entspricht dem **Klartext**, die innere dem **Schlüsseltext**.

Welche Art der Kommunikation findet hier statt?

Nice to know
Cäsar-Methode:
Dieses Verfahren soll in ähnlicher Form auch der römische Kaiser Augustus verwendet haben.

1. *Noa* erstellt eine zweite Scheibe für seinen Freund *Mo*, um sich im Unterricht verschlüsselte Nachrichten schicken zu können. Während der Busfahrt zur Schule erklärt er *Mo* die Funktionsweise. In der ersten Stunde schickt *Noa* folgende Nachricht an *Mo:* KDVW GX GLH KDXVDXIJDEH IXHU LW?
Entschlüssele die Nachricht.
2. *Mo* überlegt sich zunächst eine Klartext-Antwort: *„Ja, aber zu Hause vergessen."* Kodiere die Botschaft.
3. Schreibe eine eigene kurze Mitteilung mit dieser Codierung und lasse deine Nachbarin entschlüsseln.
4. Ermittle die Anzahl an Codierungen, die die Cäsar-Scheibe zulässt.
5. Finde eine Methode, wie der Code zu knacken ist.
6. Stellt der Cäsar-Code eine sichere Art der Codierung dar? Begründe deine Antwort.

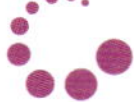
Auf den Punkt gebracht

Die Übertragung eines Zeichens eines bestimmten Zeichenvorrats in das jeweilige Zeichen eines anderen Zeichenvorrats wird als **Codierung** bezeichnet. Cäsar ersetzte bei seiner Verschlüsselung jeden Buchstaben seiner Nachricht durch einen Buchstaben, der drei Plätze weiter im Alphabet vorzufinden ist. Zur schnellen Umsetzung wurden meist zwei beschriftete, drehbar aneinander befestigte Scheiben verwendet.

4.6 Verschlüsselte Botschaften im Morsecode

Da der Lehrer der ersten Unterrichtsstunde den Cäsar-Code kannte und damit *Noas* und *Mos* Nachrichten decodieren konnte, suchen die beiden Jungs nach neuen **Verschlüsselungsmethoden**. Durch eine Reportage über Schifffahrt stoßen *Noa* und *Mo* auf den Morsecode.

Der **Morsecode** verschlüsselt Ziffern und Buchstaben durch Kombinationen aus Strichen und Punkten, die durch Pausen unterbrochen werden. Punkte entsprechen kurzen Signalen, Striche entsprechen langen Signalen.

Übertragungsmöglichkeiten mittels Morsecode

- Tonsignal
- Funksignal
- elektrischer Impuls
- mechanisch
- optisch

A	• —	N	— •	1	• — — — —
B	— • • •	O	— — —	2	• • — — —
C	— • — •	P	• — — •	3	• • • — —
D	— • •	Q	— — • —	4	• • • • —
E	•	R	• — •	5	• • • • •
F	• • — •	S	• • •	6	— • • • •
G	— — •	T	—	7	— — • • •
H	• • • •	U	• • —	8	— — — • •
I	• •	V	• • • —	9	— — — — •
J	• — — —	W	• — —	0	— — — — —
K	— • —	X	— • • —		
L	• — • •	Y	— • — —		
M	— —	Z	— — • •		

Mit welchen Hilfsmitteln kannst du die Signale übertragen?

1. In der Reportage über Schifffahrt wurde das internationale Notsignal **SOS** verwendet. Zeige die Codierung.
2. Nenne die Punkt-Strich-Kombinationen für das Wort **Kryptografie**.
3. Recherchiere, wo und warum der Morsecode verwendet wird.

Auf den Punkt gebracht

Der **Morsecode** setzt sich aus drei Zeichen zusammen: einem kurzen und einem langen Impuls, die durch einen Punkt bzw. einen Strich dargestellt werden, und den Pausen.

4.7 Der Barcode und der QR-Code

Wo hast du bereits einen solchen QR-Code gesehen?

Als eine weitere Möglichkeit zur Codierung finden die Jungs beim Einkaufen ihrer Lieblingssüßigkeit den sogenannten Barcode auf der Verpackung. Beim Bezahlen wird er von der Kassiererin über einen Sensor gezogen, der den verschlüsselten Kaufpreis scannt. Zu Hause entdecken *Mo* und *Noa* eine weitere Codierung auf der Verpackung und recherchieren die Funktionsweise dieser Verschlüsselung.

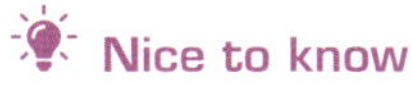
Nice to know

App:
engl. application = Anwendung. Gemeint ist damit ein Anwendungsprogramm.

Speicher- und Leserichtung des QR-Codes

Leserichtungen des Barcodes

Speicherrichtung des Barcodes

4

Der quadratische **QR-Code**, auch **Q**uick **R**esponse **C**ode, besteht aus weißen und schwarzen Feldern und ist eine Weiterentwicklung des Barcodes. Der **Barcode** kann Informationen nur in **einer Richtung** speichern, der QR-Code jedoch speichert Informationen **zweidimensional**. Das bedeutet, dass ein Barcodeleser nur in Linienrichtung scannen kann, ein QR-Code-Scanner jedoch aus jeder Richtung.

QR-Codes sind hauptsächlich mit **Internetadressen** verlinkt, die sich direkt im Browser des Smartphones öffnen lassen. Dazu wird eine **App** benötigt, die mithilfe der Handykamera den QR-Code scannt und die Informationen auswertet. So können sehr schnell und einfach beispielsweise **Produktinformationen** eingeholt werden. Des Weiteren verschlüsseln QR-Codes **Kontaktinformationen**, z.B. Telefonnummern, Adressen, Namen usw., die nach dem Auslesen direkt und fehlerfrei in das Adressbuch des Smartphones gespeichert werden können. Selbst wenn der QR-Code bis zu einem Drittel unleserlich ist, kann er noch ausgewertet werden.

1. Nenne weitere Einsatzbereiche für den QR-Code.
2. Erläutere weitere Vorteile dieser Codierung.
3. Sammle und vergleiche Arten des QR-Codes.
4. Finde eine Möglichkeit, einen QR-Code zu erstellen.

Nice to know

Der **QR-Code** wurde 1994 für die Automobil-Logistik erfunden.

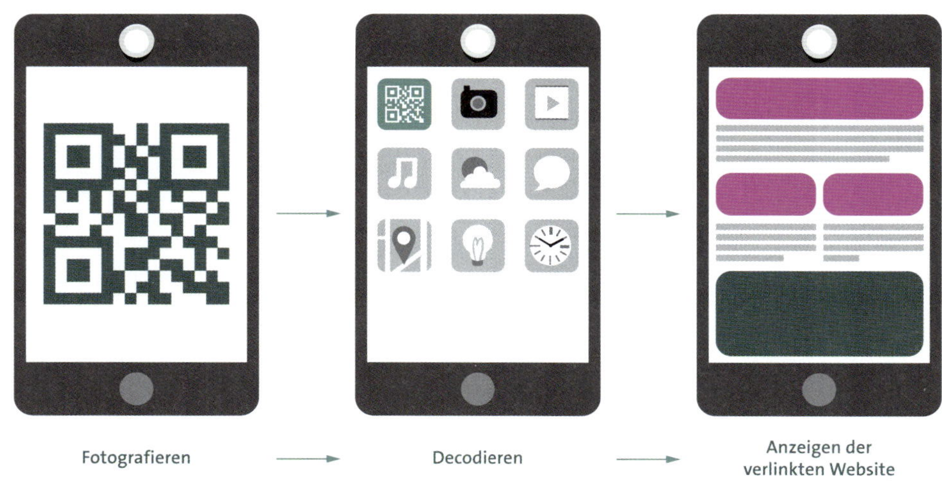

Auf den Punkt gebracht

Der **QR-Code** ist eine Weiterentwicklung des Barcodes und verfügt durch die zweidimensionale Speicherung über eine enorme Speicherkapazität.

4.8 Der ASCII-Code

Ein Computer versteht Befehle nur durch **elektrische Signale**, die durch die Zustände **0** *(Strom fließt nicht)* und **1** *(Strom fließt)* erzeugt werden. Was passiert aber, wenn eine Taste der Tastatur betätigt wird?

Jede Taste der Tastatur ist ein elektrischer Schalter, dessen Kontakt geschlossen und geöffnet wird, wenn du ihn betätigst. Somit entsteht ein Zeichen mittels Stromimpuls als eine Abfolge durch *Strom an – Strom aus*.

Allen Tasten (Ziffern, Buchstaben, Satz-, Sonderzeichen) sind eigene Nummern zugewiesen, unabhängig davon, wie die Kappe der jeweiligen Taste beschriftet ist. Diese Nummer ist in einer achtstelligen Binärcodierung hinterlegt und ermöglicht es dem Computer, zwischen seinen Komponenten – hier der Tastatur und der Grafikkarte – zu kommunizieren.

Zur Vereinheitlichung der sogenannten Binärcodierungen gibt es internationale Standards wie den sogenannten **ASCII-Code**, die die jeweilige Codierung der Zeichen genau festlegen. Im ASCII-Code ist beispielsweise dem Großbuchstaben **A** die Dualzahl $\mathbf{01000001_2}$ zugeordnet, die im Dezimalsystem der Zahl **65** entspricht. Hier ein Auszug des erweiterten ASCII-Codes mit $256 = 2^8$ Zeichen.

Du unterscheidest analoge und digitale Informationsdarstellung und erklärst den Vorgang der Digitalisierung anhand konkreter Beispiele.

Kennst du das Symbol für einen elektrischen Schalter?

Nice to know
American
Standard
Code for
Information
Interchange

Dualzahl – Dezimalzahl – Zeichen														
00100000_2	032	Space	00110000_2	048	0	01000000_2	064	@	01010000_2	080	P	01100000_2	096	'
00100001_2	033	!	00110001_2	049	1	01000001_2	065	A	01010001_2	081	Q	01100001_2	097	a
00100010_2	034	"	00110010_2	050	2	01000010_2	066	B	01010010_2	082	R	01100010_2	098	b
00100011_2	035	#	00110011_2	051	3	01000011_2	067	C	01010011_2	083	S	01100011_2	099	c
00100100_2	036	$	00110100_2	052	4	01000100_2	068	D	01010100_2	084	T	01100100_2	100	d
00100101_2	037	%	00110101_2	053	5	01000101_2	069	E	01010101_2	085	U	01101000_2	104	h
00100110_2	038	&	00110110_2	054	6	01000110_2	070	F	01010110_2	086	V	01101100_2	108	l
00100111_2	039	‘	00110111_2	055	7	01000111_2	071	G	01010111_2	087	W	01101101_2	109	m
00101000_2	040	(	00111000_2	056	8	01001000_2	072	H	01011000_2	088	X	01110000_2	112	p
00101001_2	041	)	00111001_2	057	9	01001001_2	073	I	01011001_2	089	Y	01110010_2	114	r
00101010_2	042	*	00111010_2	058	:	01001010_2	074	J	01011010_2	090	Z	01110111_2	119	w
00101011_2	043	+	00111011_2	059	;	01001011_2	075	K	01011011_2	091	[	01111001_2	121	y
00101100_2	044	,	00111100_2	060	<	01001100_2	076	L	01011100_2	092	\	01111011_2	123	{
00101101_2	045	-	00111101_2	061	=	01001101_2	077	M	01011101_2	093	]	01111100_2	124	|
00101110_2	046	.	00111110_2	062	>	01001110_2	078	N	01011110_2	094	^	01111101_2	125	}
00101111_2	047	/	00111111_2	063	?	01001111_2	079	O	01011111_2	095	_	01111110_2	126	~

In ihrer ursprünglichen Form definierte diese 8-Bit-Kodierung $2^7 = 128$ Zeichen. Davon waren 33 Codes Steuerzeichen für Geräte, z. B. Programmbefehle wie ein Zeilenvorschub beim Drucker, und die übrigen 95 Codes druckbare Zeichen wie die Groß- und Kleinbuchstaben, Ziffern und Sonderzeichen.

Das Kontrollbit, das erste der acht Bit, wurde im Laufe der Zeit in seiner Funktion entbehrlich und als zusätzliche Möglichkeit genutzt, um weitere sprachlich individuelle Zeichen zu codieren, z. B. die Umlaute.

4

1. Zeige, welches der acht Bit du verändern musst, um statt Großbuchstaben Kleinbuchstaben zu erhalten.
2. In der Zeichentabelle auf Seite 93 sind u. a. die Kleinbuchstaben **e** und **u** nicht aufgeführt. Nenne sowohl die Dezimal- als auch die Binärzahlen der beiden Buchstaben.
3. Google's erster Tweet vom 25. Februar 2009 lautete: „I'm 01100110 01100101 01100101 01101100 01101001 01101110 01100111 00100000 01101100 01110101 01100011 01101011 01111001 00001010". Decodiere.
4. Viele Menschen haben eine Antwort in Dualzahlenfolgen getwittert. Formuliere auch du einen solchen Antwort-Tweet.
5. Wenn du dich bereits in einem Tabellenkalkulationsprogramm auskennst, kannst du mit den Funktionen =CODE(Text) sowie =ZEICHEN(Zahl) einen Text codieren bzw. eine Zahlenfolge decodieren. Suche andernfalls im Internet nach einem geeigneten Übersetzungsprogramm.

   a) Wie lautet der Code für das Sprichwort?

	A	B	C	D	E	F	G	H	I	J	K	L	M	N	O	P	Q	R	S	T	U	V	W	X	Y	Z	AA	AB	AC
1	M	o	r	g	e	n	s	t	u	n	d		h	a	t		G	o	l	d		i	m		M	u	n	d	!

   b) Wie heißt der kluge Spruch?

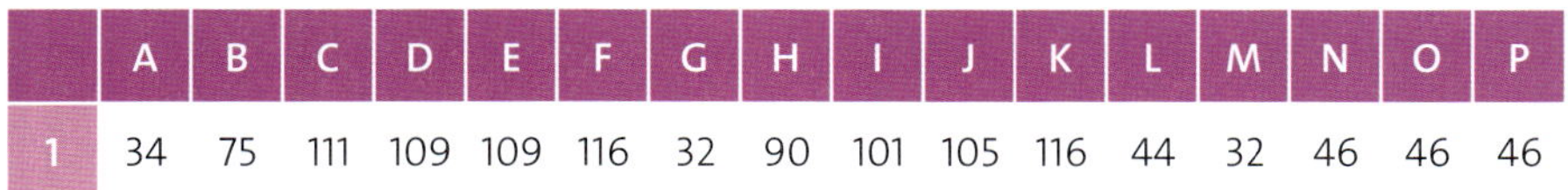

	A	B	C	D	E	F	G	H	I	J	K	L	M	N	O	P
1	34	75	111	109	109	116	32	90	101	105	116	44	32	46	46	46

   c) Du kannst in einem Textverarbeitungsprogramm oder Editor ebenfalls Zahlenfolgen in Text umwandeln, indem du die **ALT-Taste** gedrückt hältst und am Ziffernblock der Tastatur die Zahlenfolge deines Wunschsymbols eingibst.

4.9 Analog und digital

Für den Jahresbericht wurden *Lea, Mia, Noa* und *Mo* gebeten, einen Artikel über ihren Englandaufenthalt zu schreiben. Die vier überlegen und entwickeln viele Ideen. Zunächst notieren sie sich einige Stichpunkte und sammeln Flyer sowie Fotos. Die Mädchen erklären sich bereit, den Text zu verfassen, und die Jungs arbeiten das Bildmaterial ein. Der Koordinator des Jahresberichtteams wünscht die Abgabe des fertigen Artikels in digitaler und analoger Form. Die vier stellen sich die Frage, was sich genau hinter den beiden Begriffen verbirgt, und bitten ihren IT-Lehrer um Hilfe.

Die **ausgedruckte Variante** des Artikels wird als **analog** bezeichnet. **Analog** bedeutet **kontinuierlich** oder **stufenlos**. Das heißt, alle Informationen über das Papier (als Trägerelement des Artikels) werden ohne Unterbrechungen angezeigt. Die Informationen können unabhängig von Stromfluss und ohne elektronische Geräte aufgenommen werden. Alles, was zur Informationsaufnahme benötigt wird, sind die Sinne.

Für den Computer müssen die Informationen **digitalisiert** werden. Sie werden in die beiden möglichen Zustände, die ein Computer verarbeiten kann, zerlegt. Analoge Informationen werden in eine **Abfolge von den zwei Zuständen 0** und **1** umgewandelt. Dabei werden zunächst Signale (Schallwellen, Zeichen) mittels Sensoren abgetastet und anschließend Werten zugeordnet. Sie werden somit kodiert.

Analoge Kommunikation: Unterhältst du dich live und in Echtzeit mit deinen Freunden, so verlassen die Wörter deinen Mund vollkommen störungs- und unterbrechungsfrei. Diese analogen Signale treten in Schallwellen aus. Sie lassen sich mithilfe einer Kurve darstellen.

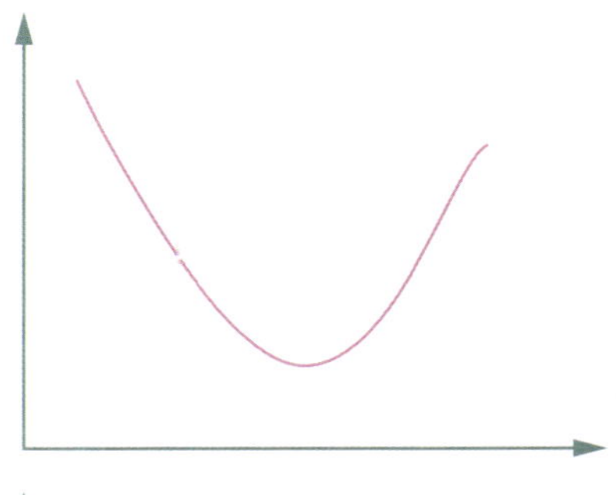

Nice to know

Analog:
griech.
aná = gemäß,
lógos = Vernunft

Digitale Kommunikation: Du telefonierst via Internettelefonie (➠ Kap. 4.12) mit Freunden. Deine analogen Sprachsignale werden in kleine Teilstücke zerlegt. Dieser Digitalisierungsvorgang führt zu einem gewissen hörbaren Qualitätsverlust. Die Anzahl der Teilstücke bestimmt dabei die Klangqualität. Je mehr Teilstücke, desto ähnlicher wird die digitale Aufnahme der analogen Vorlage.

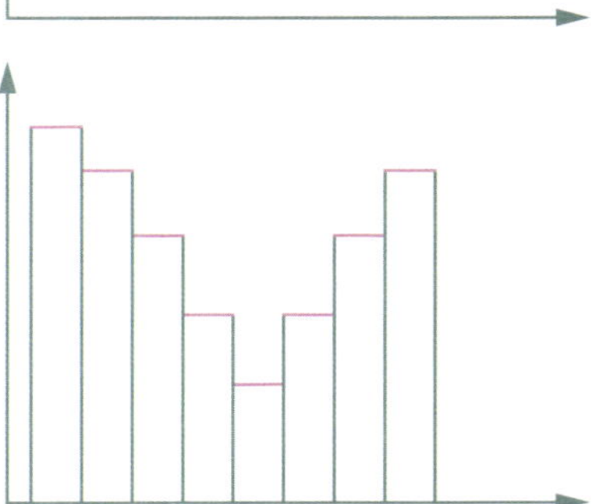

Nice to know

Digital:
engl. digit = Ziffer, Finger,
lat. digitus = Finger

1. Nenne das elektronische Bauteil, das zum Konvertieren von Tönen benötigt wird. Recherchiere.
2. Informiere dich bei einem Physiklehrer, was die Messeinheit Hertz angibt.
3. Viele Gegenstände des täglichen Lebens sind sowohl mit einer digitalen wie auch analogen Anzeige erhältlich. Finde mindestens zwei Geräte, die es in beiden Ausführungen gibt.
4. Du möchtest dir eine neue Armbanduhr kaufen. Für welche Art der Anzeige entscheidest du dich? Begründe deine Wahl.

Lea und *Mia* haben die Arbeiten am Jahresberichtartikel beendet, und somit ist es Aufgabe der Jungs, das gefundene Bildmaterial einzuarbeiten. Da nicht ausschließlich digitale Dateien vorhanden sind, muss *Noa* selbstgezeichnete Bilder und Skizzen sowie Broschüren vom London-Aufenthalt digitalisieren. Er wählt als Digitalisierungsgerät den Scanner seines Multifunktionsdruckers. Die zu scannende Vorlage legt *Noa* auf die Glasscheibe des Geräts und betätigt auf dem Bedienfeld die Scantaste. Nach kurzer Zeit erscheint das Bild auf dem Bildschirm von *Noas* Computer.

Welcher Prozess steckt dahinter?

Nice to know
CCDs = **C**harge **C**oupled **D**evices

Das Bild wird durch **sensorische Fotozellen** (CCDs) abgetastet. Dies geschieht, indem ein Raster, ähnlich einem Gitter, über das zu scannende Bild gelegt wird und die Farbwerte an den **Rasterpunkten** übernommen werden. An dieser Stelle codiert ein **Analog-Digital-Wandler** die analogen Signale in den digitalen Tonwertumfang. Je größer dieser Tonwertumfang ist, also je mehr Rasterpunkte enthalten sind, desto größer ist die Auflösung des Bildes (➨ Kap. 5.1).

Auflösung 300 dpi

Auflösung 50 dpi

5. Finde weitere Geräte, die dir zur Digitalisierung von Bildern zur Verfügung stehen. Vergleicht eure Ergebnisse untereinander.
6. Probiere nun die gefundenen Geräte aus und spreche Noa eine Empfehlung aus, welches er davon zur Digitalisierung eines Bildes verwenden sollte. Begründe deine Empfehlung.
7. Zeige Vor- und Nachteile der Digitalisierung auf. Lege hierfür eine Mindmap an.
8. Recherchiere im Internet, was OCR ist und was du dazu benötigst.

Auf den Punkt gebracht

Werden Daten analog dargestellt, so geschieht dies stufen-/lückenlos, ohne Unterbrechungen, mit einem unbegrenzten Zeichenvorrat. Liegen allerdings digitale Daten vor, so ist der Zeichenvorrat begrenzt, d. h., nur so viele Informationen liegen vor, wie kleinschrittig die Abtastung (der Scanvorgang) erfolgt ist.

4.10 Digitale Kommunikation per E-Mail und Chat

Mo schreibt eine **E-Mail** an seine Gasteltern. Er möchte den Kontakt halten, aber traut sich nicht, anzurufen und am Telefon Englisch zu sprechen. Es fällt ihm leichter, Sätze schriftlich zu formulieren. Diesmal meldet er sich allerdings nicht mit seiner Schüler-E-Mail-Adresse an, sondern bei seinem neuen privaten E-Mail-Anbieter. Sofort fällt ihm auf, dass der Seitenaufbau dem Aufbau des Schulproviders gleicht. *Mo* recherchiert, welche Bestandteile einer E-Mail immer vorhanden sein müssen.

Du nutzt digitale Kommunikationsmittel, beugst dabei Gefahren vor und bewertest Formen der Diskreditierung und Ausgrenzung.

4

Schematischer Aufbau einer E-Mail

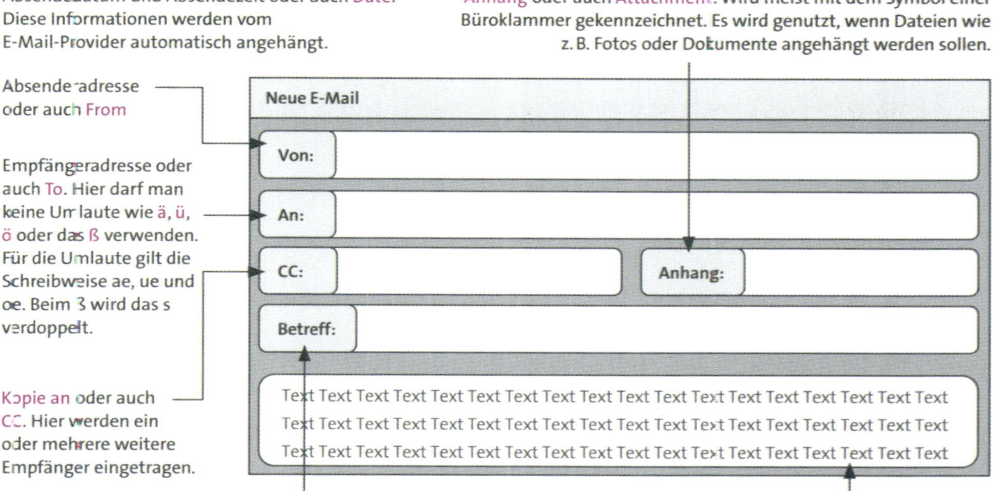

Welche E-Mail-Provider kennst du?

Wie baut sich eine E-Mail-Adresse auf?

Nice to know 

CC:
Abkürzung für carbon copy (engl.), bedeutet Durchschlag.

Der Weg einer E-Mail

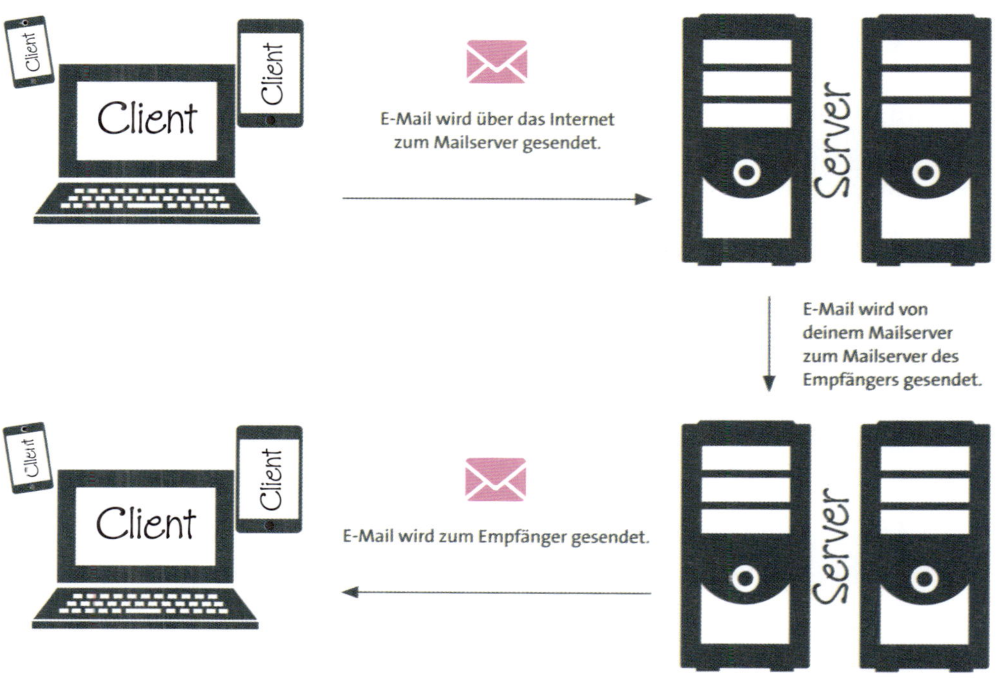

Nice to know
Die erste E-Mail wurde in Deutschland 1984 verschickt. Etwa 81 % der Deutschen verwenden heute diesen Kommunikationsweg.

1. Recherchiere, wann und von wem die E-Mail erfunden wurde.
2. Was bedeutet E-Mail? Finde die Übersetzung ins Deutsche und stelle sie im Plenum vor.
3. Finde eine Möglichkeit, eine solche elektronische Nachricht zu erstellen. Erläutere durch Ausprobieren, welche Manipulationen du an ihr vornehmen kannst.
4. Zu welchem Zweck werden E-Mails verfasst?
5. Nenne die Vorteile zur Papierpost.
6. Informiere dich über SMTP. Tauscht euch im Plenum über die Ergebnisse aus.
7. Im Betreff einer E-Mail dürfen nur reine ASCII-Zeichen verwendet werden. Finde hierfür eine Begründung.
8. Überprüfe die Aussage: „Eine E-Mail mit Anhang benötigt mehr Zeit zum Empfänger als ohne." Ist die Aussage richtig? Gib eine Begründung für deine Antwort.
9. Finde heraus, wie viele Byte du in deiner E-Mail anhängen darfst. Vergleicht die Provider untereinander.

Diese Art der **elektronischen Kommunikation** bietet zwar viele **Vorteile**, jedoch gibt es auch einige **Gefahren**, die hinter der elektronischen Post lauern. Schütze dich beispielsweise vor **Spam-Mails**. So werden E-Mails bezeichnet, die ausschließlich zu Werbezwecken versendet werden oder um Schaden auf deinem Computer anzurichten. Du solltest **niemals unbedacht** E-Mail-Anhänge öffnen, Downloads starten, Links anklicken oder Aufforderungen zur Passworteingabe folgen. Auf diesem Wege könnten sensible Daten, Passwörter oder dein ganzer Computer ausspioniert werden. Durch Anhänge werden außerdem Computerviren und andere Schadsoftware verbreitet. Einen **möglichen Schutz** gegen Spam-Mails bieten die E-Mail-Programme in der Regel selbst durch entsprechende Einstellungen. Außerdem schützen Antiviren-Programme und Virenscanner (➡ Kap. 8.10).

Der Internetdienst Chat

Welche anderen digitalen Kommunikationsmittel kennst du?

Noa bevorzugt eine andere Art der digitalen Kommunikation: Er verwendet den sogenannten Internetdienst **Chat**, um den Kontakt mit seiner Gastfamilie zu halten. Um diesen Dienst nutzen zu können, benötigen *Noa* und die Gasteltern eine Internetverbindung und ein gemeinsames Chat-Programm. Dort wird ein Channel bereitgestellt, in dem sich alle zusammengehörenden Chatteilnehmer treffen und in Echtzeit per Tastatur kommunizieren können.

10. Finde heraus, wann der Chat erfunden wurde.

11. Liste die größten Chat-Anbieter Deutschlands auf.

12. Erläutere Instant-Messaging.

13. Nenne die bekanntesten Instant-Messaging-Anbieter.

14. Zeige auch hier die Vorteile zur Papierpost auf.

Nice to know

Chat:
engl. chat = plaudern, tratschen, sich unterhalten

Kommunikation im Chat verbirgt auch viele Gefahren, die in erster Linie in Angriffen auf die Person bestehen. Belästigung von Erwachsenen oder Kindern und Jugendlichen, sei es sexuell oder durch Mobbing, wird oft unterschätzt. Du schützt dich davor, indem du nur mit bekannten Personen chattest und Freundschaftsanfragen stets kritisch gegenüberstehst. Blockiere Fremde und melde deinen Eltern oder Vertrauenspersonen sofort fragwürdige Inhalte.

Grundsätzlich gilt es, in der digitalen Kommunikation Regeln und Gesetze zu beachten. So darfst auch du im Cyberspace niemandem schaden und andere schlechtmachen. Du musst stets das Persönlichkeitsrecht eines Menschen achten. Auch das Urheberrecht muss ausnahmslos gewahrt werden. (➨ Kap. 7.5)

Auf den Punkt gebracht

Um eine **E-Mail versenden** zu können, benötigst du eine **E-Mail-Adresse**, einen **Provider** und eine **Internetverbindung**. Die Maske für die Eingabe der Informationen ist immer ähnlich aufgebaut. Du musst jedoch **elektronische Post** immer mit Vorsicht und Bedacht öffnen.
Für die **digitale Kommunikation** in **Echtzeit** benötigt man eine **Internetverbindung** und ein **Chatprogramm**. Die Chatteilnehmer müssen über ein gemeinsames Programm verfügen, um am Chat teilzunehmen. **Vorsicht** ist geboten bei sog. Freundschaftsanfragen und fragwürdigen bzw. verletzenden Inhalten.

4.11 Der Internetdienst FTP

Während der Ausarbeitung des Jahresberichtartikels suchen *Lea* und *Mia* nach einer Möglichkeit, Daten schnell und unkompliziert zwischen zwei Rechnern auszutauschen. Da der Austausch via E-Mail nicht immer der schnellste ist, suchen sie im Internet nach weiteren Möglichkeiten und stolpern dabei über den Begriff **FTP**.

Welche Art der digitalen Kommunikation liegt vor?

Das **File Transfer Protocol** ist eine Form der digitalen Kommunikation, die die Übertragung von Dateien zwischen Computern oder auch Netzwerken ermöglicht. Der Client oder auch User erhält dabei bestimmte Zugriffsrechte, die ihn autorisieren, Dateien vom FTP-Server zu lesen, zu speichern oder zu löschen.

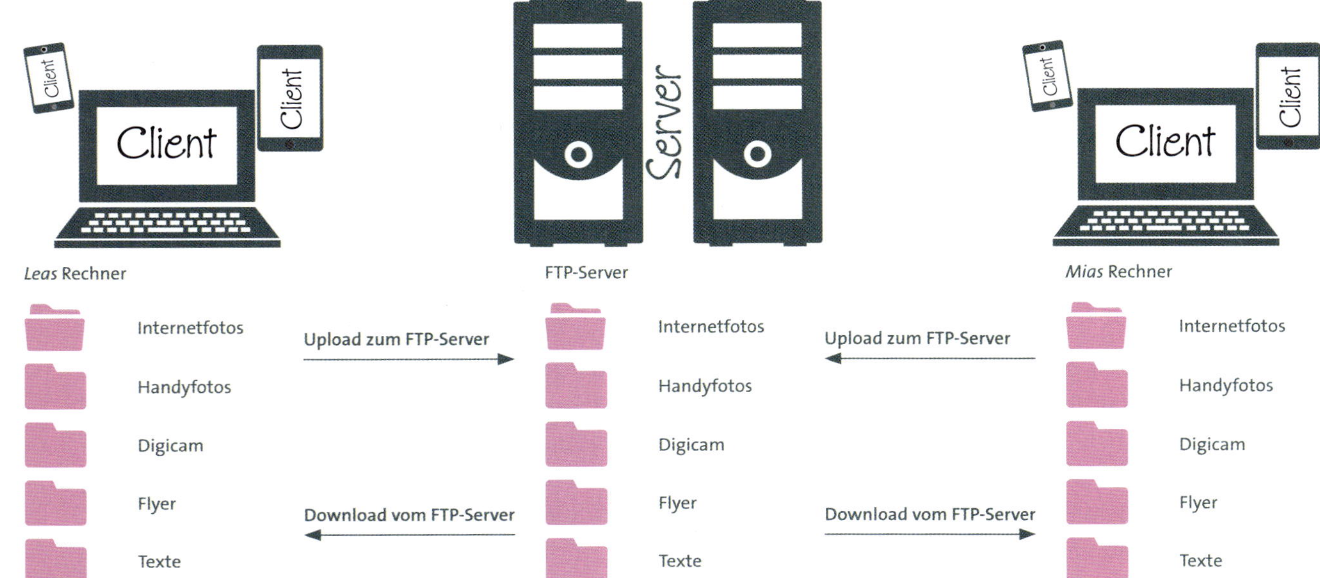

Der Internetdienst FTP bietet durch den bequemen und schnellen Austausch von Daten über einen Server viele Vorteile. Dennoch gilt es auch hier, sich zu schützen. So können beispielsweise bei der Anmeldung Benutzername und Passwort von Hackern leicht erkannt werden, da sie nicht verschlüsselt werden. Auch Malware, wie Würmer, werden inzwischen auf FTP-Servern gefunden. (➨ Kap. 8.9)

1. Erkundige dich in deinem Bekannten- und Verwandtenkreis, wer FTP nutzt.
2. Erläutere, welche Form des digitalen Austauschs du nutzt, und begründe deine Wahl.

4.12 Internettelefonie

Woher kennst du Internettelefonie?

Mia mag weder E-Mails noch Chat. Das viele Tippen ist ihr zu umständlich, doch sie weiß eine andere Möglichkeit, um mit ihren neuen Freunden in England digital zu kommunizieren: *Mia* nutzt die Messenger-App ihres Smartphones, das die Funktion **Internettelefonie** bietet. Sie kann sich sogar zwischen einem reinen **Sprachanruf** und einem **Videoanruf** entscheiden.

Nice to know
SIP: engl. = **s**ession **i**nitiation **p**rotocol

Das Telefonieren via Internet, also **Voice over IP**, ist mit der früher üblichen analogen Telefonie zu vergleichen. Der gesprochene Text wird in viele kleine Datenpakete zerlegt, die über das Internet verschickt werden. Damit eine Verbindung für den Datenaustausch zustande kommt, wird das sogenannte **SIP** benötigt. Es sorgt für den Aufbau, den Betrieb und den Abbau eines Internettelefongesprächs. Inzwischen wird Internettelefonie sogar über das Festnetz angeboten.

1. Finde heraus, welche Hard- und Software du zur Internettelefonie benötigst.
2. Kennst du Alternativen zur Internettelefonie? Befrage deine Mitschülerinnen.
3. Finde die drei bekanntesten Messenger.

Rich Communication Suite, kurz RCS, stellt einen neuen technischen Standard der Mobilfunkanbieter dar, der nicht nur über **eine** Nachrichtenfunktion verfügt, sondern ein **ganzes Kommunikationspaket** bereitstellt. Der User eines Smartphones erhält dabei die Möglichkeit, **internetbasierte Dienste** wie z. B. Telefonie, auch als Videoanruf, Chat, Gruppenchat, Dateienaustausch sowie Ortungsfunktionen zu nutzen. Ziel dieses Standards ist es, die Erreichbarkeit über das Smartphone zu optimieren. Die Kosten der Nutzung sind anbieterabhängig.

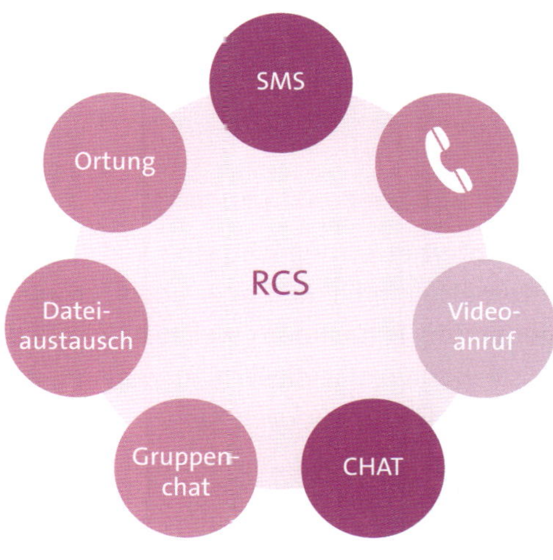

4. Erstelle dir ein digitales Merkblatt in Form einer Tabelle, das dir einen Überblick über die digitale Kommunikation verschaffen soll. Kläre dabei folgende Fragen:
   a) Welche digitalen Kommunikationsmittel gibt es?
   b) Wie funktionieren sie?
   c) Was kosten die Kommunikationsmittel der digitalisierten Welt?

Bezeichnung	Beispiele	Funktion	Kosten	Vorteile	Nachteile

4.13 Kommunikation in digitalen Räumen

Noa konnte bislang dem Fach Mathematik nichts abgewinnen, aber seit er eine neue Lehrerin hat, erledigt er die Hausaufgaben und Übungseinheiten gerne. Die Mathelehrerin stellt auf einer **Lernplattform** zusätzliches Infomaterial wie z. B. animierte Tutorials und selbst erstellte Videos zur Verfügung. Die Schülerinnen können außerdem weitere Übungsaufgaben bearbeiten.

Die Lernplattform bietet Web-basierten Raum zum Down- und Upload von Unterrichtsinhalten, Übungen, Hausaufgaben und schulinternen Informationen. Dies dient zur besseren Kommunikation außerhalb des Klassenzimmers. Voraussetzungen dafür sind ein internetfähiges Gerät, ein Internetzugang und Zugangsdaten, wie zum Beispiel Benutzername und Passwort. Von der Lehrerin zusätzlich vergebene Zugangsschlüssel leiten zu den jeweiligen Kursen.

Welche Lernplattformen kennst du?

1. Wie viel Zeit verbringst du auf Lernplattformen?
2. Erhebe eine Statistik, die einen Überblick über die Nutzungszeiten der Lernplattformen in deiner Schule zeigt.
3. Worin siehst du Vorteile und Nachteile einer Lernplattform? Diskutiere zuerst mit deiner Partnerin und anschließend im Plenum. Ergänze deine in Aufgabe 4, Kap. 4.12 angelegte Tabelle um die gefundenen Vor- und Nachteile.

Auf den Punkt gebracht

Das **Internet** ermöglicht eine Vielzahl an **Kommunikationswegen**: E-Mail, Chat, FTP, Internettelefonie, RCS oder auch Lernplattformen sind hierfür nur die am häufigsten genutzten. Je nachdem, welchem Zweck das Kommunikationsmittel dienen soll, ist das auszuwählen, das diesem am meisten gerecht wird. Die jeweiligen Vor- und Nachteile sind dabei zu berücksichtigen.

4.14 Kommunikation in sozialen Netzwerken

Welche sozialen Netzwerke kennst und nutzt du?

Lea, *Mia*, *Noa* und *Mo* haben seit einer Weile **Profile** in einem **sozialen Netzwerk**. Ursprünglich nutzten sie diese, um Freunde und Verwandte über ihre Reise nach England auf dem Laufenden zu halten. Natürlich wurden neben Sightseeing-Fotos mit erklärenden Kommentaren auch sehr lustige Bilder auf die Pinnwände gepostet. Die vier Freunde schicken sich inzwischen immer häufiger Selfies und zeigen damit, was sie am Nachmittag erleben.

Doch die Nutzung eines sozialen Netzwerks ist nicht immer einfach oder unterhaltsam, da sie auch Risiken und Gefahren mit sich bringt. Das mussten die vier schon erfahren.

Nice to know
Das erste soziale Netzwerk gab es bereits 1979 und hieß „Usenet".

In ihrem Wahlfach Kommunikationstechnologie wird anlässlich jüngster Vorfälle an der Schule ein neues Projekt ausgerufen. Und diese Fragen sollen bearbeitet werden:
- Was ist die Geschichte des sozialen Netzwerks?
- Wie viele Schüler nutzen soziale Netzwerke?
- Welche Erfahrungen verbinden sie damit?
- Was ist Cybermobbing?
- Was kann man als Betroffener von Cybermobbing unternehmen?
- Welche vorbeugenden Maßnahmen können ergriffen werden?

Die Projektarbeit begann mit einer Zusammenstellung grundlegender Informationen, die Antworten auf die Fragen geben sollen.

Soziale Netzwerke sind in der heutigen Zeit eines der **wichtigsten Kommunikationsmittel**. Sie lassen die Welt mittels globaler Vernetzung zusammenwachsen. So kann man einfach und kostenlos mit einem oder vielen sowohl in der Nachbarschaft als auch in der ganzen Welt kommunizieren. Nie war es einfacher, Fotos, Videos und andere Dateien mit anderen zu teilen. Doch eben dieses verlockende Angebot bringt nicht wenige **Gefahren** mit sich. Du musst auch hier einige Dinge beachten und bestimmte **Regeln** und **Gesetze** einhalten.

Cybermobbing und Persönlichkeitsrechte

Menschen dürfen im digitalen Raum ebenso wenig bloßgestellt oder diskriminiert werden wie in der Realität. Achte darauf, dass du mit deinen Kommentaren niemanden ärgerst oder beleidigst, denn das fällt in den Bereich des **Cybermobbings** und ist gesetzlich verboten. Durch die einfache digitale Bildbearbeitung (➨ Kap. 5.2) sowie unkomplizierte Verbreitung von Bildern oder Videos können die **Persönlichkeitsrechte** eines Menschen schnell verletzt werden. Niemals dürfen Fotos von Personen ohne deren Einwilligung versendet oder in öffentlichen Räumen wie Chats oder sozialen Netzwerken verwendet werden. Die Fotos von Personen dürfen nicht einfach verändert werden, sei es nur zur Verschönerung oder zum Zwecke der **Beleidigung** oder **Demütigung**. Dies ist gesetzlich verboten und somit strafbar.

Nice to know 

Zum Persönlichkeitsrecht gehört das Recht informationelle Selbstbestimmung. Dieses Recht ist maßgeblich in die bestehenden Datenschutzgesetze eingeflossen.

Urheberrechte

Inhalte, die du nicht selbst geschaffen hast, darfst du nicht ohne nachfragen öffentlich machen. Du musst in diesen Fällen die Einwilligung des sogenannten **Urhebers** einholen, wenn du seine Werke, also Bilder, Fotos, Grafiken, Texte, Musikdateien oder andere Schöpfungen, verwenden möchtest. Der Urheber hat immer das Recht zu sagen, ob, wann, wo und wie seine Werke verwendet werden dürfen. Dies fällt in den Bereich des Urheberrechts (➨ Kap. 7.5). Dieses Recht gilt sofort und automatisch ab dem Zeitpunkt der Erstellung eines Werkes. Natürlich sind auch all deine Werke durch das Urheberrecht geschützt.

„Freundschaftsanfragen"

Leider werden Kinder und Jugendliche, ja sogar Erwachsene, immer wieder in der digitalen Welt belästigt. Diese **Belästigung** beginnt oft harmlos mit angeblichen Freundschaftsanfragen, wird jedoch meist sehr ernst. Die Täter tarnen sich dabei durch falsche Profile – sogenannte Fakeprofile – und bedrängen ihre Opfer später. Nicht selten haben diese Belästigungen sexuelle Hintergründe.

Stehe **Freundschaftsanfragen** immer **kritisch** gegenüber! Gib deinen Eltern oder Vertrauenspersonen immer Bescheid, wenn dir etwas merkwürdig erscheint, insbesondere wenn Fremde oder Erwachsene Kontakt mit dir aufnehmen möchten. Lass dich niemals zu Handlungen im Internet überreden, die kriminelle, sexuelle oder pornografische Hintergründe haben. Gib niemals wichtige Daten preis, wie zum Beispiel Passwörter, deinen Standort, deine Schuladresse, deine private Adresse oder wann du mit deiner Familie im Urlaub bist.

Wenn du im Internet gemobbt wirst, sei es per E-Mail, im Chat oder in sozialen Netzwerken, kann dir jederzeit geholfen werden! Habe keine Angst davor, bei merkwürdigen oder auch beleidigenden Anfragen Erwachsene ins Vertrauen zu ziehen.

Auf den Punkt gebracht

So **praktisch** digitale Kommunikationsmittel mit ihren Funktionen wie Chats, persönlichen Nachrichten, Pinnwänden und Kommentaren sind, so **groß** sind auch die Gefahren. Dazu gehören u. a. **Cybermobbing**, **Fake-Profile** und die **Verletzung der Persönlichkeitsrechte**, wie das Recht am eigenen Bild oder der Schutz der Ehre. Tritt ein solcher Sachverhalt ein, gibt es verschiedene Ansprechpartner, die den Opfern helfen werden.

4

Projekt

An dieser Stelle bekommt ihr Anregungen, wie ihr dieses Thema in eurer Lerngruppe bearbeiten könnt.

1. Sucht euch eine Partnerin, recherchiert zu zweit zu den einzelnen Fragen. Sammelt Informationen. Ihr könnt dazu eure Mitschülerinnen z. B. innerhalb der Klasse, eurer Jahrgangsstufe oder der gesamten Schule **befragen**.

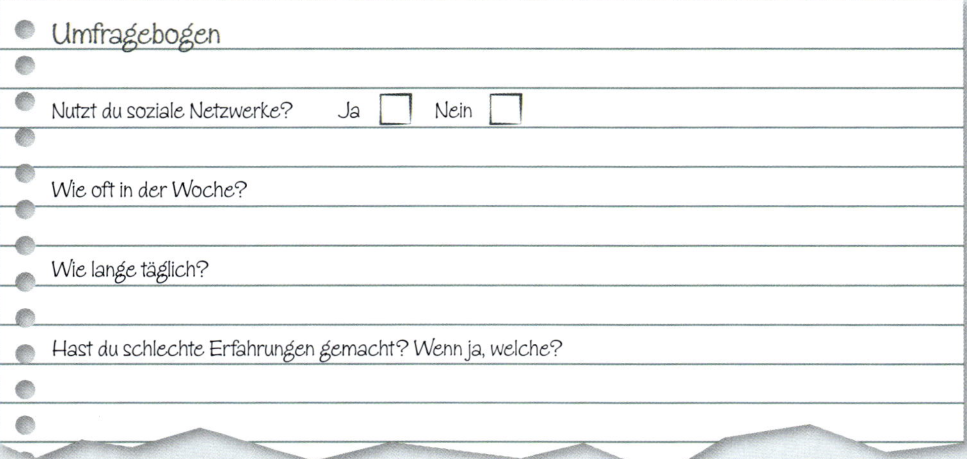
Umfragebogen

Nutzt du soziale Netzwerke? Ja ☐ Nein ☐

Wie oft in der Woche?

Wie lange täglich?

Hast du schlechte Erfahrungen gemacht? Wenn ja, welche?

2. Gewichtet, sortiert und fasst eure Ergebnisse zusammen.
3. Ergänzt die Texte mit Bild-, Video- oder Tonmaterial. Die IT-Lehrkraft oder die MIB-Tutorin eurer Schule können eventuell Informationsquellen beisteuern.
4. Gestaltet die zusammengefassten Informationen z. B. auf Plakaten, in einem Video oder einer Bildschirmpräsentation.
5. Erstellt einen faltbaren, doppelseitigen Info-Flyer für eure Mitschülerinnen.

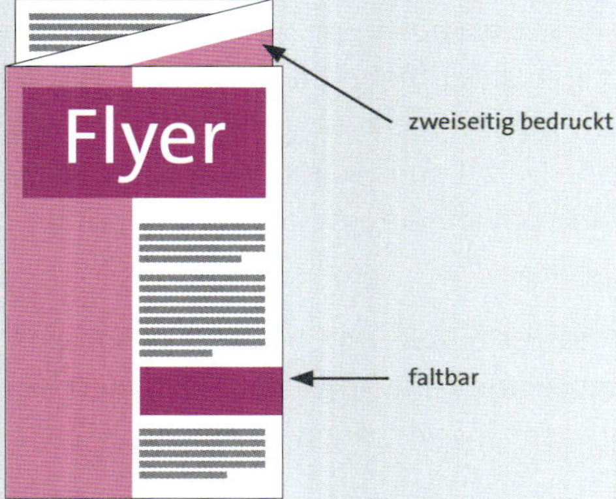

6. Präsentiert eure Ergebnisse in geeignetem Rahmen, wie z. B. einer Ausstellung, einem Projekt- oder Infotag innerhalb der Klasse oder der Schule.

7. Tragt Überlegungen zu **Gefahren und Risiken in den sozialen Medien** in einer Mindmap zusammen. Die folgende Übersicht kann euch dabei unterstützen.

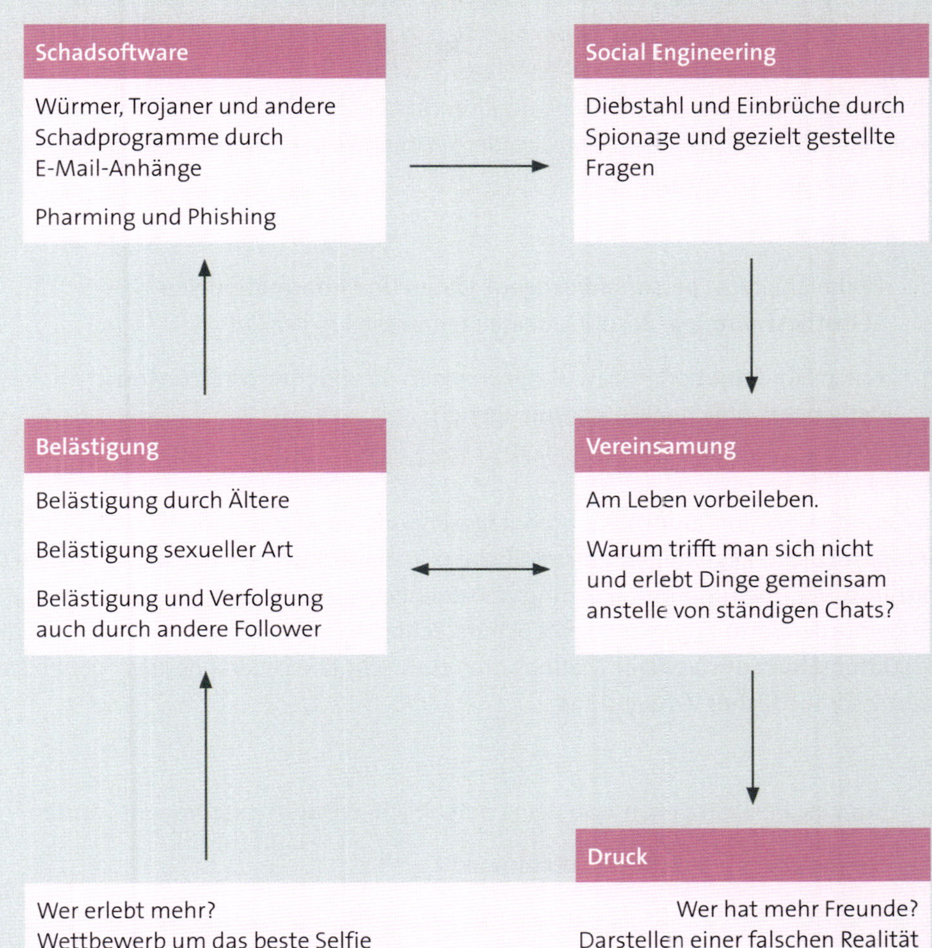

4.15 Rechte und Pflichten in der digitalen Welt

Du gehst sensibel mit deinen persönlichen Daten um und beachtest rechtliche Aspekte beim Informationsaustausch in Netzwerken.

Lea und *Mia* informieren sich im Anschluss an *Noas* und *Mos* Projektvorstellung über weitere Rechte und Pflichten in der digitalen Welt. Da sie sich mehr und mehr in Lernplattformen und sozialen Netzwerken bewegen, ist es ihnen wichtig zu wissen, wie der Umgang mit Menschen im Internet geregelt ist. Auch von ihren Eltern wurden die Jugendlichen gebeten, bei der Weitergabe personenbezogener Daten sehr überlegt und umsichtig zu sein.

1. Recherchiere zu **personenbezogene Daten** und **informationeller Selbstbestimmung**. Besprich deine Ergebnisse im Plenum.
2. Mache dir Situationen bewusst, bei denen du verleitet wirst, unvorsichtig mit deinen persönlichen Daten umzugehen.

Im Grundgesetz, im Bundesdatenschutzgesetz und im Bayerischen Datenschutzgesetz sind **gesetzliche Regelungen** getroffen, die u.a. den Schutz der Privatsphäre, die Übermittlung, Verarbeitung und Nutzung personenbezogener Daten, das Datengeheimnis, die Rechte des Betroffenen bzw. seine Schutzrechte sowie die Datensicherheit beinhalten. Der **Datenschutz** umfasst alle Maßnahmen zum Schutz von personenbezogenen Daten vor missbräuchlicher Verwendung.

3. Für welche Zwecke könnten deine persönlichen Daten missbraucht werden?
4. Nenne geeignete Schutzmaßnahmen.

Bei der **Datensicherheit** geht es um angemessene technische und organisatorische Maßnahmen zum Schutz der Personendaten, der Datenträger und der Programme. Dies könnte so aussehen:

	Maßnahmen
Zugangskontrolle	Räume mit Computern dürfen nicht von jedem Mitarbeiter betreten werden, speziell der Serverraum.
Benutzerkontrolle	Anmeldung am Computer mit Benutzernamen und Passwort; an die Benutzer sind bestimmte Rechte gebunden.
Zugriffskontrolle	Protokolle über genutzte Programme und zugegriffene Daten werden vom Computer erstellt.

5. Finde heraus, wie die Datensicherheit an deiner Schule geregelt ist. Gibt es hier gleiche oder ähnliche Maßnahmen?
6. Nenne Möglichkeiten, wie du dich bei der Nutzung von digitalen Kommunikationsmedien wie Chats, Lernplattformen oder sozialen Netzen schützen kannst.
7. Zeige Möglichkeiten auf, deinen Computer, dein Smartphone oder ein Speichermedium wie einen USB-Stick gegen unbefugten Zugriff zu schützen.

5 Einführung in die Bildbearbeitung

Handy raus, Kamera-App starten und auf den Auslöser drücken. So einfach ist es heute zu fotografieren. Das war aber nicht immer so. Zu Beginn der Fotografie im 19. Jahrhundert waren die Kameras noch mehrere Kilogramm schwer, belichtet wurde auf Glasplatten und geblitzt wurde mit Magnesium. Bilder mussten mit chemischen Substanzen entwickelt werden. Bildbearbeitung war noch bis zum Ende des 20. Jahrhunderts richtiges „Handwerk". Erst mit der Entwicklung der digitalen Fotografie wurden Programme notwendig, um diese Bilder zu bearbeiten. In diesem Kapitel werden dir die wichtigsten Werkzeuge zur Bilderstellung und -bearbeitung vorgestellt.

5.1 Pixelgrafiken erstellen und speichern

Du kannst Pixelgrafiken erstellen und speichern.

Lea, *Mia* und *Noa* wollen für *Mos* 16. Geburtstag eine Überraschungspräsentation mit Fotobuch erstellen.
Lea: „Wir müssen mal eine Umfrage starten, wer noch Bilder von ihm hat. Ich habe ein paar aus dem Skilager." „Ich habe welche von unserer Londonfahrt!", sagt *Mia*. *Noa* hat kein Foto, erklärt sich aber bereit, *Mos* Familie danach zu fragen.
Beim nächsten Treffen sammeln die drei ihre Ergebnisse. *Lea* hat fünf Bilder auf ihrem Smartphone, *Mia* einige auf ihrer Digitalkamera und *Noa* hat tatsächlich Bilder von der Familie bekommen, die aber alle noch analoge Abzüge sind. „Kein Problem", sagt *Lea*. „Die scannen wir einfach ein."

Nice to know
Pixel = picture,
kurz: pics + elements

Digitalkamera, **Smartphone** und auch **Scanner** sind Geräte, die Fotos digital erstellen. Im Folgenden sollen sie näher erklärt werden. Alle arbeiten nach dem Prinzip, die Bilder in beliebig viele **Bildpunkte (Pixel)** aufzusplitten. Digitale Fotos sind **Pixelgrafiken**. Jeder Bildpunkt wird durch einen **Farbwert**, einen **Transparenzfaktor** und seine **Position** eindeutig bestimmt. Die Anzahl der Pixel oder auch Bildpunkte bestimmt die **Größe** eines Bildes, gemessen in **ppi** oder **dpi**. (➨ Kap. 3.3). Je größer die Anzahl der Pixel, desto schärfer erscheint das Bild.

Pixelgrafiken im Stil der 1980er-Jahre

2,54 cm = 1 Inch
10 dpi

2,54 cm = 1 Inch
100 dpi

2,54 cm = 1 Inch
300 dpi

Die digitale Kamera

Um Fotos zu erstellen, reicht es, auf den Auslöser einer Kamera zu drücken. Bereits beim Erstellen des digitalen Fotos kannst du Einfluss nehmen. Jedes Kameramodell hat eigene **Bedienelemente**, mit denen du viele verschiedene Einstellungen wie Qualität, Bildeinstellungen oder Datumsstempel ändern kannst. Die folgende Abbildung zeigt dir, wie so etwas aussehen kann. Jede Digitalkamera besitzt individuelle Menütasten.

Zoom: Man kann Objekte vergrößern bzw. verkleinern. Dies geschieht entweder durch ein optisches Objektiv oder digital durch einen Prozessor in der Kamera.

Selbstauslöser

Blitzeinstellungen

Bildwiedergabe: Mit dieser Taste kann man die Bilder auf dem Display der Kamera ansehen.

Nahaufnahme: Diese Einstellung braucht man, wenn man sehr nahe am Objekt fotografieren will.

Über Menütasten lassen sich allgemeine Einstellungen der Kamera bzw. der Bildqualität vornehmen. An folgender Fotostrecke siehst du, wie so etwas aussehen kann.

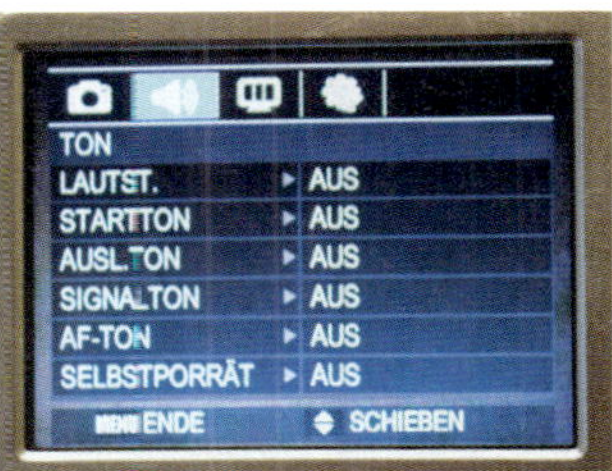

Einstellungen zu verschiedenen Tonsignalen

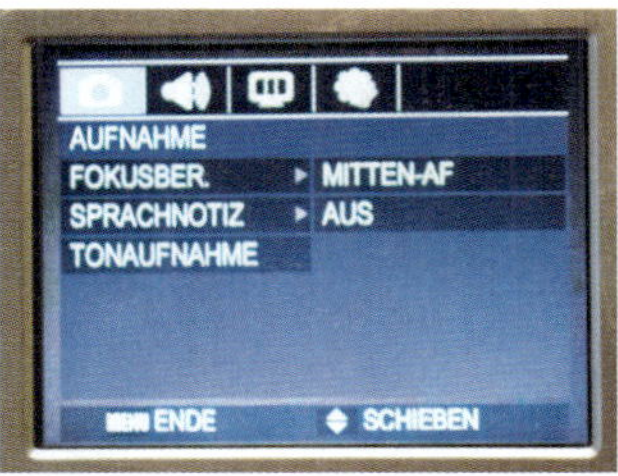

Einstellungen zum Fokus und Tonaufnahme

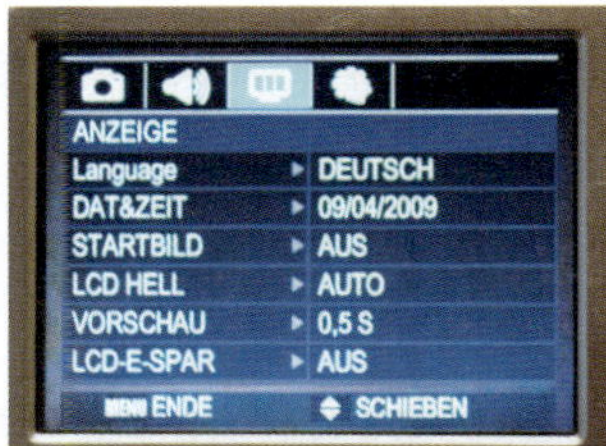

Spracheinstellung, Datum und Energiesparoptionen

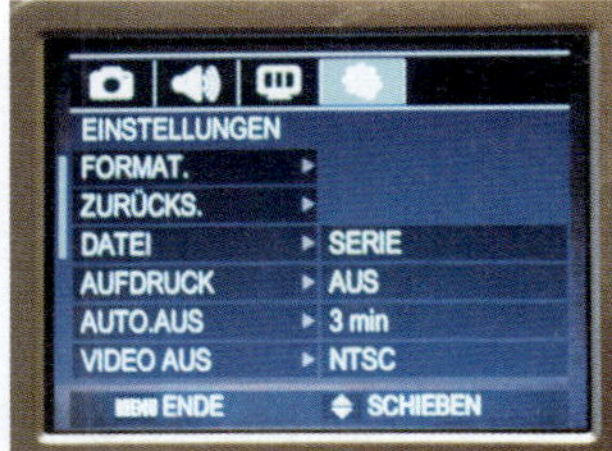

Formatieren der Speicherkarte, Datumsstempel auf dem Foto, Videoeinstellungen

Nach dem Betätigen des Auslösers speichert die Kamera das aufgenommene Bild direkt auf der Speicherkarte ab. Um die Bilder von der Speicherkarte weiter zu nutzen, können sie z. B. auf einen Rechner kopiert werden. Dazu musst du entweder die Kamera über ein Kabel mit dem Rechner verbinden oder die Speicherkarte – wenn vorhanden – in den Kartenslot des Computers stecken. Sollte so ein Steckplatz nicht zur Verfügung stehen, benötigst du ein **Kartenlesegerät**, das für deinen Kartentyp passend ist.

Kartenlesegerät mit verschiedenen Slots für Kartenformate

1. Digitalkameras nutzen zum Speichern Speicherkarten. Mache dich kundig, welche Kartenformate in der Praxis verwendet werden. Prüfe, ob dein Rechner zu Hause über eine Schnittstelle (Interface) verfügt, um die Bilder von den Speicherkarten zu laden. Erkundige dich über die Funktion eines sogenannten Kartenlesegeräts und berichte darüber in deiner Lerngruppe.

2. Finde heraus, welche Menüpunkte und Einstellungsmöglichkeiten deine Kamera dir bietet. Das Benutzerhandbuch kann dabei helfen. Sollte es nicht vorhanden sein, gehe zur Herstellerwebsite und lade es herunter.

3. Probiere mit einem Foto auf deiner Kamera die oben genannten drei Möglichkeiten aus, um Bilder auf deinen Rechner zu kopieren. Wäge ab, welcher Weg der schnellste und komfortabelste für deine Hardware ist. Recherchiere im Internet, welche Wege andere User empfehlen.

Das Handy oder Smartphone

Heute besitzen Smartphones eine eingebaute Kamera und eine zugehörige App (➨ Kap. 4.7), um verschiedene Bildeinstellungen vornehmen zu können. Im Folgenden findest du ein Beispiel, wie so etwas aussehen kann.

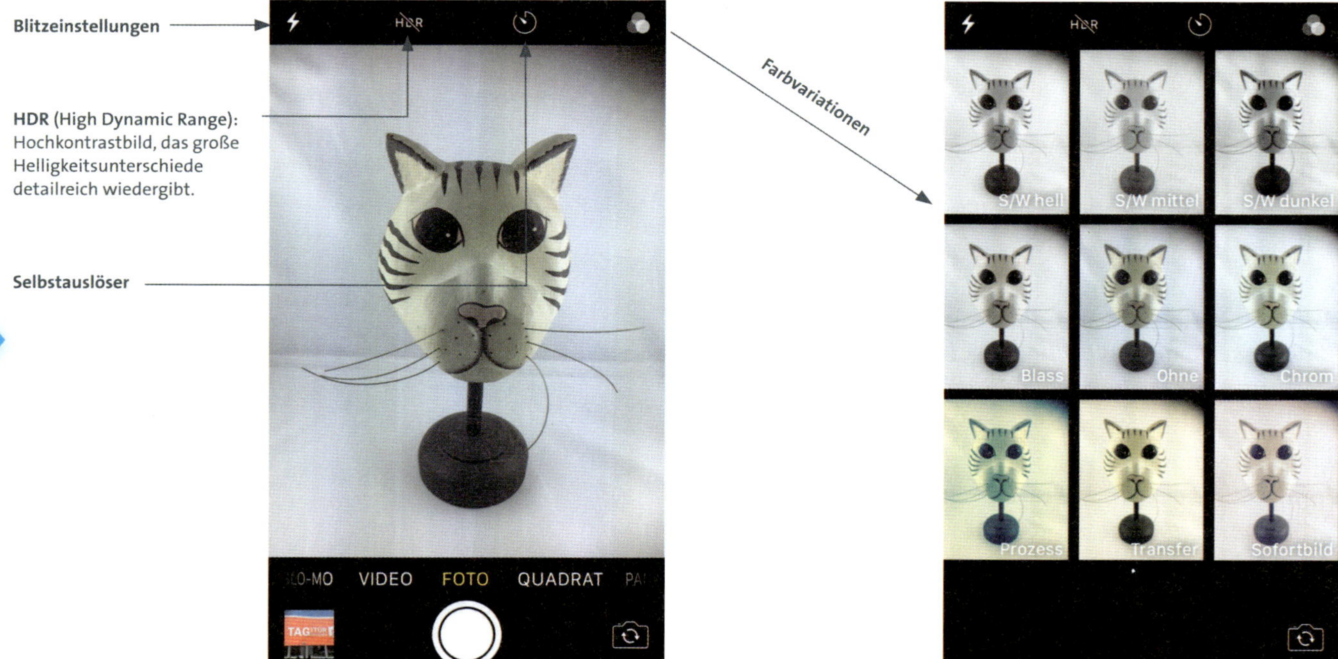

Nice to know
Bluetooth: Funktechnologie zur Datenübertragung über kurze Entfernungen

Diese Geräte speichern die Bilder entweder direkt auf dem Gerät oder in ihren **Clouddiensten**. Du kannst auch diese Bilder zur weiteren Verarbeitung auf deinen Rechner kopieren. Dazu musst du das Handy mit einem Kabel an deinen Rechner anschließen und mit der zugehörigen App die Bilder importieren. Du kannst nach Möglichkeit auch den Clouddienst nutzen. Es gibt aber auch noch einen weiteren Weg, mit **Bluetooth** Bilder auf andere Geräte zu speichern. Diese Datenübertragung ist nicht für alle Geräte möglich. Es müssen ggf. Zusatzgeräte angeschafft werden.

Nice to know
Cloud (engl. = Wolke), Kurzform für **Cloud Computing**, ist das Zusammenspiel externer Server. Verschiedene Anbieter nutzen die Server und stellen **Clouddienste** zur Verfügung. Dazu zählt z. B. das Bereitstellen von Speicherplatz, Software oder auch Rechenleistung. Der Kontakt zur Cloud wird über das Internet hergestellt.

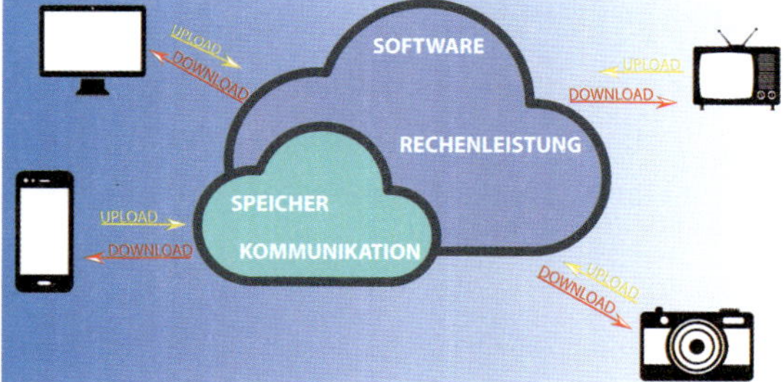

4. Aktiviere auf deinem Handy die Kamera-App und erstelle ein Foto vom selben Motiv mit verschiedenen Einstellungen.
5. Informiere dich über die Einstellungen deiner App. Schaue in dem für dich passenden App-Store nach, ob es Fotoprogramme gibt, die mehr Einstellungen zulassen.
6. Erprobe die für dich möglichen genannten Methoden: Clouddienst, Kabel bzw. Bluetooth, um ein Bild von deinem Smartphone auf einen Rechner zu kopieren.

Der Scanner

Ein Scanner tastet eine Vorlage, die auf der Glasplatte liegt, Zeile für Zeile ab und speichert sie als Pixelgrafik auf dem Computer ab. Tipp: Achte darauf, dass die Glasplatte des Scanners sauber ist. Mit ein bisschen Glasreiniger kannst du Schmutz entfernen, der sonst mitgescannt wird. Auch sollten auf dem Bild selbst keine Schmutzpartikel sein.

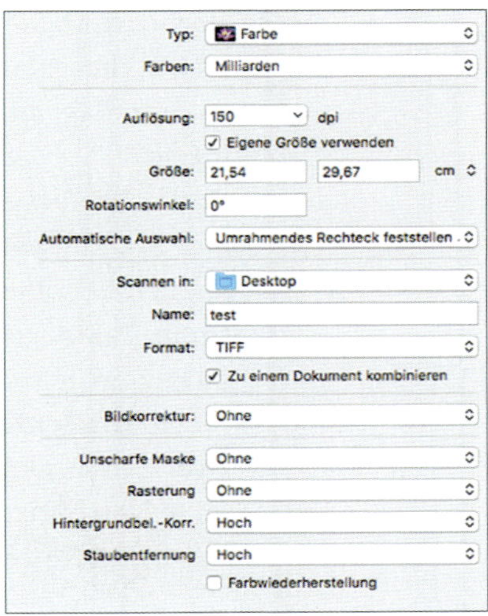

Oberfläche einer Scannersoftware mit verschiedenen Einstellungsmöglichkeiten

Zum Scanner, der mit dem Rechner verbunden ist, gehört immer auch eine Software, in der verschiedene Einstellungen wie u. a. **Bildausschnitt**, **Auflösung**, **Speicherort** und **Dateiformat** festgelegt werden können. Beim Scanner geschieht das Speichern gleich auf der Festplatte des Rechners.

7. Öffne die Scannersoftware und importiere ein analoges Bild mit 72 dpi, 150 dpi, 300 dpi. Beobachte, wie lange der Scanvorgang bei den einzelnen Auflösungen dauert.
8. Vergleiche den Speicherplatzbedarf der drei Auflösungen aus Aufgabe 7.
9. Speichere ein Bild in dem von der Software voreingestellten Ordner ab.
10. Ändere diesen voreingestellten Ordner in einen deiner Wahl und speichere das gescannte Bild dort ab.

Auf den Punkt gebracht

Pixelgrafiken, auch **Rastergrafiken** genannt, setzen sich aus Bildpunkten zusammen, die in einem Raster ihren festen Platz haben und jeweils durch einen Farbton und Transparenzwert bestimmt sind. Die **Größe einer Pixelgrafik** richtet sich nach der Anzahl der Pixel, gemessen auf der Länge eines Inch, Kurform: dpi bzw. ppi. Pixelgrafiken können mit Kamera oder Scanner erstellt werden. Jedes Gerät hat seine eigenen Wege, die **Grafik abzuspeichern**. Dies sind entweder der eigene Gerätespeicher, externe Speichermedien wie Karten und Clouds oder ein angeschlossener Rechner. Mit verschiedenen **Übertragungsstandards** wie WLAN oder Bluetooth können die Pixelgrafiken von einem Gerät zum anderen gesendet werden.

5.2 Bildbearbeitung mit Software

Du kennst die wichtigsten Grundbegriffe und Werkzeuge der Bildbearbeitung und kannst sie anwenden.

Mia sieht in einer Werbepause das Angebot eines Posteranbieters. Ihr kommt der Gedanke, für *Mo* als persönliches Geburtstagsgeschenk eine Fotomontage zu basteln und es als Poster zu verschenken. Da sie sich damit noch nicht so intensiv beschäftigt hat, überlegt sie, wer ihr helfen könnte. Beim Blick aus dem Fenster sieht sie ihren Nachbarn *Stefan Jobst*, einen Berufsfotografen.

„Hallo, Herr *Jobst*, ich hätte eine Bitte an Sie. Ich möchte als Geburtstagsgeschenk eine Fotomontage machen und brauche Ihre Hilfe. Würden Sie mir zeigen, wie man das macht?"

„Hallo, *Mia*, natürlich! Komm einfach in einer Stunde zu mir rüber."

Eine Stunde später im Arbeitszimmer von *Stefan Jobst*: „Um Bilder bearbeiten zu können, benötigst du eine Bildbearbeitungssoftware. Ich empfehle dir das Programm **Gimp**. Das ist gratis erhältlich und kann alles, was du brauchst.

Zu Beginn deiner Arbeit öffnest du dein Bild in diesem Programm. Jetzt musst du dich für ein **Größenformat** entscheiden. Das hängt von dem jeweiligen **Verwendungszweck** ab. Es gibt Größenformate für Displays, aber auch für Druckformate. Unter **Datei ➨ Neu** öffnest du das Fenster **Ein neues Bild erstellen**, und mit Klick auf **Vorlagen** kannst du die gewünschten Einstellungen vornehmen.

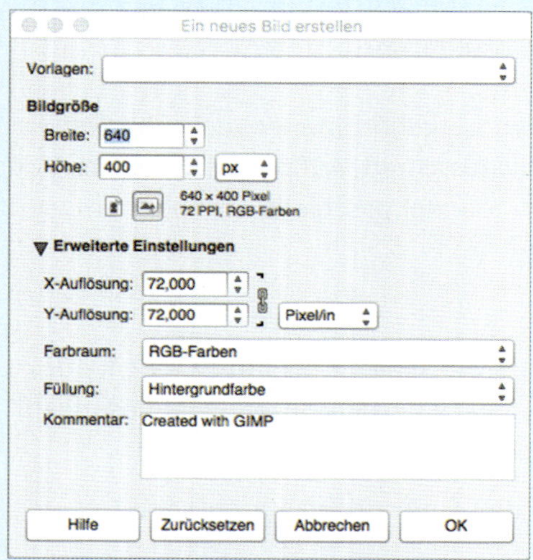

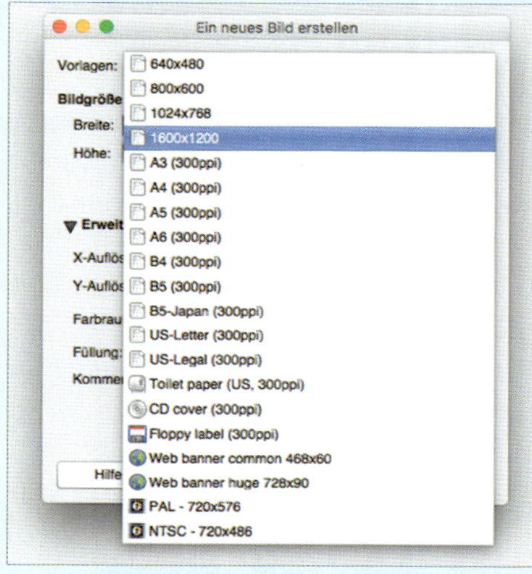

Wenn du dir in diesem Fenster Vorlagen ansiehst, stellst du fest, dass die klassischen Größenformate der analogen Fotografie fehlen. Diese kannst du über die Breite und Höhe direkt eingeben. In den erweiterten Einstellungen kannst du noch manuell die Auflösung, die Einheit (Pixel, cm, mm oder Inch), den Farbraum oder die Hintergrundfarbe der zugrunde liegenden Ebene festlegen. Ich gebe dir eine **Anleitung** zur Arbeit mit der Bildbearbeitungssoftware mit. Da kannst du nachlesen, was mit diesen Begriffen gemeint ist."

1. Lade und installiere **Gimp** und probiere die Größenformateinstellungen des Programms aus. Recherchiere, welche Bildformate (in Zentimeter und Inch) in der Fotografie beim Fotodruck üblich sind.
2. Im Folgenden siehst du eine mögliche Fensteransicht des Programms, die du nach deinen Bedürfnissen anpassen musst. Probiere es selbst aus. Öffne **Gimp** und mache deine eigene Erfahrungen.

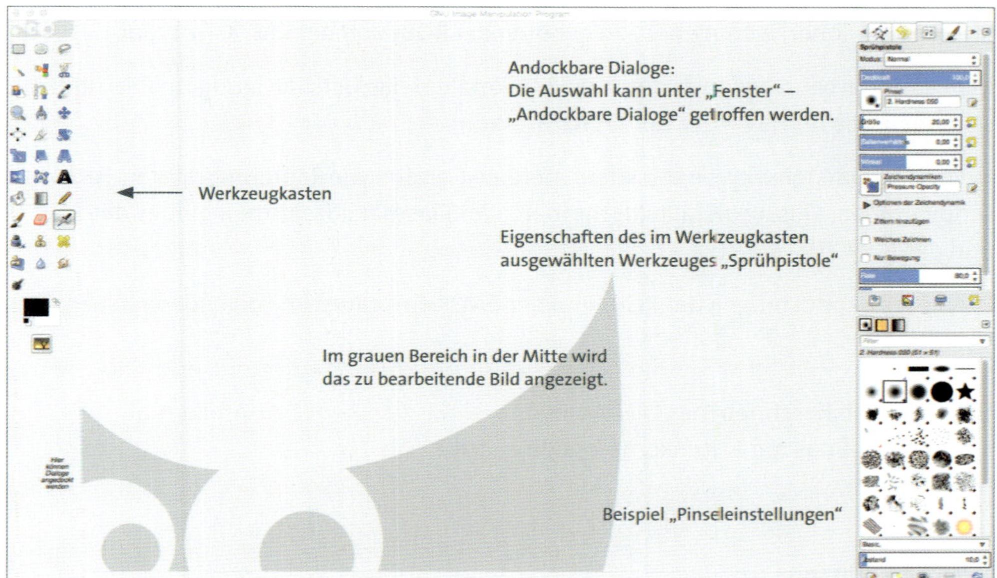

Softwareabhängige Formate

Jede Bildbearbeitungssoftware besitzt ihr eigenes **spezifisches Dateiformat**. Die bekanntesten sind das **psd**-Format von Adobe Photoshop, das **cpt**-Format von Corel Photopaint oder das **xcf**-Format von Gimp. **Man sollte immer sofort das Bild abspeichern**. Dazu wählt man am besten das Dateiformat der jeweiligen Software und exportiert später bei Bedarf die Datei in andere Formate. Diese Dateiformate sind verbreitet:

JPG/JPEG

Format aller Digtalkameras und Smartphones und ein Standardformat der Internetnutzung
- keine Unterstützung von Transparenz
- relativ geringer Speicherbedarf durch verlustbehaftete Datenkompression
- Unterstützung des RGB-Farbmodells

PNG

Eines der Standardformate der Internetnutzung
- relativ geringer Speicherbedarf durch verlustfreie Datenkompression
- Unterstützung von Transparenz
- Unterstützung des RGB-Farbmodells

TIFF/TIF

Format zur Druckwiedergabe
- Unterstützung des CMYK-Farbmodells
- hohe Farbtiefe (bis zu 32 Bit)
- hoher Speicherbedarf

RAW

Format hochwertiger Spiegelreflexkameras
- verlustfreies Format
- optimale Grundlage zur Bearbeitung am Rechner
- sehr hoher Speicherbedarf

Nice to know 

Datenkompression (auch Bildkompression): Anwendung, die Daten in eine Form verwandelt, die weniger Speicherplatz benötigt, oder Daten entfernt, deren Verlust kaum wahrnehmbar ist.

Die Farbräume

Unter den Einstellungen einer neuen Datei wird unter anderem nach dem Farbraum gefragt. Computer können Farben in mehreren Farbräumen darstellen. Je nach Verwendungszweck der Pixelgrafik sollte der passende Farbraum gewählt werden. Ein solcher Verwendungszweck kann eine Wiedergabe auf einem Display oder auf Papier sein. Es gibt über 30 verschiedene Farbmodelle, wie man Farbe erzeugen kann, die man folgendermaßen kategorisieren kann:

Es sind die technisch-physikalischen Modelle, die die Farbwahrnehmung aus realen Stoffen (z. B. Toner) erzeugen. Dazu gehören der **RGB-** und der **CMYK**-Farbraum.

Man kann Farben aber auch durch die Merkmale Helligkeit, Sättigung und Farbton beschreiben, wie im **HSV-** bzw. dem **HSL**-Farbraum.

Für die Farbdarstellung von selbstleuchtenden Geräten wie Röhrenmonitoren, Farbfernsehbildröhren, Flüssigkristallbildschirmen oder Plasmabildschirmen gibt es das PAL-TV und das NTSC-TV.

Für dieses Kapitel mögen der RGB- und der CMYK-Farbraum im Folgenden reichen.

3. Falte ein beschriebenes DIN-A4-Blatt dreimal zu einem DIN-A6-Format. Was hat das mit Datenkompression zu tun?

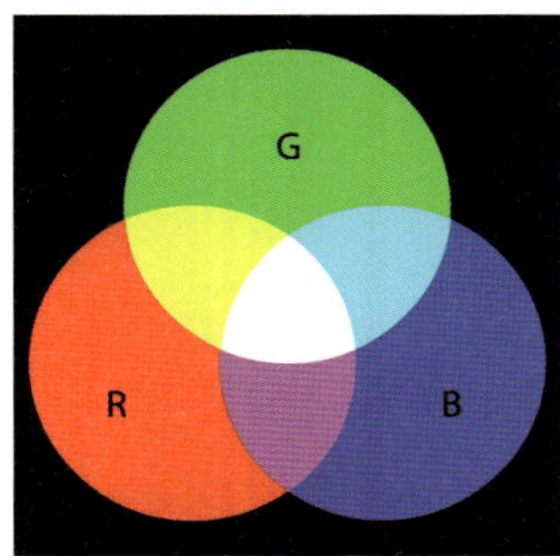

Der RGB-Farbraum

Displays und Monitore erzeugen alle Farben aus den drei Farben **Rot**, **Grün** und **Blau**. Sie werden zu bestimmten Anteilen gemischt. Dadurch entstehen die einzelnen Farbtöne. Es ist ein sogenannter **additiver Farbraum**. Überlagern sich die drei Farben Rot, Grün und Blau, so entsteht die Farbe Weiß. Jedem Farbton wird ein Wert zwischen 0 und 255 zugeordnet. Haben alle Farben den Wert 0, so entsteht keine Farbe, also Schwarz. Besitzen dagegen alle drei Farben den Wert 255, so ergibt sich Weiß.

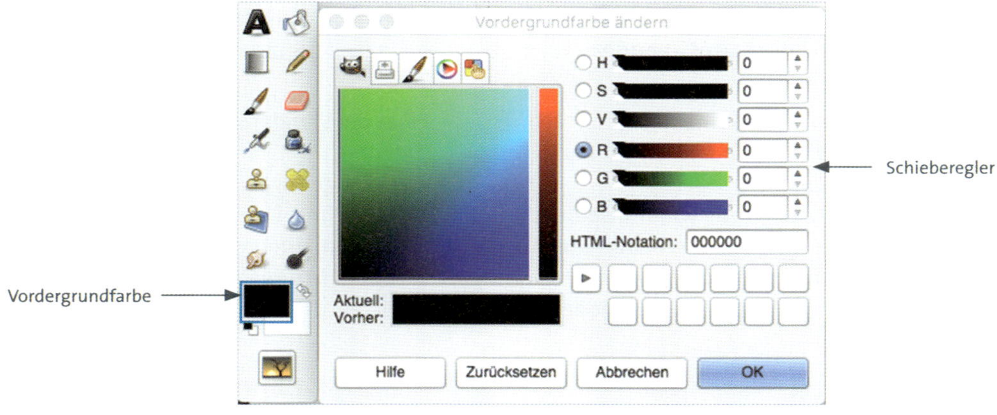

4. Informiere dich, wie ein LED-Monitor die Farben technisch erzeugt.

5. Öffne **Gimp** und klicke doppelt auf die Vordergrundfarbe. An den Schiebereglern für **R**, **G** und **B** kannst du alle möglichen Farben einstellen.

Der CMYK-Farbraum

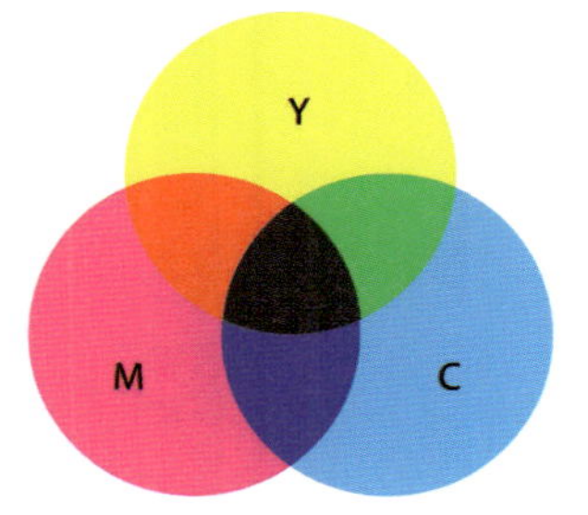

Vor allem im Printbereich werden die Farben aus den Basisfarben **Cyan**, **Magenta** und **Yellow** gemischt. Da aber bei diesem Verfahren kein hundertprozentiges Schwarz entsteht, wird **Schwarz (Key)** als eigener Farbton hinzugefügt. Dieser Farbraum ist ein sogenannter subtraktiver. Das bedeutet, dass vom einfallenden Lichtspektrum bestimmte Wellenlängen des Lichts absorbiert (verschluckt) werden, der Rest wird reflektiert. Für **Yellow** beispielsweise bedeutet das, dass alle Lichtwellen außer den gelben absorbiert werden, die gelben werden reflektiert und wir sehen Gelb.

Das Licht besteht aus den sogenannten Spektralfarben. Trifft Licht auf eine farbige Oberfläche (rotes Auto), dann werden alle Spektralfarben außer dem roten Farbton absorbiert („verschluckt"). Rot wird reflektiert und von unserem Auge wahrgenommen.

Pixelgrafiken erstellt man grundsätzlich im RGB-Farbraum und konvertiert sie erst bei Bedarf in den CMYK-Farbraum.

Die Farbtiefe

Die Farb- und Helligkeitswerte von digitalen Bildern werden innerhalb jedes Pixels festgelegt. Jedes Pixel enthält eine festgelegte Anzahl der maximal möglichen Abstufungen, die konkrete Farb- und Helligkeitsinformation. Die Standardfarbtiefe beträgt 2^8 = **256 Abstufungen** bzw. Kanäle. Dies ist die **8-Bit-Farbtiefe**.

Damit lässt sich jetzt der Speicherbedarf einer Bilddatei berechnen (➨ Kap. 4.4).

Speichergröße = Pixelzahl pro Zeile × Pixelzahl pro Spalte × Farbkanäle

Beispiel:
Ein Bild mit einer Breite von 1920 Pixel und einer Höhe von 1080 Pixel hat diesen Speicherbedarf:
1920 × 1080 × 8 b = 16 588 800 b = 2 073 600 B ≈ 2 074 kB ≈ 2,08 MB.

Die Ebene

Ebenen sind ein wichtiges **Hilfsmittel bei der Bildbearbeitung**. An dem unten stehenden Beispiel lässt sich das zeigen.

Bild 1 wurde geöffnet. Anschließend wurde direkt auf das Bild mit dem Zeichenstift der Katze eine Brille „aufgesetzt".

In **Bild 2** sollte die Brille wieder entfernt werden. Beim Radieren stellte sich heraus, dass sich die Zeichnung nicht mehr rückgängig machen ließ.

Deshalb wurde in **Bild 3** eine neue Ebene eingefügt, die **über dem Bild** liegt. Man kann dieses Vorgehen mit einem Darüberlegen einer durchsichtigen Folie vergleichen. Die Brille wurde jetzt auf dieser Ebene „aufgesetzt".

In Bild 4 begann man mit dem Radieren. Die Brille ließ sich wieder entfernen. Arbeitet man auf einer zweiten Ebene, bleibt das Original, das darunterliegt, davon unberührt.

Im Folgenden spricht man von **destruktiver (zerstörender) Bildbearbeitung:**

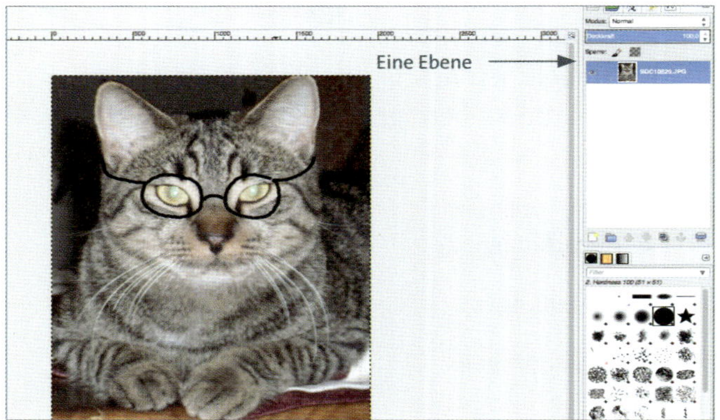

Bild 1: Zeichnen der Brille direkt auf dem Bild.

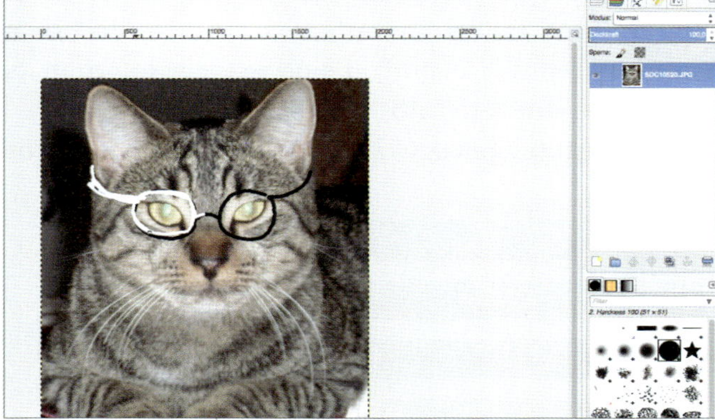

Bild 2: Radieren löscht nicht nur die Brille, sondern auch die Pixel des zugrunde liegenden Bildes werden entfernt.

Im Vergleich dazu die **non-destruktive Bildbearbeitung:**

Bild 3: Einfügen einer neuen Ebene, Zeichnen der Brille auf der Ebene „Brille".

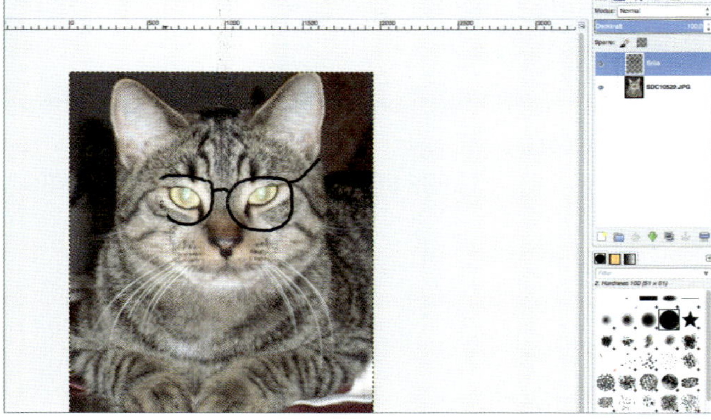

Bild 4: Radieren löscht jetzt nur die Brille, die Pixel des zugrunde liegenden Bildes bleiben unangetastet.

5.3 Grundlegende Techniken der Bildmanipulation

Im folgenden Abschnitt werden **ausgewählte Verfahren zur Bildmanipulation** näher erläutert. Dazu stellt das Programm Gimp **geeignete Tools** aus dem Werkzeugkasten zur Verfügung. Das sind im Einzelnen:

- Drehen von Bildern
- Zuschneiden von Bildern
- Freistellen von Bildern
- Filterwerkzeuge Datei Bearbeiten Auswahl Ansicht Bild Ebene Farben Werkzeuge Filter Fenster Hilfe
- Retusche von Bildern
- Klonen bzw. Kopieren von Bildmotiven
- Veränderung von Farbverteilung und Belichtung

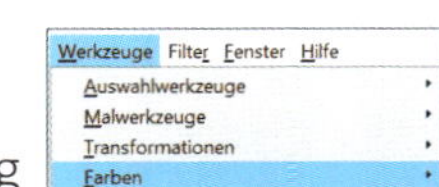

Drehen von Bildern

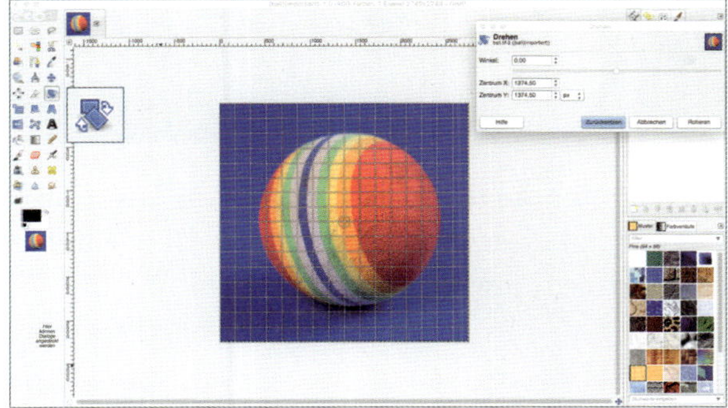

Nach dem Klicken auf das **Drehentool** markieren der Auswahl.

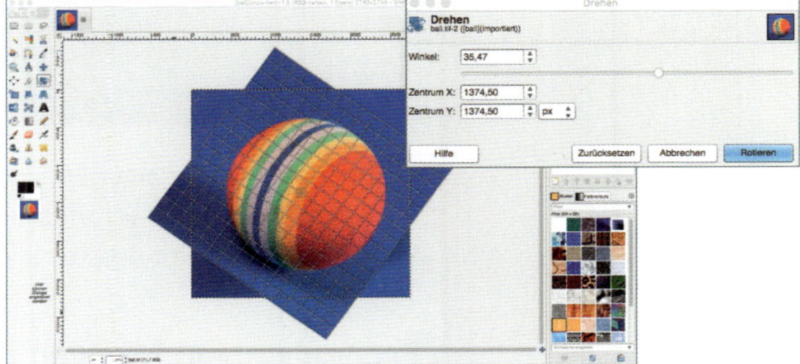

Das Drehen geschieht über den Schieberegler bzw. durch Eingabe absoluter Werte.

Zuschneiden von Bildern

Klicken auf das **Zuschneiden-Tool.**
Aufziehen eines Rahmens über dem Bereich, auf den das Bild zugeschnitten werden soll.

Enter schneidet das Bild auf den Bereich zu.

Rote-Augen-Effekt beseitigen

Beim Fotografieren mit Blitz wird der Augenhintergrund ausgeleuchtet und die durchblutete Netzhaut reflektiert. Deswegen haben Personen auf Fotos oft rote Pupillen. Um diesen Effekt zu beseitigen, öffnet man die Bilddatei und wählt die Pixel aus, die man bearbeiten will. Dazu gibt es verschiedene Auswahlwerkzeuge.

Nach dem Öffnen des Bildes **zoomst** du das rote Auge so groß wie möglich heran. Klicke dazu auf die Lupe und ziehe im Bildbereich mit gedrückter linker Maustaste ein Rechteck auf. Wähle dann mit dem **Ellipsenauswahltool** den roten Bereich aus. Dann klickst du auf den **Farbeimer** und wählst dort in den Attributen eine passende Farbe aus. Das **Pipettenwerkzeug** hilft dabei, indem du eine Farbe aus der Umgebung der roten Pixel wählst.

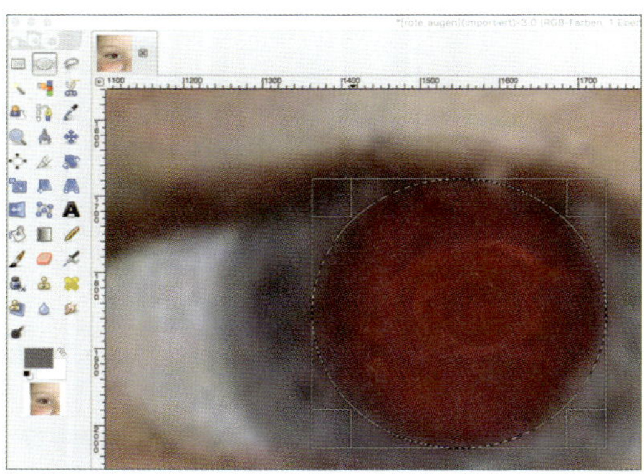

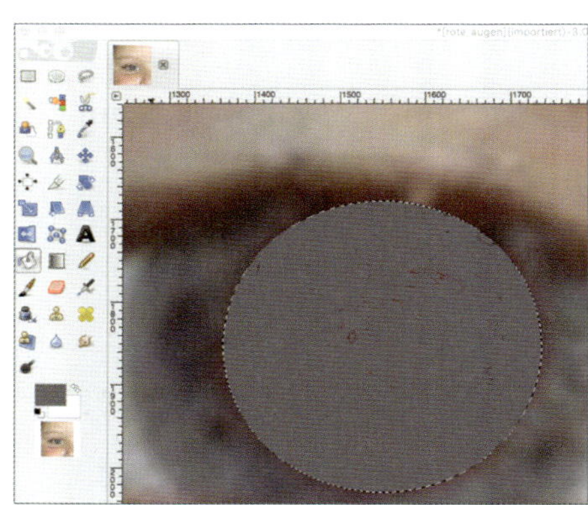

Es gibt sogar einen eigenen Filter, um die roten Augen zu entfernen. Was zuvor über die Auswahl manuell verändert wurde, erledigt dieses Tool automatisch. Über **Filter** ➨ **Verbessern** erscheint das Kontextmenü, um die roten Augen zu entfernen.

Freistellen von Motiven im Bild

Ein schönes Werkzeug, um einzelne Motive freizustellen, ist der **Zauberstab**. Dieses Hilfsmittel ist so „intelligent", dass es Pixel auswählt, die sich ähneln. Vor allem bei Motiven mit monochromem, d.h. einfarbigem Hintergrund ist dieses Tool hilfreich. Willst du z.B. aus folgendem Bild den Ball freistellen, wählst du nicht den Ball aus, sondern den Hintergrund. Über **Auswahl** ➨ **Invertieren** markiert **Gimp** dann alle Pixel außer den Hintergrundelementen, also den Ball.

Nice to know

Jedes Objekt besitzt eine **Kontur** und eine **Füllung**. Am einfachsten kann man das an einem Kreis erkennen. Die Kreislinie entspricht der Kontur, die Fläche der Füllung.

Betrachtest du das Bild auf dem Bildschirm, fallen vermutlich zuerst die verschiedenen blinkenden Linien auf. Zuerst blinken die gestrichelten Linien sowohl um das Bild als auch um den Ball. Nach der Invertierung der Auswahl blinkt das Laufband nur noch um den Ball. Das heißt, zuerst wurde der blaue Hintergrund ausgewählt, nach dem Invertieren der Ball. Jetzt kannst du die gewünschte Auswahl mit dem Tool **Farbeimer** neu färben. Eine weitere Möglichkeit Pixel auszuwählen bietet das **Lassowerkzeug**. Damit können unregelmäßige Konturen ausgewählt werden. Dieses Werkzeug erkennt Konturen und schmiegt sich an sie an. Eine vergleichbare Funktion erfüllt die magnetische Schere.

Effekte durch Filterwerkzeuge

Kreative Bildbearbeitungswerkzeuge sind **Filter**. Damit kann man sehr schnell Effekte auf seine Bilder anwenden. Es gibt in der Menüleiste einen eigenen Punkt **Filter**.

Beispiel: Öffne in Gimp ein Bild und fahre so fort: **Filter** ➨ **Künstlerisch** ➨ **Cartoon**.

Im erscheinenden Menü kannst du die Stärke der Veränderungen einstellen.

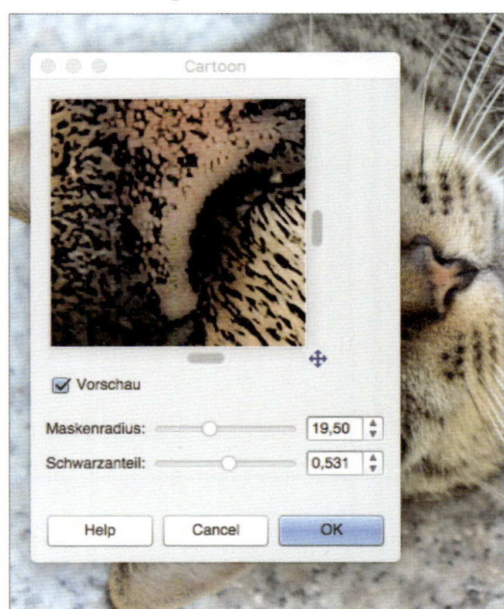

Die Retusche

Ein bedeutender Bereich der Bildbearbeitung ist die sogenannte **Retusche**, damit lassen sich **Bildmängel** beziehungsweise unschöne Bereiche besonders in der Porträtfotografie wie Falten oder Hautunreinheiten **beseitigen**. Dazu benutzt man den **Kopierstempel** oder auch das **Heilenwerkzeug**. Im linken Bild ist eine allergische Hautirritation deutlich zu erkennen. Diese kannst du wie folgt beseitigen:

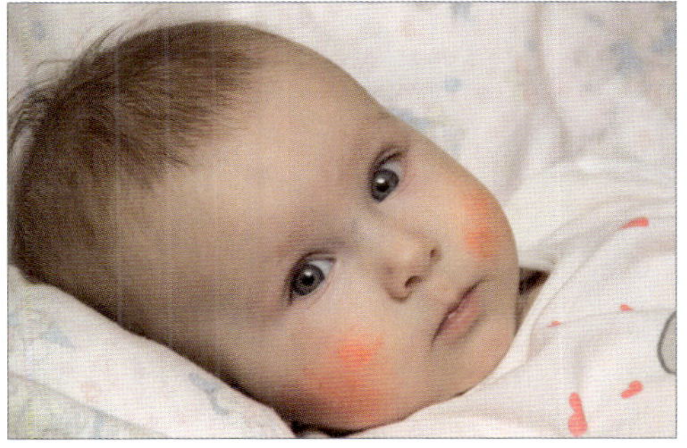

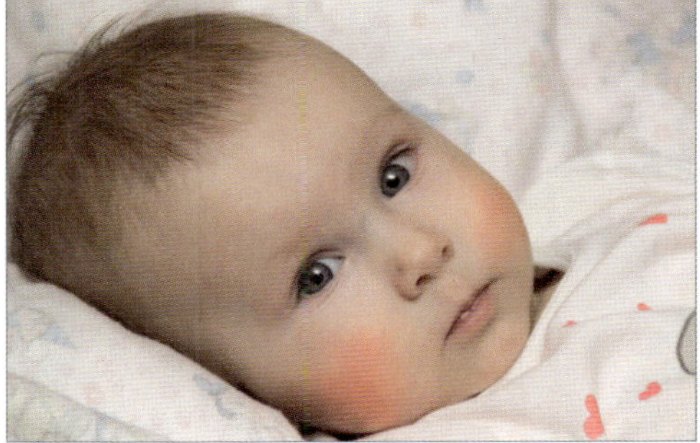

- Zoome die betroffene Stelle heran.
- Klicke auf das **Heilentool**.
- Wähle mit gedrückter STRG-Taste + linkem Mausklick den Referenzpunkt in der Nähe der zu retuschierenden Stelle.
- Klicke dann auf die betroffene Stelle und es werden die Pixel des Referenzpunktes an diese Stelle kopiert.

Ergebnis: Im rechten Bild ist keine Hautirritation mehr zu sehen.

So sieht der Vorgang im Programmfenster aus:

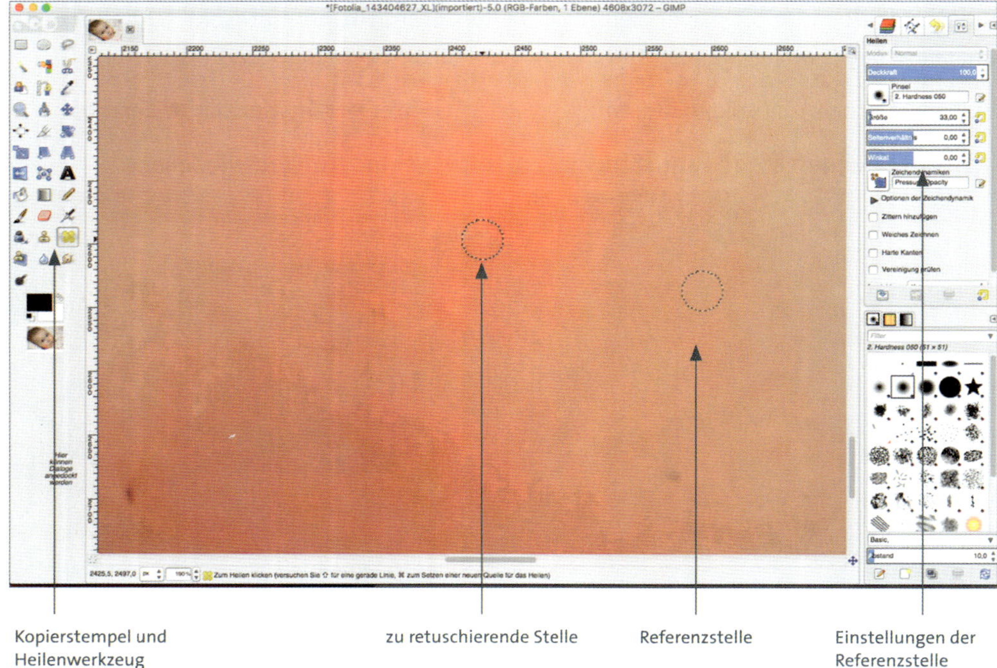

Bildbereiche vervielfältigen

Mit dem **Kopierstempel** oder auch dem Klonwerkzeug kann man Bildbereiche vervielfältigen. Du kannst damit z. B. aus einer Ente mehrere nebeneinander erzeugen. Diese Methode wird auch beim Filmen benutzt, um Massenszenen mit mehreren Tausend Darstellern zu simulieren.

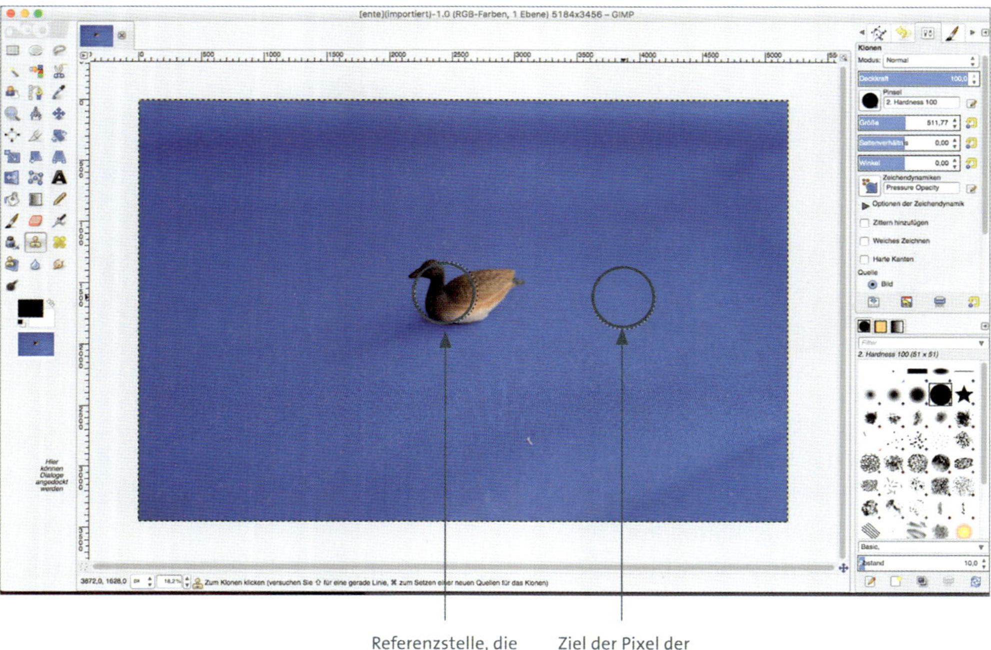

- Klicke auf das Tool **Kopierstempel**.
- Bestimme den **Referenzpunkt** mit STRG-Taste + linkem Mausklick.
- Bestimme die Größeneinstellung über das Menü rechts.

- Mit gedrückter Maustaste werden die Referenzpunkte an andere Bildbereiche geklont.

Veränderung von Farbverteilung und Belichtung

Eine kleine Auswahl der Werkzeuge des Programms Werkzeuge wurden bereits ausprobiert. Zwei wichtige Verfahren der Bildbearbeitung, die nicht so offensichtlich im **Werkzeugkoffer** zu finden sind, kannst du dir jetzt etwas genauer anschauen. Das ist zum einen die **Graduationskurve**, zum anderen das **Histogramm**.

Das Histogramm

Das **Histogramm** hilft, **falsch belichtete Bilder**, das heißt zu dunkle oder zu helle Fotos, zu korrigieren. Öffne dazu **Farben** ➡ **Werte**. Es öffnet sich das sogenannte Histogramm. An den Schiebereglern kannst du die Verteilung der weißen und schwarzen Pixel korrigieren bzw. verändern.

Die Graduation

Die Graduation gibt die Verteilung und Helligkeit der Pixel der Farben Rot, Grün und Blau in der Grafik an. Über die Graduationskurven können diese Verteilungen verändert werden. Man benutzt dieses Verfahren, um z. B. farbstichige Bilder zu optimieren.

Original

Retuschiertes Ergebnis

Durch geeignetes Verändern der einzelnen Graduationskurven lässt sich das Bild erheblich verbessern. Das unten stehende Aktivitätsdiagramm soll dir dabei helfen. Während deiner Anpassungen kannst du in Gimp sofort das Ergebnis am Bild sehen.

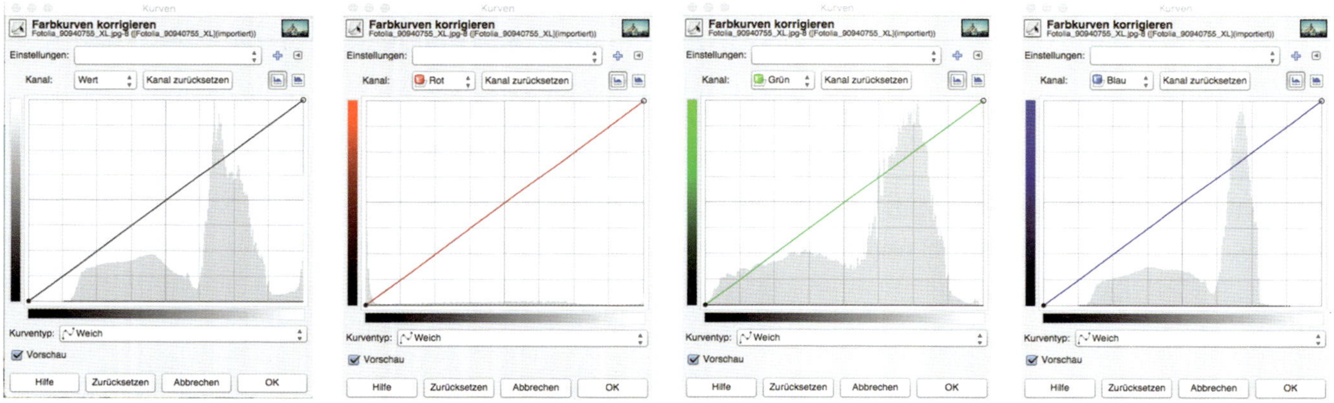

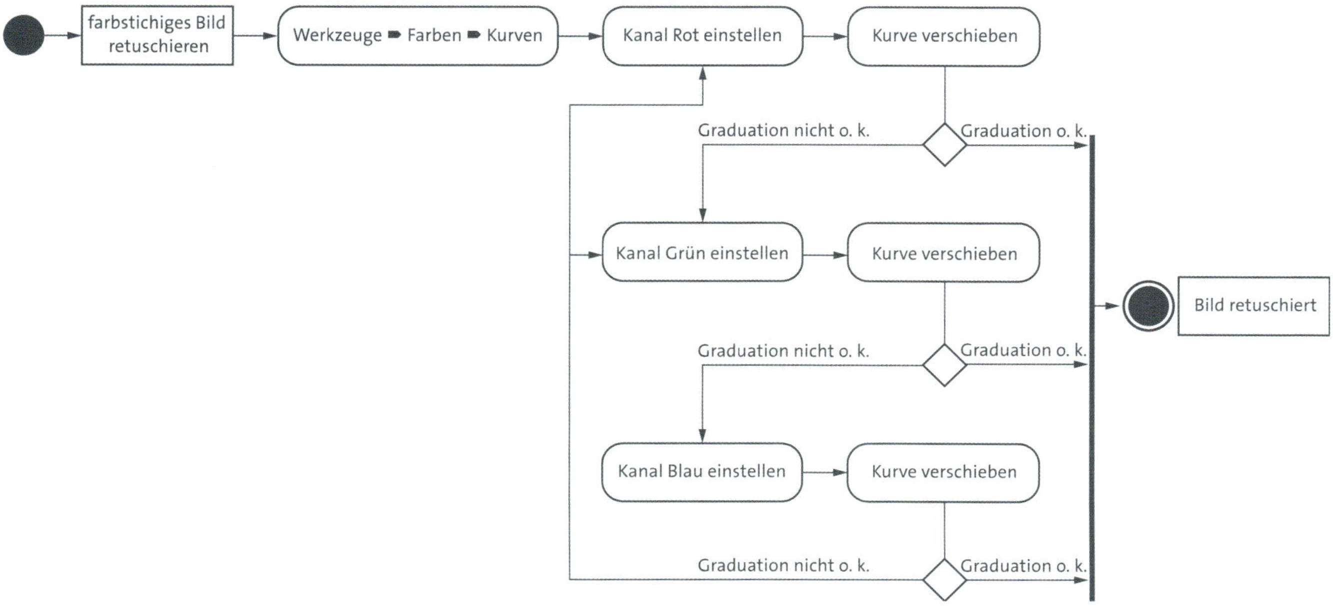

Farbkurven korrigieren
Einstellungen:
Kanal: Wert | Kanal zurücksetzen
Kurventyp: Weich
Vorschau
Hilfe | Zurücksetzen | Abbrechen | OK

Farbkurven korrigieren
Einstellungen:
Kanal: Rot | Kanal zurücksetzen
Kurventyp: Weich
Vorschau
Hilfe | Zurücksetzen | Abbrechen | OK

Farbkurven korrigieren
Einstellungen:
Kanal: Grün | Kanal zurücksetzen
Kurventyp: Weich
Vorschau
Hilfe | Zurücksetzen | Abbrechen | OK

Farbkurven korrigieren
Einstellungen:
Kanal: Blau | Kanal zurücksetzen
Kurventyp: Weich
Vorschau
Hilfe | Zurücksetzen | Abbrechen | OK

farbstichiges Bild retuschieren
Werkzeuge ➡ Farben ➡ Kurven
Kanal Rot einstellen
Kurve verschieben
Graduation nicht o. k.
Graduation o. k.
Kanal Grün einstellen
Kurve verschieben
Graduation nicht o. k.
Graduation o. k.
Kanal Blau einstellen
Kurve verschieben
Graduation nicht o. k.
Graduation o. k.
Bild retuschiert

1. Fotografiere den Kopf einer Person mit Blitz, bis der Rote-Augen-Effekt auftritt. Repariere den Effekt einmal mit Auswahl und Farbeimer, das zweite Mal mit dem Filter **Rote Augen**. **TIPP:** Fotografiere in einem dunklen Raum, denn hier tritt der Effekt sehr häufig auf.
2. Retuschiere Hautunreinheiten des Bildes aus Aufgabe 1 mit dem Heilentool.
3. Stelle ein Objekt (Spielzeugfigur, -auto, ...) auf einen Tisch und fotografiere es. Erstelle eine Vielzahl von Kopien des Objektes durch das Kopierstempeltool.

Nice to know 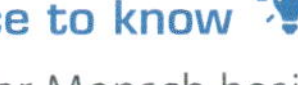

Jeder Mensch besitzt Persönlichkeitsrechte (➨ Kap. 4.14). Dazu gehört das Recht am eigenen Bild. Frage vor dem Fotografieren dein „Model", ob du es für deine Übungen ablichten darfst. Am besten löschst du am Ende deiner Übung alle Kopien der Fotos und Grafiken von deiner Kamera und dem Rechner.

 **Auf den Punkt gebracht**

Mit der digitalen Bildbearbeitung kann man sowohl die komplette Pixelgrafik verändern als auch nur einzelne Bereiche bzw. Pixel. Es können **Pixelpositionen**, **Farbwerte** und **Transparenzen** beliebig **manipuliert** werden. Bildbearbeitungsprogramme beinhalten eine Menge an **Werkzeugen**, **Einstellungsmöglichkeiten** und **Filtern**, die nur dem Zweck dienen, Pixel zu verändern.

5.4 Pixelgrafik – Vektorgrafik

Pixelgrafik

Grafiken, die mit einer digitalen Kamera aufgenommen, gescannt oder mit einer Bildbearbeitungssoftware erstellt wurden, sind Pixelgrafiken. Ihre wesentlichen Merkmale sind die **Auflösung**, die **Farbtiefe** und die **Transparenz** oder auch Deckkraft.

Du weißt, dass es zwei Arten von Grafiken gibt, und kennst deren Eigenschaften und die jeweiligen Anwendungsgebiete.

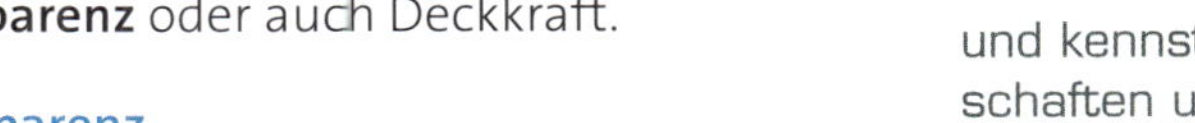

Beispiel Transparenz

Unter beiden Bildern liegt ein rotes Rechteck. Links hat das 100 Prozent Deckkraft. Das rechte Bild besitzt nur 75 Prozent. Man sieht rechts das rote Rechteck deutlich durch das transparentere Bild durchscheinen.

Beispiel: Auflösung

Pixel- bzw. Rastergrafiken bestehen aus einzelnen Farbpunkten, den Pixeln, die zeilenweise erstellt (Kamera/Drucker) bzw. abgetastet (Display) werden. Daraus leitet man auch die **Auflösung** ab. Man zählt die **Anzahl der Pixel** auf einer **Länge von 2,54 cm** (entspricht **1 Inch**). Bei Displays verwendet man die Einheit **ppi** = pixel per inch, bei Druckern **dpi** = dots per inch.

Der herausgezoomte Bereich dieses Bildes zeigt den Pixelaufbau einer Bilddatei. Du findest in jeder Bildbearbeitungssoftware das Zoomwerkzeug **Lupe**.

Es gilt: Je größer die Grafik ist (**Bildauflösung** bzw. Bildgröße in Pixeln), desto besser ist die erreichte Wiedergabequalität. Umso mehr kann die Grafik vergrößert werden.

Die Größe einer Pixelgrafik ist für ihre **Verwendungsmöglichkeiten** entscheidend. Soll die Pixelgrafik

- für die Darstellung auf dem Computerdisplay,
- für eine Kinoleinwand oder
- für ein 12 m × 30 m großes Werbebanner benötigt werden? In allen drei Fällen sind die Anforderungen an die Bildgröße unterschiedlich.

Je nach Verwendungszweck sind diese Auflösungen ausreichend:

- Internet: **72 ppi**
- Druck für den privaten Gebrauch: **150 dpi**
- professioneller Druck: **300 dpi**

Berechnung der Bildgröße

Ein Bild hat die Maße 2100 × 1500 Pixel (Breite × Höhe), also insgesamt 3150000 Pixel. Bei einer Auflösung von 300 dpi ergibt sich folgende Bildgröße:
2100 Pixel : 300 Pixel/Inch = 7 Inch = 18 cm
1500 Pixel : 300 Pixel/Inch = 5 Inch = 13 cm

Varianten für die Größenangaben

Angabe der Pixel insgesamt: Damit ist die Anzahl der Bildpunkte des Sensors der digitalen Kamera gemeint.
Die **Angabe gezählt nach Zeilen und Spalten** eines Bildes: In Suchmaschinen wird meist diese Variante verwendet.
Die **Breite und Höhe eines Bildes in Längeneinheiten** verwenden Fotografen. Diese Größe stammt aus Zeiten der analogen Fotografie, d. h., das Foto entsteht zunächst durch Abbildung auf lichtempfindlichen Filmen. Die Breite und Höhe (z. B. 13 × 18) ist das Format des Fotopapiers, auf dem das Bild nach der Entwicklung sichtbar gemacht wird.

Pixelangabe des Sensors einer Kamera

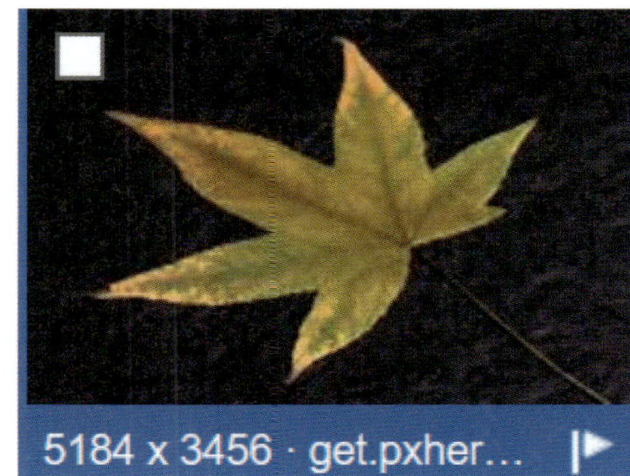

Pixelangabe eines Bildes in einer Suchmaschine

1. Um 1900 haben Maler Bilder erschaffen, die Pixelgrafiken ähnlich sind. Diesen Stil nennt man **Pointillismus**. Suche im Internet nach Bildern dieses Malstils und beschreibe die Technik, wie sie gemalt wurden. Recherchiere die Namen einiger Künstler.
2. Finde Beispiele aus dem Spielzeugbereich, die das Prinzip der Pixelgrafik benutzen.
3. Ermittle die Auflösung deiner Handykamera und noch einer weiteren Kamera, die in deiner Familie zur Verfügung steht.

Vektorgrafik

Vektorgrafiken (➨ Kap. 2) verwenden nicht das Pixelraster der Pixelgrafik. Die geometrischen Formen der Vektorgrafik werden durch Angabe weniger Merkmale eindeutig beschrieben. Für die Darstellung eines Kreises braucht man zum Beispiel nur den Mittelpunkt, den Radius, die Linienstärke und die Linienfarbe der Kontur plus die Farbe der Füllung. Die Vektorgrafik hat den Vorteil, dass sie ohne nennenswerten Qualitätsverlust beinahe beliebig groß skalierbar ist. Für die Erstellung und Bearbeitung solcher Grafiken verwendet man Vektorgrafikprogramme. Vektorgrafiken benötigen wenig Speicherplatz, da nicht jedes Pixel gespeichert werden muss. Vektorgrafiken verwendet man hauptsächlich für **Logos**, **Schriften** und **technische Zeichnungen** Im Folgenden siehst du den Buchstaben **B** einmal als Pixelgrafik und links als Vektorgrafik mit den Auswirkungen der Skalierung.

B
Vektorgrafik

B
Pixelgrafik

4. Nenne Programme, mit denen man Vektorgrafiken erstellen kann.
5. Prüfe, ob es möglich ist, eine Pixelgrafik in eine Vektorgrafik zu konvertieren und umgekehrt.
6. Erstelle eine Übersicht über die gängigsten Dateiformate von Vektorgrafiken und deren Verwendung.

Auf den Punkt gebracht

Man **unterscheidet** Pixel- oder Rastergrafiken und Vektorgrafiken. **Rastergrafiken** bestehen aus Pixeln, die zeilenweise gelesen und gespeichert werden. Jede Rastergrafik ist durch ihre Auflösung, die Farbtiefe und die Transparenz definiert. Je mehr Pixel pro Inch, umso qualitativ hochwertiger ist die Grafik. Rastergrafiken werden mit Kameras und Programmen erstellt.
Vektorgrafiken dagegen sind mathematisch berechnet und ohne Qualitätsverlust beliebig skalierbar. **Anwendung** finden sie hauptsächlich bei Logos, Piktogrammen, Schriften und technischen Zeichnungen. **Erzeugt** werden sie ausschließlich am Rechner mit Programmen.

5.5 Warum Bilder lügen sollen

Du erkennst Manipulationen an Bildern und kannst sie bewerten. Du siehst Bilder mit anderen Augen und bist dir der Absichten bewusst, die der Bildbearbeiter im Sinn hatte.

Digitale Bilder können, wie du bereits gelernt hast, mithilfe von geeigneten Anwenderprogrammen **leicht manipuliert** werden. Die Motive dafür können sehr unterschiedlich sein.

Ziel ist es zum einen, Personen oder auch die Umgebung positiver erscheinen zu lassen. Mittel dafür sind z. B. das Färben von Haaren, das Weißen von Zähnen oder das Glätten von Falten. Die Umgebung kann man durch einen blauen Himmel freundlicher darstellen. Mittels Bildmanipulation lässt sich natürlich auch das Gegenteil erzeugen: Warzen, Falten usw. können eine Person schnell verunglimpfen.

Nicht zuletzt werden und wurden Bildmanipulationen zum Zweck der politischen Propaganda genutzt. Personen können heroisiert, unliebsame Personen aus Bildern gelöscht bzw. in kompromittierende Situationen eingebunden werden. Schon zu Beginn der Fotografie bediente man sich der Bildfälschungen – auch ohne über die komfortablen Computerprogramme zu verfügen.

Politisch motivierte Bildmanipulation

Kriegsberichterstattung diente u. a. auch Propagandazwecken. Bilder wurden manipuliert, um Stimmung und Eindrücke zu schaffen. Das Bild **Angriff** des australischen Kriegsberichterstatters und Fotografen Frank Hurley wurde von ihm in der Dunkelkammer aus **zwölf Teilbildern zusammengestellt**. Das Foto sollte eine Kampfszene im Ersten Weltkrieg wiedergeben. Diese Szene hat so nie stattgefunden.

Bildmanipulation aus eine Boulevardzeitung

Im November 1997 ereignete sich in der Nähe von Luxor, Ägypten, ein Anschlag auf eine überwiegend ausländische Touristengruppe. Islamisten töteten Dutzende von Touristen, die den Totentempel der Hatschepsut besuchten. Die meisten getöteten Touristen waren Schweizer. In zahlreichen Medien wurde sofort über den Anschlag berichtet. Eine Schweizer Boulevardzeitung half dem Blick der Leser mit diesem manipulierten Foto nach. Die Zeitung veröffentlichte einen Tag nach dem Massaker ein Foto mit der Ansicht auf den Hatschepsut-Tempel und färbte die vorhandene Wasserlache rot ein.

Das Vorgehen löste in der Öffentlichkeit heftige Diskussion um die Macht von Bildern aus. Die Zeitung hat sich für ihr Verhalten entschuldigt.

Die Wasserlache vor dem Tempel (siehe nebenstehendes Foto) wurde rot gefärbt.

1. Im folgenden Bild siehst du eine Bildcollage, deren linke Hälfte einen Teil des Originalbildes enthält. Die rechte Hälfte besteht aus dem Ergebnis des retuschierten Teils des Originalbildes. Beschreibe, was alles im rechten Teil im Vergleich zum linken verändert wurde.

2. Informiere dich im Internet über grundlegende Bildmanipulationen, die verwendet werden. Gib dazu in einer Suchmaschine den Suchbegriff „Fake Foto" ein. Erstelle eine tabellarische Übersicht mit den Manipulationen, die angewendet wurden, und dem Ziel dieser Veränderung.

3. In Printmedien gibt es keine Bilder, die nicht retuschiert bzw. verändert worden sind. Suche in Zeitschriften nach Beispielen, bei denen dies offensichtlich ist, und beschreibe, was deiner Meinung nach alles verändert wurde und auf welche Art und Weise. Welche Ziele verfolgen die Macher im jeweiligen Beispiel dadurch?

Auf den Punkt gebracht

Zahlreiche **Anwenderprogramme** erleichtern heute auf elektronischen Weg, **Bilder** und **Filme** nach Wunsch zu **verändern**.
Die **Manipulationen** sollen die Wahrnehmung des Betrachters in eine bestimmte Richtung drängen.
Auch vor der Zeit elektronischer Datenverarbeitung gab es Bildmanipulationen, die häufig politisch motiviert waren.

6 Einführung in die Tabellenkalkulation

Die Menschen des Altertums verwendeten als Weiterentwicklung des Zählens mit Fingern Kerbhölzer, Perlenschnüre und Rechenbretter, um einfache mathematische Probleme zu lösen und Rechnungen zu visualisieren. Heute helfen uns dabei Rechenmaschinen, wie beispielsweise Taschenrechner, Smartphones und Computer. Tabellenkalkulationsprogramme leisten jedoch weit mehr als die Lösung einfacher Berechnungen. Sie ermöglichen eine komplexe und strukturierte Verarbeitung numerischer Daten sowie ihre grafische Darstellung.

6.1 Übersichten schaffen

Du erstellst und gestaltest **Tabellen**, um **numerische Daten** übersichtlich darzustellen.

Lea und *Mia* sind in der Schülermitverantwortung tätig und erhalten von ihrem SMV-Lehrer den Auftrag, eine Übersicht der Sprechzeiten der Schülersprecher und Verbindungslehrkräfte zu erstellen. Zunächst überlegt sich jede eine Struktur und die Schülerinnen kommen auf folgende vier Lösungen:

Lösung 1

Zeit	Montag	Dienstag	Mittwoch	Donnerstag	Freitag
08:00					
09:00					

Lösung 2

1. Schülersprecher	2. Schülersprecher	3. Schülersprecher	Unterstufensprecher	Verbindungslehrer	Verbindungslehrerin
Montag, 1. Pause	**Mittwoch**, 1. Pause	**Dienstag**, 1. Pause	**Dienstag**, 2. Pause	**Montag**, 3. Stunde	**Dienstag**, 2. Stunde
Freitag, 1. Pause	**Donnerstag**, 2. Pause			**Freitag**, 2. Pause	**Mittwoch**, 2. Pause

Lösung 3

1. Schülersprecher:	Montag, 1. Pause	**Unterstufensprecher:**	Dienstag, 2. Pause
	Freitag, 1. Pause	**Verbindungslehrer:**	Montag, 3. Stunde
2. Schülersprecher:	Mittwoch, 1. Pause		Freitag, 2. Pause
	Donnerstag, 2. Pause	**Verbindungslehrerin:**	Dienstag, 2. Stunde
3. Schülersprecher:	Dienstag, 1. Pause		Mittwoch, 2. Pause

Lösung 4

Sprechzeiten der SMV					
Stunde	Montag	Dienstag	Mittwoch	Donnerstag	Freitag
1					
2					
Pause					
3					
4					
Pause					
5					

Welche Möglichkeiten kennsts du, Informationen übersichtlich zu gliedern?

1. Analysiere die Lösungsvorschläge von *Lea* und *Mia*.
   a) Erkläre, wie sich der Aufbau der Lösungen unterscheidet.
   b) Enthalten alle die gleichen Informationen?
   c) Für welche Lösung würdest du dich entscheiden und warum?

6.2 Tabellenaufbau

Lea und *Mia* entscheiden sich dazu, ihre Tabelle in einem **Tabellenkalkulationsprogramm** zu erstellen, und betrachten zunächst dessen Benutzeroberfläche. Schnell fällt den beiden auf, dass die Seite nicht aus einem leeren, weißen Blatt wie in einem Textverarbeitungsprogramm besteht, sondern aus einer riesigen Tabelle.

Welches Tabellenkalkulationsprogramm steht dir zur Verfügung? Kennst du noch weitere?

1. Erläutere, welche Unterschiede und Gemeinsamkeiten du im Aufbau der Benutzeroberflächen bei deinem Tabellenkalkulations- und Textverarbeitungsprogramm siehst.

Bei einem Tabellenkalkulationsprogramm öffnet sich eine **Arbeitsmappe**, in der **Tabellenblätter** enthalten sind.

Nice to know
lat. **tabella** = Stimm-, Merk-, Rechentafel

Auf einem Tabellenblatt – kurz: Tabelle – können Informationen übersichtlich neben- und untereinander angeordnet werden. Bei den Informationen kann es sich entweder um Zahlen, Texte oder Formeln handeln.

Eine Tabelle besteht aus:

- **Zeilen:** sind waagrechte Reihen von Zellen, die in der Zeilenüberschrift, auch Zeilenkopf genannt, mit einer Zahl gekennzeichnet sind;
- **Spalten:** sind senkrechte Reihen von Zellen, die in der Spaltenüberschrift, auch als Spaltenkopf bezeichnet, mit Buchstaben gekennzeichnet sind;
- **Zellen:** bezeichnen einen Bereich, in dem sich Zeile und Spalte kreuzen. Damit besitzt jede Zelle eine sog. Zelladresse, die sich aus einem oder mehreren Buchstaben und Zahlen zusammensetzt, z. B. **C4**.

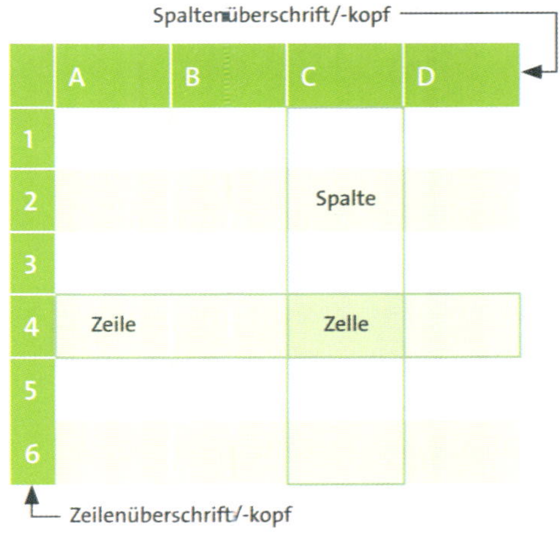

Nice to know
Mit den Tastenkombinationen [Strg]+[→] oder [Strg]+[↓] gelangst du in die letzte Zeile bzw. Spalte.

Du kannst das **Tabellenblatt** mithilfe der rechten Maustaste formatieren und manipulieren, wie zum Beispiel verschieben, kopieren, umbenennen oder die Registerfarbe ändern.

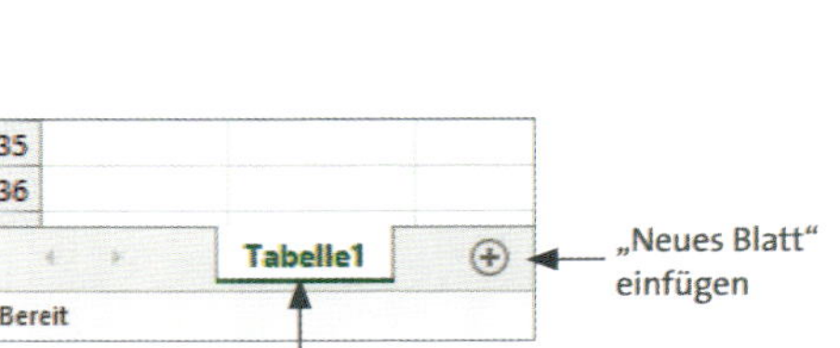

2. Finde heraus, wie weit die Zeilen nummeriert werden. Bis zu welchen Buchstaben werden die Spalten eingeteilt?

3. Spielt zu zweit **Schiffe versenken**. Verwendet dafür je zwei Tabellenblätter in einer Mappe. „Versteckt" eure Flotten (je ein Schiff mit 5, 4, 3 und 2 benachbarten Zellen) nur senkrecht und waagrecht in einer der Tabellen, wobei sich die Schiffe nicht berühren dürfen. Kennzeichnet die Position eurer Schiffe mit einem **X**. Anschließend wird abwechselnd mit der Zelladresse geraten, wo sich die Schiffe der Mitspielerin befinden. Markiert euch jeden „Schuss", den ihr getan habt, in der zweiten Tabelle mit den Buchstaben **T**, **W** oder **V**. Wurde das Schiff „getroffen", lautet die Antwort „**T**reffer", falls nicht „**W**asser". Wurde das letzte Teil eines Schiffes getroffen, antwortet „**V**ersenkt". Wer zuerst alle gegnerischen Schiffe versenkt hat, gewinnt.

	A	B	C	D	E	F	G
1			X				
2			X		X	X	X
3	X		X				
4	X		X				
5							
6		X	X	X	X	X	
7							

6

Kennst du Bezeichnungen für Objekte, die ebenfalls aus Buchstaben und Zahlen bestehen?

4. Finde einen Weg durchs Labyrinth. Beschreibe ihn mithilfe von Zelladressen. Vergleiche deine Lösung mit denen deiner Mitschülerinnen. Finde den kürzesten Weg.

	A	B	C	D	E	F	G	H	I	J	K	L
1												
2												
3												
4												
5												
6												
7												
8												
9												
10												
11												
12												
13												

Auf den Punkt gebracht

In einem Tabellenkalkulationsprogramm werden **Daten** mittels Tabellen übersichtlich **gegliedert**. Die **Tabellen** bestehen jeweils aus den Objekten **Zellen**, **Zeilen** und **Spalten**. Die **Adressierung** einer Zelle innerhalb einer Tabelle erfolgt durch den Buchstaben der Spalte sowie die Nummer der entsprechenden Zeile.

6.3 Attributwerte verändern

Mia und *Lea* haben alle Daten der SMV-Sprechstunden in ihr Tabellenkalkulationsprogramm übertragen. Da diese Übersicht an der Tür des SMV-Raums sowie an zwei weiteren Stellen im Schulhaus ausgehängt wird, möchten die Schülerinnen ein besonders schönes Ergebnis. Die beiden verwenden verschiedene **Formatierungen**, die sie bereits aus dem Textverarbeitungsprogramm kennen. Als die Mädchen ihr Ergebnis ausdrucken möchten, fällt beiden auf, dass die angezeigten Tabellenlinien nicht mitgedruckt wurden, und überarbeiten ihre Tabelle nochmals.

Welche Textformatierungen hast du schon in der Textverarbeitung angewendet?

Eine gut formatierte Tabelle verbessert deren Lesbarkeit. Zur optischen Aufbereitung einer Tabelle bieten auch Tabellenkalkulationsprogramme eine Vielzahl an Möglichkeiten. Für Zahlen und Texte existieren unterschiedliche voreingestellte Zellformatierungen. Zahlen richtet das Programm rechts aus und Texte befinden sich in der Zelle links. Werden Zahlen und Text kombiniert, so erkennt dies das Programm als Text an und richtet den Inhalt links aus.

Rahmenlinien setzen

Um einen Zellbereich als **zusammengehörig** zu kennzeichnen, stehen dir verschiedene Rahmenlinienarten zur Verfügung. Sie findest du in der Registerkarte **Rahmen** des Dialogfeldes **Zellen formatieren**, die du sowohl mittels rechten Mausklicks auf die zu verändernde Zelle unter **Zellen formatieren** als auch im Menüband in der Registerkarte **Start**, in der Befehlsgruppe **Schriftart** über den Befehl **Weitere Rahmenlinien** aufrufst.

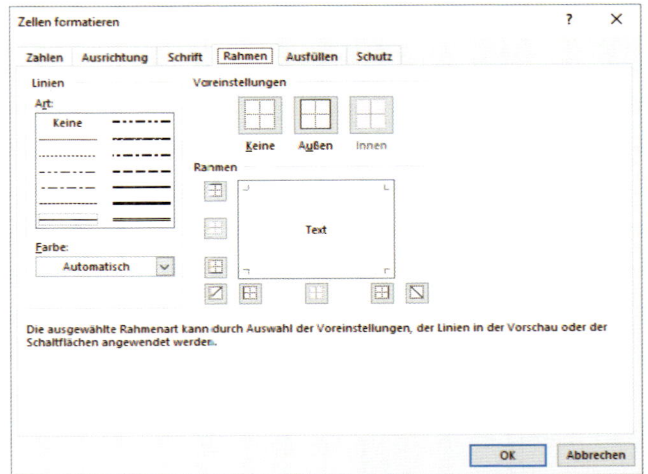

Spaltenbreite anpassen

Falls ein Inhalt über die voreingestellte Spaltenbreite hinausragt, besteht die Möglichkeit, sie anzupassen. Zum einen kann die **Begrenzungslinie** zwischen zwei Spalten mit **gedrückter linker Maustaste** an die gewünschte Position **gezogen** werden, sobald der Mauszeiger sich zum Doppelpfeil gewandelt hat.

Zum anderen kannst du mit einem **Doppelklick** der **linken Maustaste** auf die **rechte Spaltenbegrenzungslinie** die optimale Größe **automatisiert** einstellen. Mit der Zeilenhöhe wird ganz ähnlich verfahren. Hierfür wird die jeweils **untere Zeilenbegrenzungslinie** aktiviert.

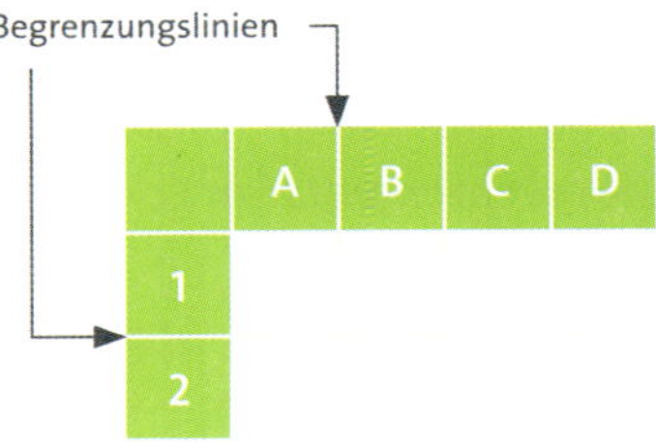

Sollten dir einmal nur **Nummernzeichen** in einer Zelle angezeigt werden, ist die Zelle für die darzustellende Zahl zu schmal und die Spaltenbreite muss angepasst werden.

#########

Verbinden und zentrieren

Zellen formatieren
Zahlen | Ausrichtung | Schrift
Textausrichtung
Horizontal: Zentriert
Vertikal: Unten
Verteilt ausrichten
Textsteuerung
☐ Zeilenumbruch
☐ An Zellgröße anpassen
☑ Zellen verbinden

Zellen verbinden und zentrieren

Um einige Zellen zu verbinden und den Textinhalt zu zentrieren, wie beispielsweise in für Überschriften, findest du den abgebildeten Befehl in der Befehlsgruppe **Ausrichtung**. Um diese Funktion zu aktivieren, musst du den zu verbindenden Zellbereich vorher markieren.

Als Tabelle formatieren

Formatvorlagen

Tabellenkalkulationsprogramme bieten dir außerdem eine große Auswahl an bereits erstellten Formatvorlagen, sowohl für einzelne Zellen als auch ganze Tabellen. Sie befinden sich in der Befehlsgruppe **Formatvorlagen**.

Wenn du einer bereits formatierten Tabelle Zellen hinzufügen oder löschen möchtest, kannst du den entsprechenden Zellbereich markieren und die gewünschte Funktion im Menüfeld der rechten Maustaste auswählen. Der alternative und kürzere Weg ist jedoch über das Menüband unter der Registerkarte **Start** in der Befehlsgruppe **Zellen**.

1. Erstelle eine Sprechzeitenübersicht deiner SMV. Als Grundlage soll dir die Lösung 4 aus Kap. 6.1 von *Lea* und *Mia* dienen.
2. Deine Klasse möchte eine gemeinsame Gruppe in einem Messenger erstellen, um bei Erkrankungen Unterrichtsinhalte und Hausaufgabenstellungen einfacher austauschen zu können. Überlege dir zunächst, welche Daten hierfür erforderlich sind und wie eine geeignete Tabelle aussehen könnte. Fertige deinen Entwurf in einem Tabellenkalkulationsprogramm an.

Auto-Ausfüllfunktion

Wo kannst du automatisierte Vorgänge beobachten?

Während des Ausfüllens der Tabelle zu den Sprechzeiten stellen die beiden Mädchen fest, dass ihnen das Tabellenkalkulationsprogramm den Inhalt **Pause** automatisch vorschlägt, da sie diesen Text in darüberliegenden Zellen derselben Spalte schon einmal geschrieben haben.

Bei **fortlaufenden Datenreihen** oder Mustern, wie z. B. Wochentagen, bieten dir Tabellenkalkulationsprogramme die Möglichkeit, die Zellinhalte **automatisch** in eine gewünschte Richtung fortzusetzen. Dies ist jedoch nur *ein* Vorteil eines Tabellenkalkulationsprogramms.

Grundlegende Funktionsweise

Markiere die fortzusetzende(n) Zelle(n), fahre mit der Maus auf das **Quadrat in der rechten unteren Ecke**. Es erscheint ein **Pluszeichen**. Halte nun die linke **Maustaste** so lange **gedrückt** und **ziehe** das Ausfüllkästchen in die entsprechende Richtung, bis die gewünschte Zelle erreicht ist. Je nach zu erstellender Reihe musst du im Vorfeld entweder **einen oder mehrere Zellinhalte markieren**.

Um die Schrittweite einer Zahlenreihe festzusetzen, ermittelt das Programm die Differenz der Werte in den markierten Zellen. Bei Datumsangaben oder Uhrzeiten wird ebenso verfahren.

Zahlen		Datum		Uhrzeit	
1	19 %	28.02.2018	28.02.2018	08:00	08:00
2	19 %	01.03.2018	07.03.2018	09:00	08:45
3	19 %	02.03.2018	14.03.2018	10:00	09:30
4	19 %	03.03.2018	21.03.2018	11:00	10:15
5	19 %	04.03.2018	28.03.2018	12:00	11:00

Auch Tages- und Monatseinträge, ob abgekürzt oder ausgeschrieben, erkennt das Tabellenkalkulationsprogramm und erstellt eine Aufzählung.

Montag	Dienstag	Mittwoch	Donnerstag	Freitag	Samstag	Sonntag
Mo	Di	Mi	Do	Fr	Sa	So
September	Oktober	November	Dezember	Januar	Februar	März

Textaufzählungen können erfolgen, wenn auch Zahlen enthalten sind.

1. Schulwoche	Jgst. 5
2. Schulwoche	Jgst. 6
3. Schulwoche	Jgst. 7
4. Schulwoche	Jgst. 8
5. Schulwoche	Jgst. 9
6. Schulwoche	Jgst. 10

3. Übertrage die obigen Tabellen in ein Tabellenkalkulationsprogramm. Teste dabei aus, wie viele Zellen du im Vorfeld eingeben und markieren musst, um die Datenreihen zu erhalten.

4. Gestalte deinen eigenen Stundenplan und vergleiche das Ergebnis mit denen deiner Mitschülerinnen. Setzt euch kritisch mit den Stundenplänen auseinander und betrachtet im Besonderen die Kriterien:

- Lesbarkeit
- Kreativität
- Übersichtlichkeit
- Gefälligkeit

5. Da sich *Lea* Geburtsdaten nur schwer merken kann, möchte sie sich einen übersichtlichen Geburtstagskalender für Freundinnen und Familie erstellen, den sie über die Jahre nutzen kann. Überlege auch du dir einen geeigneten Entwurf für einen solchen Geburtstagskalender und fertige ihn in einem Tabellenkalkulationsprogramm an.

Auf den Punkt gebracht

Attributwerte einer Zelle können auf unterschiedlichen Wegen geändert werden, wie beispielsweise über das Menüband oder das Menüfeld durch Klick auf die rechte Maustaste.

6.4 Modelle als Planungsgrundlage

Du nutzt geeignete **Modelle**, um Lösungswege für einfache Aufgabenstellungen zu entwickeln.

Wie es in Kap. 6.3, Aufgabe 3 von dir verlangt wurde, sollte die Herangehensweise an größere Aufgaben durchdacht sein und im Vorfeld geplant werden. Sollst du eine komplexe Problemstellung schnellstmöglich und effektiv lösen, ist der Ablauf deiner Handlungen oder Befehle entscheidend. Einige Arten zur **Modellierung** von Abläufen werden dir im Anschluss vorgestellt.

Ein **Flussdiagramm**, oder auch Flowchart, Programmablaufplan oder Programmstrukturplan genannt, dient dir als eine grafische Darstellung bzw. Visualisierung der Abfolge von Operationen zur Lösung einer Aufgabe. Verwendet werden dabei überwiegend die **grafischen Notationselemente** Raute, Rechteck, Pfeil, Linie, Parallelogramm (nach rechts geneigt) und abgerundetes Rechteck.

Wann legst du dir eine Strategie fest? Auf welche Art und Weise planst du?

In einem Flussdiagramm werden der Startpunkt und das Ende des Ablaufes mit einem abgerundeten Rechteck gekennzeichnet. Beide Elemente dürfen genau ein Mal verwendet werden.

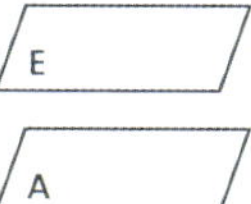

Die Symbole für **E**in- und **A**usgabe entstehen aus einem nach rechts gekippten Rechteck (Parallelogramm). Sie stehen für die Ein- oder Ausgabe beispielsweise durch Peripheriegeräte.

Strich und Pfeil verbinden Notationselemente und verlaufen horizontal und vertikal.

Operationen werden durch ein Rechteck beschrieben, wobei darin eine Verbalisierung erfolgt.

Nice to know

In der Programmierung werden Flussdiagramme zur Darstellung von Programmabläufen verwendet.

Die Raute repräsentiert eine Verzweigung, bei der eine Auswahl von Abläufen besteht, ähnlich einer Kreuzung.

Übertragen auf mögliche Situationen des alltäglichen Lebens, soll dir nun zum besseren Verständnis ein einfaches Beispiel modelliert werden.

Noa möchte *Mo* anrufen, um sich für den folgenden Tag zum Paintball zu verabreden. Er nutzt dazu sein Smartphone. Nebenstehend findest du ein mögliches Ablaufschema für die Abfolge der Tätigkeiten.

Noa nimmt das Telefon in die Hand, er entsperrt es, ruft *Mos* Kontakt auf und aktiviert den Wählvorgang des Telefons. Wenn *Mo* das Telefonat nicht annimmt, legt *Noa* auf und das Telefon weg. Er wartet 10 Minuten und wiederholt sodann den Vorgang. Wenn *Mo* das Telefonat annimmt, verabreden sie sich und legen auf.

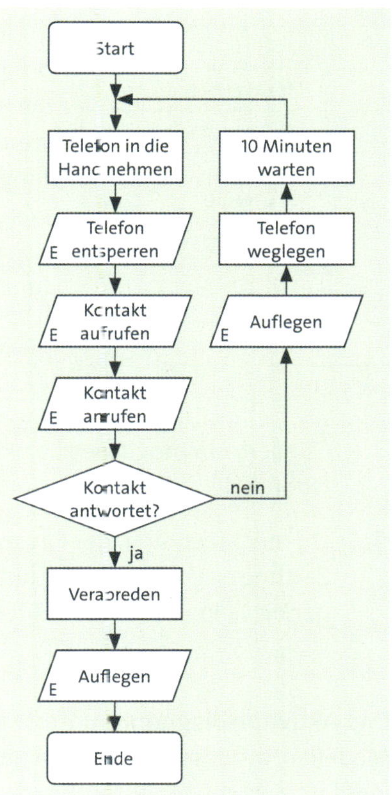

6

1. Diskutiere mit deiner Partnerin, wie sich das Model sinnvoll erweitern lässt. Stellt die Erweiterung grafisch dar.

2. Überlege dir ein weiteres Beispiel für ein Flussdiagramm und modelliere schriftlich.

Neben dem Flussdiagramm besteht die Möglichkeit einer Visualisierung von Abläufen durch das sogenannte **Struktogramm** (Nassi-Shneiderman-Diagramm). Für die Lösung einer Problemstellung benötigst du lediglich die nachfolgend dargestellten Grundelemente.

Nice to know
Die Elemente des **Struktogramms** und des **Flussdiagramms** sind nach DIN 66261 und DIN 66001 genormt.

Während ihres Telefonats beschließen die beiden, nur bei schlechtem Wetter zum Paintball und bei gutem Wetter zum Eisessen zu gehen. Ein mögliches Struktogramm für diese Auswahlsituation könnte so aussehen:

Einfache Anweisungen werden in rechteckige Strukturblöcke geschrieben.

Anweisung

Eine Abfolge von Anweisungen werden ohne Abstände untereinander gesetzt. Zusammen bilden sie eine Sequenz.

Anweisung 1
Anweisung 2
Anweisung 3

Eine Verzweigung bzw. Auswahl wird durch nebenstehendes Objekt dargestellt.

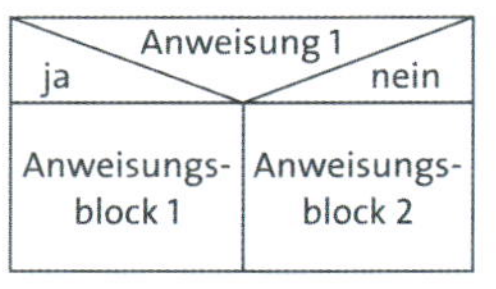

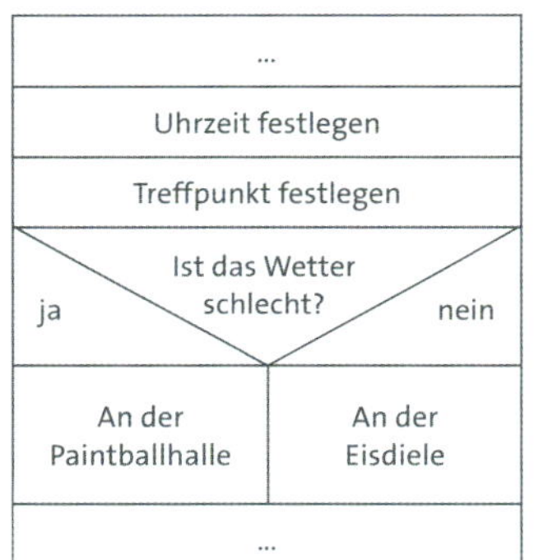

In diesem Abschnitt erfolgt eine Auswahl unter der Bedingung **Wetterlage**. Ist die Bedingung wahr und kann die Frage **Ist das Wetter schlecht?** mit **ja** beantwortet werden, wird der Anweisungsblock 1 ausgeführt und die Jungs treffen sich an der Paintballhalle. Ist die Bedingung falsch und wird die Frage mit **nein** beantwortet, treffen sie sich an der Eisdiele, da der Anweisungsblock 2 ausgeführt wird.

3. Gliedere ein mögliches Struktogramm zum Thema **Smartphone entsperren**. Notiere deine Ergebnisse und vergleiche in der Gruppe.

4. Du möchtest dir in der Pause eine Leberkässemmel kaufen. Sie kostet 1,60 €. Zeichne ein mögliches Struktogramm für den Kauf unter Berücksichtigung, ob genug Geld in deinem Geldbeutel vorhanden ist.

Das **Aktivitätsdiagramm** unterscheidet sich dahingegend von den beiden vorherigen Modellen, als dass alle Objekte des Modells zu zwei Hauptgruppen zusammengefasst werden, den sogenannten Knoten und Kanten. Nachfolgend werden die wichtigsten Knoten und Kanten vorgestellt.

Knoten/Kante	Beschreibung
Startknoten	Dieser Punkt kennzeichnet den Beginn einer Aktivität.
Endknoten	Besitzt der Startknoten einen Umkreis, kennzeichnet dies das Ende einer Aktivität.
Aktivitätskante	Der Pfeil verbindet Knoten miteinander und beschreibt die Richtung der Aktivität.
Aktion	Sie wird durch ein abgerundetes Rechteck dargestellt und bezeichnet die Einzelschritte einer Aktivität.
Objektknoten	Dieser Knoten, durch ein Rechteck dargestellt, ist das Symbol für einen Informationsträger oder auch Datenspeicher.
Kontroll-/Entscheidungsknoten	Die Raute entspricht einer Verzweigung und bietet eine Auswahl an.
Gabelung	Im Gegensatz zur Verzweigung bietet die Gabelung keine Auswahl an, sondern führt entweder zwei oder mehrere Aktionen zusammen oder splittet eine Aktion im mehrere auf.

Noa und *Mo* machen sich auf den Weg zum Eiscafé. Sollten sich dort Freunde von ihnen befinden, setzen sie sich mit ihnen an einen Tisch und essen einen Eisbecher. Im Anschluss gehen sie zum Fußballplatz. Wenn keine Freunde zu sehen sind, nehmen sie sich ein Eis in der Waffel mit und essen es auf dem Weg zum Fußballplatz.

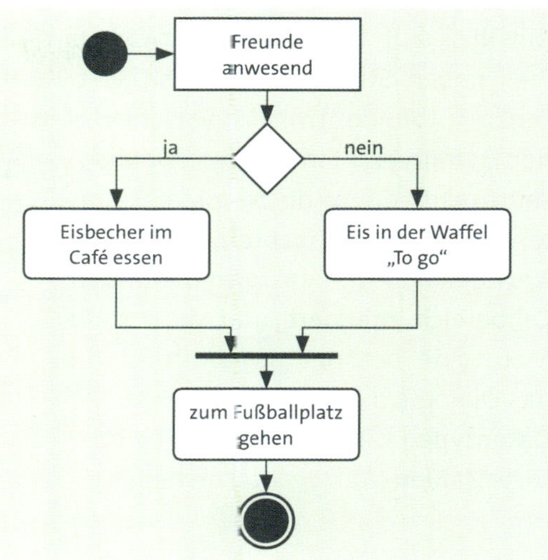

5. Modelliere in diesem Schema einen möglichen weiteren Tagesablauf der beiden Jungs.

Auf den Punkt gebracht

Um einen Handlungsablauf oder die Lösung einer Problemstellung verständlich darzustellen, helfen verschiedene Arten der Modellierung, wie z. B. Struktogramm, Fluss- und Aktivitätsdiagramm. Hierbei werden die Aktivitäten in kleinstmögliche Schritte zerlegt und in ihrer zeitlichen Abfolge mittels Notationselementen visualisiert.

6.5 Datentypen

Du wählst bei der Umsetzung von Modellen in einem Tabellenkalkulationsprogramm geeignete **Datentypen** und **erstellst Formeln**, die du mit **einfachen Funktionen** erweiterst.

Da die SMV-Lehrkraft sehr zufrieden mit der Umsetzung durch die Mädchen war, erteilt sie ihnen eine weitere, schwierigere Aufgabe. Die jährliche Buchprüfung der Kassen steht an und erfordert eine genaue Aufstellung aller Einnahmen, Ausgaben und des Gewinns. Da die SMV ebenfalls über eine Kasse verfügt, sollen die Mädchen eine Tabelle erstellen, in der alle gewünschten Posten ersichtlich werden.
Zunächst legen die beiden eine Tabelle mit den vorhandenen Daten an. Sehr schnell stoßen sie auf ein Problem: Das €-Zeichen muss in jeder Zelle neu eingegeben werden.

Um für eine ganze Spalte, Zeilen oder größere Zellbereiche einen speziellen **Datentyp** auszuwählen, wie z. B. die **Währung Euro**, bietet ein Tabellenkalkulationsprogramm meist mehrere Möglichkeiten. In der Befehlsgruppe **Zahl** der Registerkarte **Start** stehen dir verschiedene Schaltflächen zur Auswahl diverser **Zahlenformate** zur Verfügung. Hierfür musst du den **gewünschten Zellbereich markieren** und eine der entsprechenden Optionen in der Befehlsgruppe **Zahl** auswählen.

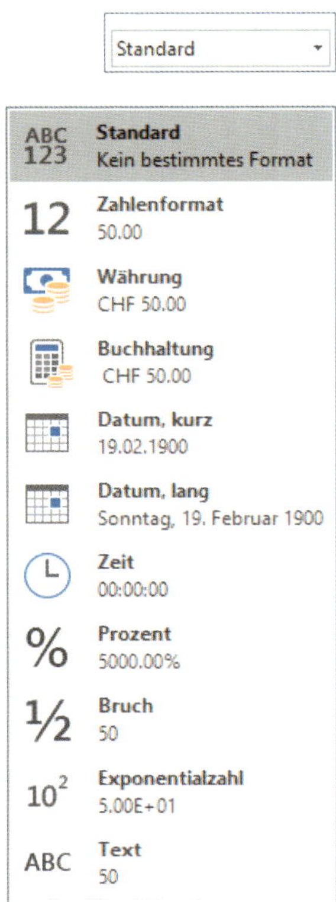

Mit Klick auf den kleinen schwarzen Pfeil neben **Standard** öffnet sich ein Fenster (Abb. links) mit den verschiedenen Datentypen. Eine weitere Möglichkeit findest du im dir bereits bekannten **Menüfeld** der **rechten Maustaste**. Nachdem du den **zu formatierenden Zellbereich markiert** und die rechte Maustaste betätigt hast, öffnest du das Dialogfeld **Zellen formatieren**. Die **Datentypen** kannst du in der Registerkarte **Zahlen** (Abb. rechts) festlegen.

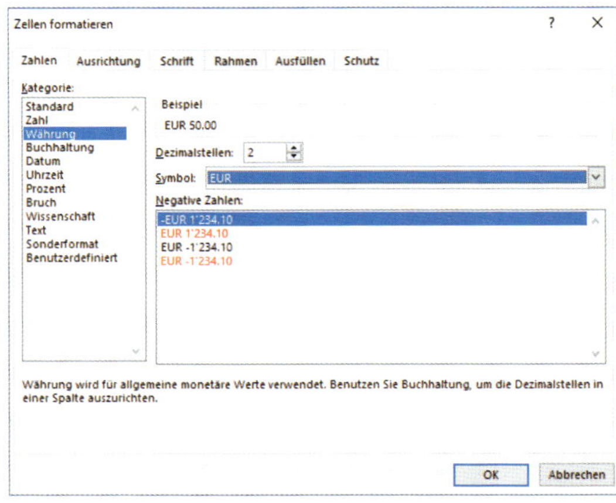

1. Übertrage die Tabelle in ein Tabellenkalkulationsprogramm.
2. Wähle geeignete Datentypen für alle Beträge.
3. Ändere die Attributwerte der Tabelle und deren Inhalte ansprechend.
4. Speichere die Tabelle auf einem Datenträger deiner Wahl, um die Tabelle in den weiteren Kapiteln fortzuführen.

Nenne Einnahmen und Ausgaben, die du zu verwalten hast.

	A	B	C	D
1	Jahresübersicht der SMV			
2	Aktivitätsposten	Datum	Einnahmen	Ausgaben
3	Kuchenverkauf Elternabend 2	20.01.20..	525	7,96
4	Unterstufenfasching	05.02.20..	600	226,74
5	Mittelstufenfasching	07.02.20..	650	296,74
6	Rosenverkauf Valentinstag	14.02.20..	100	19,9
7	Osterhasen für die Unterstufe	23.02.20..		71,64
8	Kuchenverkauf Elternabend 3	10.05.20..	300	7,96
9	Kaffeeverkauf Sommerfest	22.07.20..	98,5	13,37
10	Kuchenverkauf Elternabend 1	28.10.20..	562,5	7,96
11	Schleifenverkauf Weltaidstag	01.12.20..	822	200
12	Schoko-Nikoläuse für die Unterstufe	06.12.20..		71,64
13	Kaffeeverkauf Christkindlmarkt	12.12.20..	98,5	13,37
14				

Datentypen im Vergleich

Standardzellen werden ohne ein bestimmtes Format dargestellt. Der Datentyp **Zahl** wird für die allgemeine Darstellung von Zahlen genutzt. Um monetäre Werte darzustellen, kannst du den Datentyp **Währung** verwenden. Wählst du den Datentyp **Buchhaltung** aus, werden die Dezimalstellen in einer Spalte ausgerichtet. Die Datentypen **Datum** und **Uhrzeit** stehen dir für die fortlaufenden Zahlen des Datums und der Uhrzeit zur Verfügung. Stellst du den Datentyp **Prozent** ein, wird der Zellinhalt mit Hundert multipliziert und das Ergebnis mit einem Prozentzeichen ausgegeben. Möchtest du Zahlen als **Text** behandeln, bietet sich der Dateityp **Text** an. **Sonderformate** kannst du für Listen oder Datenbankwerte verwenden. Wählst du **Benutzerdefiniert** aus, kannst du eigene Zahlenformate anzeigen lassen.

6.6 Rechnen mit einem Tabellenkalkulationsprogramm

Nachdem die Schülerinnen die Posten der SMV in einer Übersicht zusammengefasst haben, wünscht sich der Verbindungslehrer eine Berechnung der Gesamtausgaben und -einnahmen am Ende ihrer Auflistung. *Lea* und *Mia* sind erleichtert, dass sie zur Erstellung der Übersicht ein Tabellenkalkulationsprogramm verwendet haben, da mit diesem Programm Berechnungen möglich sind.

Welche Hilfsmittel verwendest du zur Berechnung einfacher Aufgaben?

In den entsprechenden Programmen sind die Zeichen für unsere einfachen mathematischen Grundrechenarten etwas anders, als du sie im regulären Mathematikunterricht verwendest.

Nice to know
spätlat. **calculatio** = Berechnung

Hier eine Übersicht der Rechenoperationen und den entsprechenden Operatoren:

Addition	Subtraktion	Multiplikation	Division
+	–	*	/

Der Aufbau einer möglichen **Formel:**

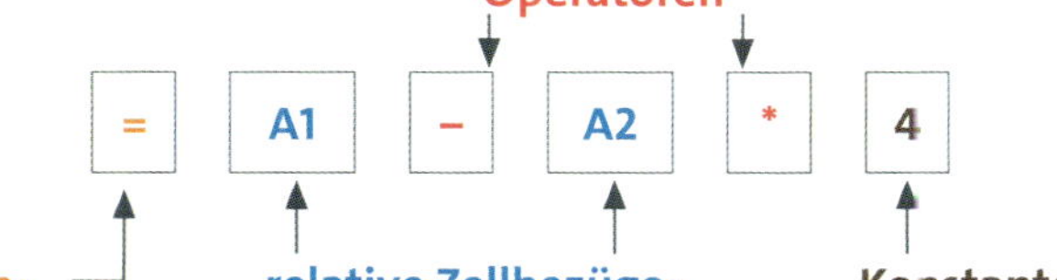

Gleichheitszeichen:
Signalisiert dem Programm, dass eine Rechenoperation stattfinden soll.

relative Zellbezüge:
Es wird mit den aktuellen Daten der gewählten Zellen gerechnet.

Konstante:
Hier wird stets mit diesem Wert gerechnet. Er kann nur innerhalb der Formel geändert werden.

Durch die Taste **Enter** wird die Eingabe abgeschlossen und die Berechnung erfolgt.

Einen relativen Zellbezug kannst du über die Tastatur eingeben oder durch einen Mausklick auswählen. Die mathematische Regel **Punkt vor Strich** gilt selbstverständlich auch in Tabellenkalkulationsprogrammen, so musst du gegebenenfalls Klammern setzen.

1. *Mo* erhält den Auftrag, ausreichend Farbe zur Ausgestaltung des kreisförmigen Logos der Schule zu kaufen, da der Aufenthaltsraum verschönert werden soll. Der Kreis an der Wand hat einen Radius von 1,20 m. Eines der im Baumarkt angebotenen Farbfläschchen enthält 500 ml Farbe, für ca. 3 m² Wandfläche. Wie viele Fläschchen muss er kaufen? Erstelle anhand des gegebenen Struktogramms eine Tabelle, um den Flächeninhalt zu berechnen. Der Radius soll als Zellbezug in der Formel angegeben werden.

Flächeninhalt eines Kreises
Radius eingeben
Flächeninhalt berechnen = 2 * Radius * 3,14
Flächeninhalt ausgeben

2. Erstelle auch zu diesem Struktogramm eine sinnvolle Formel. Sowohl die gefahrenen Kilometer als auch die Literanzahl sollen in der Formel nicht als Konstante angegeben werden.

Durchschnittlicher Kraftstoffverbrauch

Literanzahl eingeben
Gefahrene Kilometer eingeben
Durchschnittsverbrauch berechnen = Literanzahl/Kilometer * 100
Durchschnittsverbrauch ausgeben

3. Führe *Leas* und *Mias* Übersicht der SMV fort und berechne die Gesamteinnahmen und -ausgaben. Erweitere dafür deine bereits erstellte Tabelle. Überprüfe außerdem rechnerisch in der Tabelle, ob die SMV Gewinn oder Verlust gemacht hat.

4. *Noa* unternimmt mit seiner Klasse eine 3-tägige Wanderung im Ettal. Die 23 Schülerinnen und Schüler fahren mit dem Zug nach Oberammergau und wandern zu ihrer Herberge, ihrem ersten Etappenziel. An den folgenden Tagen werden das Frühstück und das Abendessen selbst organisiert, das Mittagessen wird geliefert. In den drei Tagen verwenden sie außerdem den Bus, um einige Etappenziele zu erreichen.

Von jeder Schülerin und jedem Schüler wurde vor Beginn der Reise eine Pauschale von 100,00 € eingesammelt. Überprüfe, ob die Schülerinnen und Schüler von dem angezahlten Betrag etwas zurückerhalten oder nachzahlen müssen.

	A	B	C	D
1	**Kostenaufstellung 3-tägige Wanderung**			
2				
3	Anzahl der Schüler	23		
4				
5	Posten	Menge	Einzelpreis	
6	Übernachtung 1		8	
7	Übernachtung 2		8	
8	Orangensaft	12	1,49	
9	Tee	6	1,75	
10	Milch	18	0,59	
11	Semmeln	140	0,42	
12	Brot	6	2,8	
13	Butter/Margarine	8	1,99	
14	Wiener Würstchen	50	0,6	
15	Käseaufschnitt	6	2,29	
16	Marmelade	4	1,49	
17	Mittagessen 1		6,5	
18	Mittagessen 2		7,8	
19	Kosten Bahntickets	10	49	
20	Kosten Bus	46	2,7	
21	Gesamtkosten			
22	Kosten pro Schüler			

5. An deiner Schule wurde beim Pausenverkauf die bargeldlose Zahlungsmethode mit einer Geldkarte eingeführt. Da du dir dort täglich etwas kaufst, möchtest du dir einen Überblick über deine Ausgaben verschaffen und legst dir eine Tabelle an. Sie beinhaltet sowohl dein Startguthaben als auch die täglich gekauften Posten mit ihren Preisen und dein aktuelles Restguthaben. Lege außerdem für die Tage, an denen du dir etwas kaufst, eine Spalte mit echten Datumsangaben an und verwende den entsprechenden Datentyp.

Fertige vor der Umsetzung der Aufgabe im Tabellenkalkulationsprogramm ein sinnvolles Flussdiagramm mit allen erforderlichen Notationselementen an.

Auf den Punkt gebracht

Einer der **Vorteile** eines Tabellenkalkulationsprogramms ist das **intelligente Nutzen von Datentypen**. Berechnungen können standardisiert eingegeben werden. Einen weiteren Vorteil bieten **relative Zellbezüge in einer Formel**, da Änderungen in diesen Zellen das Ergebnis einer Formel automatisch aktualisieren.

6.7 Einfache Funktionen in Excel

Bei der Eingabe der vielen Zellbezüge und Operatoren für die SMV-Übersicht wünschten sich die Mädchen, es gäbe eine Formel, die die Eingabe vereinfacht. Die beiden suchen in der Hilfe-Funktion des Programms unter dem Begriff **Summe**. Sofort erhalten sie ein Video-Tutorial zur Eingabe einer Funktion.

Jedes Organ führt in deinem Körper eine oder mehrere Funktionen aus. Welche Funktionen sind dies?

Der Begriff **Funktion** steht für eine Aufgabe, die ein Objekt erfüllen soll. So soll dein Monitor zum Beispiel Daten ausgeben und deine Tastatur Daten eingeben. Bei einer Funktion kann es sich aber auch um eine Rechenoperation in einem Tabellenkalkulationsprogramm handeln.

Nice to know

Tabellenkalkulationsprogramme verfügen über 400 Funktionen.

6

Der Aufbau einer einfachen Funktion:

Name der Funktion, der je nach gewünschter Rechenoperation ausgetauscht wird.
Argument kennzeichnet den Zellbereich, mit dem gearbeitet wird.
Klammern schließen den Zellbereich ein.
Enter führt den Befehl aus.

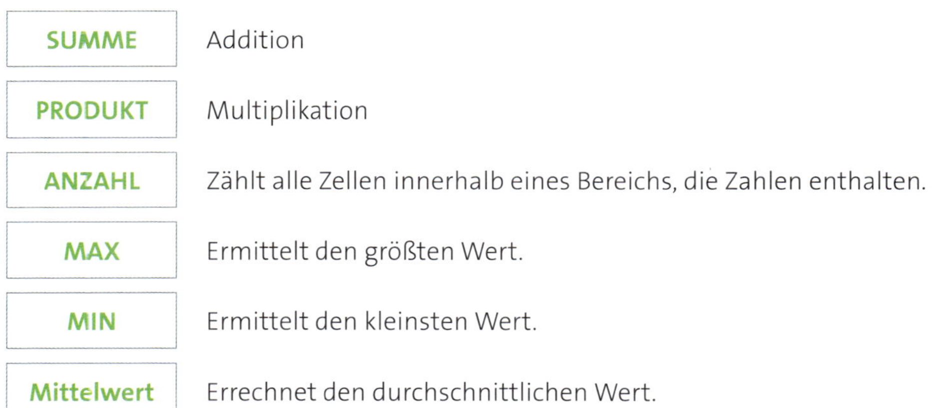

Die Zellbezüge werden durch den **Doppelpunkt** miteinander in Kontext gebracht und kennzeichnen damit einen Bereich. Sollen nur vereinzelte Zellen als Argumente verwendet werden, so wird als Trennzeichen ein **Semikolon** verwendet. Um mehrere nicht benachbarte Zellen zu markieren, nimmst du die Steuerungstaste zu Hilfe.

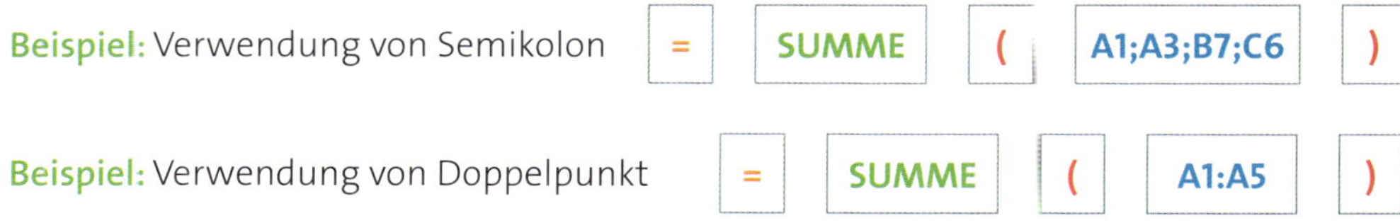

Um eine Funktion in eine Zelle einzugeben, hast du verschiedene Möglichkeiten. Zum einen kannst du den Funktionsnamen mit der Tastatur in die Zelle eingeben, wenn du den Namen der Funktion bereits kennst. Das Tabellenkalkulationsprogramm schlägt dir außerdem während der Eingabe der ersten Buchstaben in die Zelle einige Funktionsnamen vor, die mit dem gleichen Buchstaben beginnen. Du könntest sie mit Doppelklick der linken Maustaste auswählen.

Alle oben genannten Funktionen findest du außerdem im Menüband unter der Befehlsgruppe **Bearbeiten**, wenn du den Pfeil neben dem Befehl ∑ **Autosumme** betätigst.

Weiterhin findest du alle im Programm gespeicherten Funktionen direkt über den Spaltenköpfen, wenn du die Schaltfläche f_x anwählst. Innerhalb des Dialogfeldes kannst du nicht nur Funktionen suchen, sondern erhältst auch Informationen über ihren Verwendungszweck.

Wenn dein eingegebener Funktionsname vom Programm nicht interpretiert werden kann, erscheint die Fehlermeldung **#NAME?.** Hier musst du den Funktionsnamen korrigieren.

Sollte deine Funktion einen falschen Datentyp enthalten, wird die Fehlermeldung **#WERT!** ausgegeben. Überprüfe an dieser Stelle, ob du nur Zellen, die Zahlenwerte beinhalten, ausgewählt hast.

Die Fehlermeldung **#BEZUG!** erscheint, wenn du bereits Berechnungen durchgeführt hast und nachträglich Zeilen und Spalten, die im Bezug zur Rechnung stehen, löschst.

1. Zeichne ein allgemeines Aktivitätsdiagramm für das **Erstellen einer Funktion**.

2. *Noas* IT-Gruppe ist sehr ehrgeizig und möchte die höchsten Anschlagszahlen beim Schnellschreiben in der gesamten Schule erreichen. Sie erheben eine Statistik in Form einer Tabelle, die an einer Wand im IT-Raum platziert wird. Somit ist die individuelle Entwicklung jedes Schülers der Gruppe über einen bestimmten Zeitraum nachvollziehbar.

Höchste Anschlagszahl
Anschlagszahlen eingeben
Höchststand ermitteln = MAX(Zellbereich)
Höchste Anschlagszahl ausgeben

Gestalte eine entsprechende Tabelle und ermittle alle erforderlichen Werte mittels Funktionen. Verwende als Ausgangswerte die Anschlagszahlen deiner Gruppe.

3. Auf Anfrage des SMV-Teams hin erweitern *Lea* und *Mia* abermals ihre Übersicht der SMV-Einnahme- und -Ausgabeposten. Es gilt, die Gesamteinnahmen und -ausgaben, die durchschnittlichen Einnahmen beim Kuchenverkauf, den teuersten Ausgabeposten, die geringste Einnahmequelle sowie die Anzahl aller gelisteten Aktionen mittels Funktionen zu errechnen.

   Überlege dir deine Vorgehensweise mithilfe eines Aktivitätsdiagramms.
   Erweitere deine Tabelle um die erforderlichen Zellen sinnvoll.
   Wähle außerdem passende Attributwerte für die Übersicht.

4. Lege dir eine Notenbilanz an, die all deine Schulfächer sowie die dazugehörigen Noten abbildet. Errechne deinen Notendurchschnitt und ermittle sowohl deine beste als auch deine schlechteste Note rechnerisch. Fertige im Vorfeld ein passendes Struktogramm an.

Einfache Funktionen helfen bei der **Lösung einfacher mathematischer Probleme**. Sie können auf verschiedenen Wegen eingegeben werden. **Tabellenkalkulationsprogramme** unterstützen dabei mit verschiedenen Eingabehilfen oder geben hinweisende Fehlermeldungen aus.

6.8 Absolute und relative Zellbezüge

Da bald Valentinstag ist, startet die SMV eine Umfrage in den Klassen, um herauszufinden, wie viele Schüler Rosen verschenken möchten. *Mia* notiert sich die Zahlen, um sich anschließend eine Kalkulation zu erstellen.

	A	B	C
1	Kalkulation Valentinsrosen		
2	Einzelpreis	1,50 €	
3	Klasse	Anzahl	Gesamt
4	5a	7	10,50 €
5	5b	11	16,50 €
6	5c	8	12,00 €
7	6a	15	22,50 €
8	6b	19	28,50 €
9	6c	3	4,50 €
10	7a	9	13,50 €
11	7b	6	9,00 €
12	7c	5	7,50 €
13	8a	14	21,00 €
14	8b	17	25,50 €
15	8c	13	19,50 €
16	8d	18	27,00 €
17	9a	20	30,00 €
18	9b	23	34,50 €
19	9c	22	33,00 €
20	9d	26	39,00 €
21	9e	27	40,50 €
22	10a	20	30,00 €
23	10b	10	15,00 €
24	10c	24	36,00 €
25	10d	23	34,50 €
26	Gesamt:	340	510,00 €

Mia legt anschließend mit ihren Umfrageergebnissen eine Tabelle an. In die Zelle C4 trägt sie folgende Formel ein: =B4*B2

Sie erhält den Wert 10,50 € und kopiert die Formel mittels Ausfüllkästchen in die darunterliegenden Zellen. Als sich *Mia* die Ergebnisse ansieht, wundert sie sich über die Fehlermeldung **#WERT!** in Zelle C5 sowie seltsam hohe Werte. Sie sieht sich daraufhin die Formeln genauer an und stellt fest, dass die Zelle B4 beim Kopieren nicht wiederverwendet wurde. Somit erschließen sich ihr auch die fehlerhaften Werte in den Zellen.

Hinter *Mias* eingegebener Formel verbirgt sich eine Pfadangabe, der das Programm immer wieder exakt folgt:

„Multipliziere den Zellwert aus gleicher Zeile eine Spalte nach links, mit dem Zellwert aus zwei Zeilen nach oben und eine Spalte nach links." Dieser Pfad wird beim Kopieren beibehalten. Hier wird von einem **relativen Zellbezug** gesprochen. Es werden hierbei Buchstabe und Zahl der Zelle angepasst.

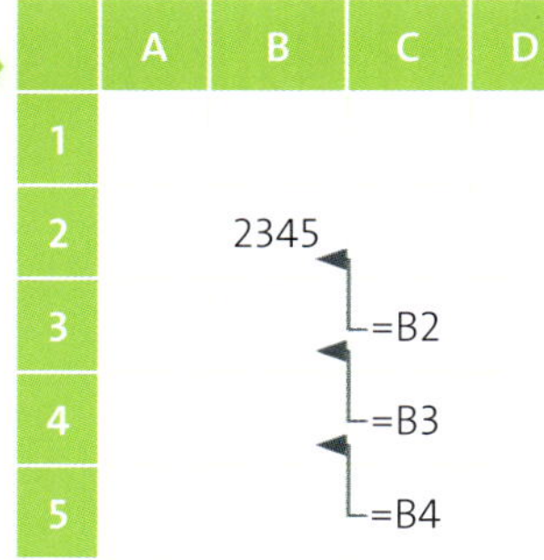

Relativer Bezug aus Zelle B2 in die darunterliegenden Zellen kopiert oder ausgefüllt

Um die Formel kopierbar zu gestalten, muss ein absoluter Zellbezug gesetzt werden. So wird stets die in **absoluten Zellbezug** gesetzte Zelle in der Formel verwendet. Das heißt, dass die Zahl und der Buchstabe der Zelle identisch bleiben. Dies kannst du mithilfe der manuellen Eingabe des Dollarzeichens erzielen: =B4*$B$2. Wahlweise kannst du ebenso nach Auswahl der gewünschten Zelle die F4-Taste drücken.

A B C D
1
2 2345
3 =$B$2
4 =$B$2
5 =$B$2

Absoluter Bezug aus Zelle B2 in die darunterliegenden Zellen kopiert oder ausgefüllt

1. Übertrage die dargestellte Tabelle und vollziehe *Mias* Arbeitsschritte nach. Gestalte die Tabelle anschließend ansprechend.

2. Die 9. Klassen deiner Schule möchten einen Kinoabend in der Sporthalle ausrichten. Mit dem Erlös der Eintrittskarten sollen die Leihgebühren der Filme sowie die Kosten für Snacks und Getränke abgedeckt werden. Der Preis einer Eintrittskarte beträgt 3,00 €. Die Kartenverkäufe setzen sich wie folgt zusammen:

Klasse	Karten
9 a	27
9 b	26
9 c	20
9 d	24

Erstelle eine entsprechende Tabelle, um die Erlöse der einzelnen Klassen zu berechnen. Deine Formel soll unter Verwendung des absoluten Zellbezugs kopierbar sein.

Auf den Punkt gebracht

Damit sich **Formeln beim Kopieren** nicht anpassen oder verschieben und stets bestimmte Zellen verwenden, wird der **absolute Zellbezug** verwendet. Er ist durch das Dollarzeichen erkennbar.

6.9 Prozentrechnen

An der diesjährigen Kulturnacht beteiligen sich auch die Klassen von *Lea*, *Mia*, *Noa* und *Mo*. An der Klassensprecherversammlung wurde festgelegt, dass alle Aktionsstände der Klassen, egal ob Getränke, Speisen oder musische Beiträge in Form von musikalischen Showeinlagen und Ausstellungen, die eingenommenen Spenden zusammenlegen. Der gesamte Spendenbetrag soll anschließend prozentual aufgeteilt werden. Dabei erhalten die SMV 20 %, die teilnehmenden Klassen 50 % und ein regionales soziales Projekt 30 % der Spenden.

Finden an deiner Schule ähnliche Aktionen statt?

Die drei **Hauptbestandteile** einer **Prozentrechnung** heißen **Prozentwert (P)**, **Prozentsatz (p)** und **Grundwert (G)**. Um eine der drei Komponenten zu berechnen, benötigst du in einem Tabellenkalkulationsprogramm folgende Formeln:

Prozentwert	=	**Grundwert**	*	**Prozentsatz**	P = G * p
Prozentsatz	=	**Prozentwert**	/	**Grundwert**	p = P / G
Grundwert	=	**Prozentwert**	/	**Prozentsatz**	G = P / p

Nice to know

Synonym zu Prozent:
Hundertstel
ital. per centum = für hundert

Gibst du eine Zahl und das Prozentzeichen in eine Zelle ein und drückst anschließend die Enter-Taste, stellt das Tabellenkalkulationsprogramm automatisch den Datentyp **Prozent** ein.

1. Die Kulturnacht brachte einen Spendenerlös von 2.400,00 € ein. Die Schülersprecherinnen möchten der regionalen sozialen Einrichtung einen Spendenscheck überreichen. Hilf den Schülersprecherinnen und berechne den Prozentwert, der im Scheck eingetragen werden muss.
2. An der Kulturnacht haben sich 17 Klassen beteiligt. Die Klasse 7a möchte zum Eisessen gehen und dafür ihren Spendenanteil aufwenden. Wie viel Geld steht ihnen zur Verfügung?
3. Im vergangenen Jahr erhielt die SMV einen monetären Anteil von 550,00 €. Wie hoch war der Gesamtspendenbetrag ausgefallen bei jährlich gleichbleibender prozentualer Verteilung?
4. Bei der Schülersprecherinnenwahl erhielt *Noa* 412 Stimmen und sein Konkurrent *Tom* 398. *Lisa* bekam 405 Stimmen. Berechne, wie viel Prozent der Stimmen *Noa*, *Tom* und *Lisa* jeweils erhielten.

Auf den Punkt gebracht

In einem Tabellenkalkulationsprogramm entfallen durch die **Formelberechnungen** zu **Grundwert**, **Prozentwert** und **Prozentsatz** die herkömmlichen umständlichen Berechnungen über den Dreisatz. Diese Vereinfachung wird durch den Datentyp **Prozent** erreicht.

6.10 Diagramme

Du gestaltest und interpretierst **Diagramme** und bewertest kritisch Aussagekraft und Wirkung verschiedener Diagrammdarstellungen.

Welche grafischen Darstellungen begegnen dir im Alltag?

Nice to know

griech. **diágramma** = Umriss, geometrische Figur

Lea und *Mia* übergeben dem verantwortlichen Verbindungslehrer die tabellarische Darstellung der Einnahmen und Ausgaben der SMV. Er bittet die beiden abermals um einen Gefallen: Er benötigt zu Präsentationszwecken bei der Klassensprecherversammlung eine **grafische Darstellung** dieser Daten, die sie anfertigen sollen.

Nachdem sie die Daten in einem Tabellenkalkulationsprogramm aufbereitet haben, ist es für die beiden naheliegend, auch in diesem Programm nach einer grafischen Lösung zu suchen. Im Menüband in der Registerkarte **Einfügen** finden *Lea* und *Mia* die Befehlsgruppe **Diagramme**.

Sehr schnell erkennen die Mädchen, dass sie die darzustellenden Daten lediglich markieren müssen, um anschließend durch Auswahl in der Befehlsgruppe ein Diagramm erzeugen zu können. Sie stellen sich jedoch die Frage, welcher Diagrammtyp für ihr Vorhaben geeignet ist.

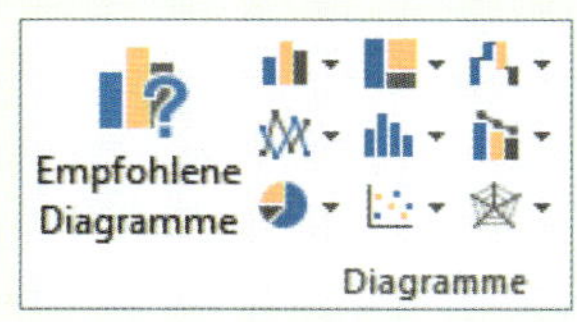

Das **Säulendiagramm** dient dazu, Zeitreihenvergleiche, Vergleiche, Unterschiede und damit Trends abzubilden. Die Darstellung der Werte kann unabhängig von einem zeitlichen Verlauf erfolgen.

Wird das Säulendiagramm um 90° gedreht, entsteht ein **Balkendiagramm**. Auch in einem Balkendiagramm werden Vergleiche zwischen Elementen dargestellt.

Beispielsweise kann in einem Säulen- oder Balkendiagramm veranschaulicht werden, von welchen Produkten wie viel innerhalb einer Woche beim Pausenverkauf in der Schule gekauft wurde.

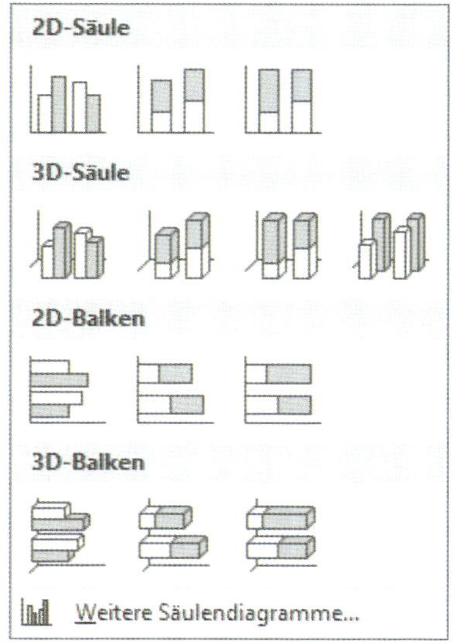

Um die Verhältnisse oder Anteile eines Ganzen bzw. einer Gruppe darzustellen, eignet sich das **Kreisdiagramm**. Dabei dürfen allerdings keine negativen Werte oder Nullwerte enthalten sein.

Um eine gewisse Übersichtlichkeit zu gewährleisten, sollten nicht zu viele verschiedene Kategorien in den Datenbereich aufgenommen werden.

Für die Darstellung prozentualer Anteile, beispielsweise eine Verteilung von Sitzen im Bundestag oder Altersgruppen in der Gesellschaft, ist ein Kreisdiagramm prädestiniert.

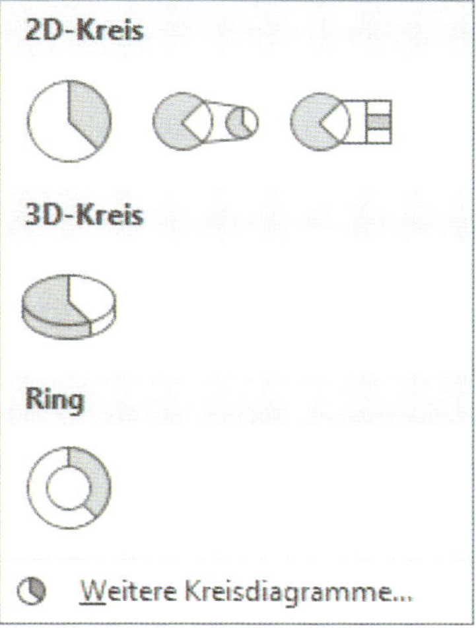

Ein **Liniendiagramm** zeigt Entwicklungen und Abläufe in Abhängigkeit zur Zeit. Besonders geeignet hierfür sind Werte mit regelmäßigen Intervallen, wie beispielsweise Wochen, Monate oder Quartale.

Durch **Flächendiagramme** wird die Bedeutung von Veränderungen innerhalb einer bestimmten Zeit betont.

Beispiele für die Darstellung von Werten in einem Liniendiagramm sind Aktienkurse oder Temperaturreihen. Um die einzelnen Gewinne der SMV bei allen Schulveranstaltungen über ein Schuljahr und dabei den Gesamtgewinn zu verdeutlichen, eignet sich ein Flächendiagramm.

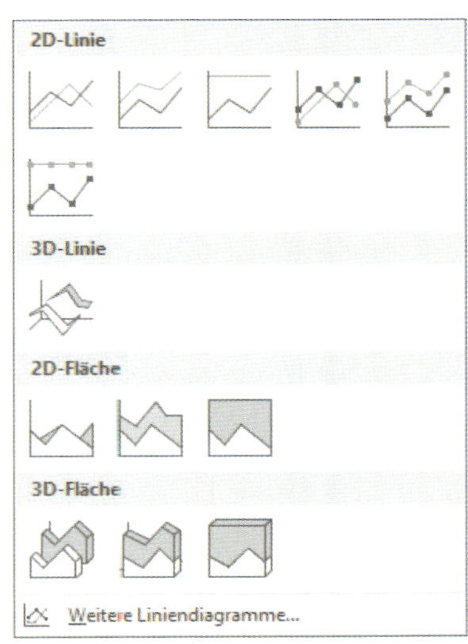

1. Empfehle *Lea* und *Mia* einen geeigneten Diagrammtyp für die Darstellung der Einnahmen und Ausgaben der SMV und begründe deine Empfehlung.
2. Verwende dein Tabellenblatt mit den Daten der SMV aus Kapitel 6.5, Aufgabe 4 und setze die Darstellungsweise, für die du dich in Aufgabe 1 entschieden hast, um.

Lea und *Mia* stellen fest, dass jeder Diagrammtyp für ihren Geschmack optische und informelle Mängel in der Darstellung aufweist. Beispielsweise sind bestimmte Diagrammbereiche schwer oder gar nicht zu lesen. Grundsätzlich fehlt ein Diagrammtitel, die Farben sind nicht nach ihrem Geschmack und die Legende befindet sich an einer ungeschickten Stelle. Nun beschließen sie, das Diagramm zu überarbeiten.

Die unten abgebildeten Bestandteile sind Grundelemente eines Diagramms. Wenn der Diagrammbereich markiert ist, können die Grundwerte und weitere Attribute über das Menüband in erst dann sichtbar werdenden Registern oder mit Klick auf die rechte Maustaste formatiert werden. Das Ergebnis könnte z. B. so aussehen:

Verkaufte Valentinsrosen

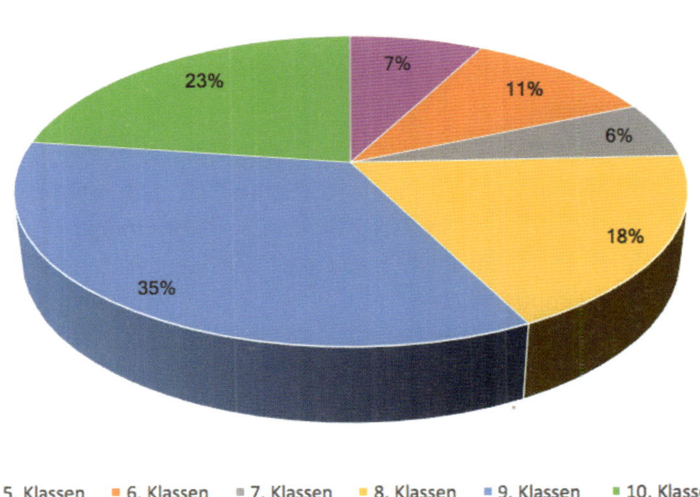

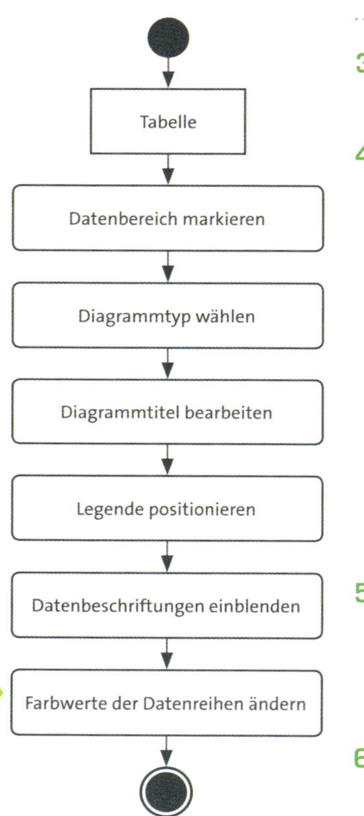

3. Bearbeite das eingefügte Diagramm aus Aufgabe 2 und ändere hierfür mindestens die links aufgeführten Attributwerte.

4. Übertrage die folgende Tabelle und erzeuge drei geeignete Diagramme. Gestalte sie ansprechend. Vergleiche deine Lösungen mit denen deiner Banknachbarin. Unterbreite ihr gegebenenfalls Verbesserungsvorschläge.

	A	B	C	D	E
1	Wintersporttag				
2					
3		Snowboard	Langlauf	Rodeln	Eislauf
4	5. Klassen	35	10	50	40
5	6. Klassen	44	11	60	49
6	7. Klassen	13	15	49	34
7	8. Klassen	33	17	61	20
8	9. Klassen	10	13	55	10
9	Summen	135	66	275	153

5. Informiere dich im Internet über die Schülerzahlen an der Realschule in Bayern innerhalb der letzten fünf Jahre und trage sie in einer Tabelle zusammen. Stelle die Entwicklung der Schülerzahlen mit einem geeigneten Diagrammtyp dar.

6. Die Einnahmen und Ausgaben aus dem Kuchenverkauf einer Schulklasse wurden in einer Datenverarbeitungstabelle festgehalten.
Anschließend haben zwei Gruppen diese Statistik in ein Diagramm umgesetzt. Betrachtet beide Diagramme kritisch und bewertet sie.

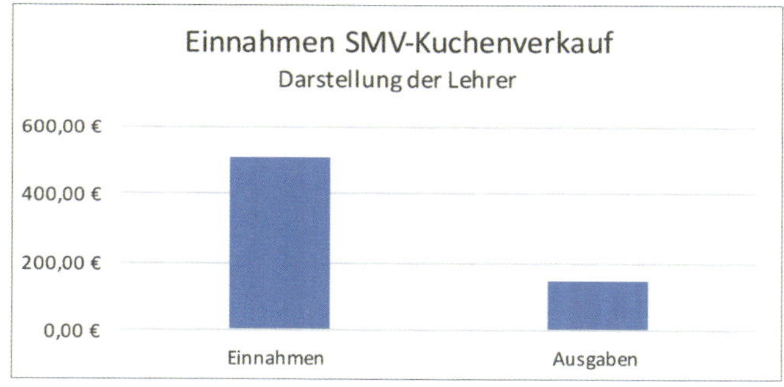

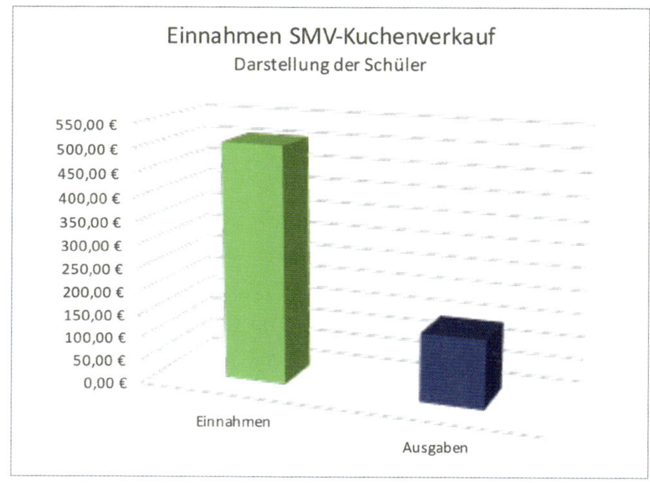

Auf den Punkt gebracht

Mittels **Diagrammen** lassen sich Daten leicht verständlich aufbereiten. Durch sie können Werte **visuell verglichen**, **Verhältnisse aufgezeigt**, in **Abhängigkeit zur Zeit gesetzt** und eine **Gewichtung** abgebildet werden. Die Wahl des geeigneten Diagrammtyps ist abhängig von den vorliegenden Daten.

7 Informationsbeschaffung und -präsentation

Die Art der Präsentation und der Darbietung entscheidet darüber, ob und wie wir ein Thema oder eine Sache aufnehmen. Im Gegensatz zu analogen und herkömmlichen Mitteln bieten uns entsprechende Computerprogramme die Möglichkeit der digitalen Präsentation. Sie erleichtern die strukturierte Beleuchtung eines Sachverhalts unter anderem durch verschiedene Formatierungsmöglichkeiten, Effekte und Animationen. Der Vortragende muss sowohl für die digitale Präsentation als auch für seine Person allgemeingültige Präsentationsregeln beachten.

7.1 Informationsquellen

Du sammelst Informationsmaterial, setzt dich kritisch mit den Inhalten auseinander und bewertest ihren Informations- und Wahrheitsgehalt.

Noas und *Mos* Klassen erhalten im Rahmen des IT-Unterrichts den Arbeitsauftrag, Präsentationen zu fächerübergreifenden Themen aus einem vorgegebenen Themenpool anzufertigen. Jeder Schüler wählt ein geeignetes Thema für sich aus und präsentiert es nach Ablauf einer vorgegebenen Bearbeitungszeit. Die beiden beschließen, sich gegenseitig zu unterstützen und gemeinsam an den Präsentationen zu arbeiten. Sie überlegen sich zunächst, welche **Quellen** zur **Beschaffung** von **Informationen** zur Verfügung stehen.

7

Welche Informationsquellen nutzten deine Eltern damals für ein Referat?

Nice to know

lat. **informatio** = Bildung, Belehrung

Analoge Informationsquellen	Digitale Informationsquellen	Weitere Informationsquellen
Bücher	CDs	Fachleute oder Experten
Magazine oder Zeitschriften	DVDs	Lehrer
Archive	Blu-Rays	Studien
Plakate	Websites	Umfragen
Lexika oder Enzyklopädien	Foren	Fernseher
Flyer	Blogs	Radio
Broschüren	(Chats)	
Karten	(Suchmaschinen)	

1. Finde heraus, welche Informationsquellen dir in deiner Schule für Recherchezwecke zur Verfügung stehen.
2. Überprüfe die verschiedenen Informationsquellen auf Vor- und Nachteile.

Auf den Punkt gebracht

Informationsquellen werden im Allgemeinen in digital und analog gegliedert. Um eine fundierte und breit gefächerte Recherche zu betreiben, sollten mehrere Informationsquellen in Betracht gezogen werden.

7.2 Informationsquellen im Internet

Noa hat sich für das Thema „Popmusik im 20. Jahrhundert" entschieden und startet mit *Mos* Hilfe zunächst eine **Internetrecherche** unter Verwendung einer **Suchmaschine**.

Was würde dir auf Anhieb zum Thema „Popmusik" einfallen?

Im Internet existiert ein unüberschaubares Angebot an Informationen auf Websites. Für die Suche, z. B. nach Bildern oder Texten, wurden **Suchmaschinen** entwickelt. Sie durchsuchen das Internet ständig und automatisiert nach Daten. Die gefundenen Daten und Websites werden im Anschluss ausgewertet und nach Kategorien in Datenbanken eingetragen. Die Katalogisierung erfolgt nach **Themengebieten** und auch **Rubriken**, wie beispielsweise Bilder, News oder Shopping. Die Suchmaschine stellt die Suchergebnisse anschließend zur Ansicht zur Verfügung.

Beispiel: Gibst du im Internet z. B. **Abraham Lincoln** ein, so wird nach beiden Namen gleichwertig gesucht. Du erhältst somit nicht nur Einträge zu dem berühmten Präsidenten der USA. Möchtest du deine Suchergebnisse auf diesen Präsidenten präzisieren, so empfiehlt sich die Eingabe mit sog. **Steuerzeichen**. Du setzt **„**Abraham Lincoln**"** in Anführungsstriche. Die Steuerzeichen bewirken, dass nur nach Textstellen gesucht wird, in denen die Wörter auch in exakt dieser Reihenfolge kombiniert vorkommen – sog. Phrasen.

Nice to know 

Steuerzeichen müssen ohne Leerzeichen direkt vor den Suchbegriff gesetzt werden. Weitere Steuerzeichen sind das Plus- und das Minuszeichen.

Durch die Eingabe von **Operatoren** werden Suchergebnisse ebenfalls gezielter. Gibst du beispielsweise **Schüler UND IT** in die Suchmaschine ein, so werden Texte gesucht, in denen **beide Begriffe** vorkommen.

Durch den Operator **ODER** muss nur **einer** der beiden Begriffe vorkommen.

Mithilfe von **NICHT** oder **NOT** kannst du den Begriff **links** von diesem Operator ausschließen. **Beispiel: Ernie NOT Bert**. Ernie darf also in dem Text nicht vorkommen.

NEAR gewährleistet, dass beide Begriffe innerhalb eines Textes gefunden werden, und der Abstand zwischen den Wörtern lässt einen Zusammenhang erschließen.

Nice to know 

Kurzschreibweisen für Operatoren
AND bzw. **UND: +**
Beispiel: Popmusik + Künstler
OR: /
Beispiel: Popmusik/Künstler
NOT: -
Beispiel: Popmusik-Künstler
Phrasen: „..."
Beispiel: „Künstler in der Popmusik"

Metasuchmaschinen arbeiten noch effektiver. Sie durchsuchen die Datenbankeinträge/Ergebnisse der gängigen Suchmaschinen. Zu den **bekannten Metasuchmaschinen** zählen MetaGer, Metacrawler, ixquick, Metaspinner und Yabado.

Bekannte Suchmaschinen: Google, DuckDuckGo, Yandex, Yahoo, Bing.

Nice to know 

Die **erste Suchmaschine** der Welt hieß **Archie** und ging 1990 ans Netz.

1. Finde allgemeine und informative Artikel zur italienischen Küche. Notiere dir deine Sucheingaben.
2. Suchmaschinen bieten zusätzlich die Möglichkeit der **Kindersicherung**. Finde heraus, wie sie aktiviert werden kann und wie sie funktioniert.
3. Es gibt spezielle Suchmaschinen für Kinder. Zeige die Unterschiede auf. Welche würdest du nutzen? Begründe deine Wahl.
4. Führe selbst eine Suchanfrage zu *Noas* gewähltem Thema „Popmusik im 20. Jahrhundert" durch. Wie viele Suchergebnisse werden dir präsentiert? In welche Kategorien kannst du die Suchergebnisse einteilen?
5. Präzisiere die Suche und wende die o. g. Suchstrategien an, um die Ergebnisse hinsichtlich Qualität und Quantität einzugrenzen.

Auf den Punkt gebracht

Suchmaschinen vereinfachen die gezielte stichwortbasierte Suche nach Daten, Bildern und Texten im Internet mittels Bereitstellung von im Vorfeld ausgewerteten, nach Priorität sortierten und katalogisierten Datenbankeinträgen. Der **Internetzugang** kann für **Jugendliche und Kinder** zusätzlich gesichert und geschützt werden.

7.3 Wahrheitsgehalt im Internet

Welche Art Informationen sind dir wichtig?

Noa und *Mo* recherchieren mithilfe einer Suchmaschine und finden unzählige Informationen zu ihrem gewählten Thema. Es herrscht eine regelrechte Informationsflut. Die Jungs sind sich schnell einig, dass eine **Gewichtung** der gefundenen Informationen erfolgen muss.

Die Qualität einer Information kann beispielsweise daran gemessen werden, wie aktuell sie ist oder welche Bedeutungsschwere sie innehat, welche Wirkung von der Information ausgeht oder aber, wer der Urheber/Verfasser der Information ist. Grundsätzlich können Informationen nach folgenden Kriterien ausgewertet werden:

Glaubwürdigkeit/Wahrheitsgehalt

- Können die Informationen belegt werden?
- Werden die Informationen an anderer Stelle bestätigt?

Aussagekraft

- Beantworten die gefundenen Daten die Recherche-Frage?
- Helfen sie bei der Problemlösung?

Ziel

- Sind die Informationen nach einer bestimmten Meinung ausgerichtet?
- Sollen die Informationen eine Meinung bilden?
- Sind die Informationen auf Werbung aus?

Verfasser

- Wer ist Urheber der Information?
- Ist der Verfasser ein Experte?
- Gibt es Angaben zum Verfasser?
- Gibt es Kontaktdaten und die Möglichkeit zur Kontaktaufnahme?

Aktualität

- Wie aktuell sind die gefundenen Informationen und Daten?
- Sind Angaben zum Erstellungsdatum vorhanden?
- Wann wurde die Seite oder der Artikel zuletzt aktualisiert?

Herausgeber

- Wer hat die Verantwortung für den Internetauftritt?
- Wer ist der Herausgeber?
- Ist der Herausgeber eine Privat- oder eine Geschäftsperson?

Quellen

- Werden die entsprechenden Quellen zu den Informationen genannt?
- Gibt es Verweise auf weitere Quellen?

Nice to know

Informationsquelle: Die Mundpropaganda war im Mittelalter u. a. wegen Analphabetismus und fehlender Schulpflicht der gängige Weg, Informationen auszutauschen.

1. Starte mit deinem Nachbarn parallel eine Suchanfrage im Internet nach einem im Vorfeld gemeinsam festgelegten Thema. Überprüft und vergleicht zwei als Ergebnis vorgeschlagene Websites hinsichtlich der Checkpunkte:
   - Glaubwürdigkeit
   - Wahrheitsgehalt
   - Aussagekraft
   - Verfasser
   - Herausgeber
   - Ziel
   - Aktualität
   - Quellen

   Beurteilt diese Websites anhand eurer Erkenntnisse. Entscheidet nach sehr guten, akzeptablen oder unbrauchbaren Informationsquellen.

2. Legt innerhalb eurer IT-Gruppe ein Recherchethema fest. Jedes Gruppenmitglied soll zu diesem Thema unter Verwendung verschiedener Informationsquellen Informationen einholen. Zunächst werden die Ergebnisse innerhalb einer Quellenart verglichen, beispielsweise vergleichen alle Schüler, die in der Schulbibliothek gesucht haben, ihre Ergebnisse. Anschließend werden alle Gruppenergebnisse im Plenum vorgestellt und ausgewertet. Stimmen die Informationen überein oder weisen sie Unterschiede auf?

3. Überprüfe deine Suchergebnisse zum Thema „Popmusik im 20. Jahrhundert" hinsichtlich der in Aufgabe 1 genannten Checkpunkte. Nenne die nun noch empfehlenswerten Internetseiten.

Noa und *Mo* finden etliche Einträge in Form von Texten und Bildern zum Thema „Popmusik im 20. Jahrhundert". Sie stoßen jedoch bei ihrer Suche ebenso auf lustige oder merkwürdig anmutende Meldungen. Die beiden fragen sich, wie sie herausfinden können, ob diese Beiträge ernst zu nehmen sind oder aber zur Kategorie der „Fake News" gehören. *Mo* fragt sich zunächst, warum „Fake News" überhaupt verbreitet werden können?

Was begünstigt die Verbreitung von „Fake News"?

Anonymität
- Das Internet bietet ausreichend Raum für anonymes Handeln.
- Es existiert zu wenig Kontrolle.
- Die Hemmschwelle, Lügen, Unwahrheiten oder Verleumdungen zu verbreiten, sinkt durch die Anonymität.

Profit
- „Fake News" sind profitabel, da die Autoren Geld mit ihren Meldungen verdienen.
- Geld wird u. a. mit der Anzahl der Klicks oder Werbung auf den entsprechenden Seiten verdient.

Das menschliche Ego
- Skandalsucht
- Schaulustigkeit
- Geltungssucht
- Wichtigtuerei

Manipulationsmöglichkeiten
- Bilder sagen mehr als tausend Worte.
- Die digitalisierten Bilddaten lassen sich leicht nachbearbeiten und verfälschen.

Verlinkungen
- Die Daten von Internetseiten lassen sich mühelos verlinken, so können dubiose Meldungen mit seriösen oder privaten Seiten verlinkt werden.
- Durch soziale Medien und Netzwerke ist die Weiterverbreitung einer Nachricht einfach und schnell.
- Durch Smartphones ist die Erreichbarkeit für News immer gegeben.

Woran kannst du erkennen, wann es sich um eine Lüge handelt?

Um „Fake News" zu erkennen, solltest du Bilder, Videos und Informationen stets mit gesundem Menschenverstand betrachten und auf die Quelle achten. Überlege dir, wie wahrscheinlich eine Aussage oder Information ist.

Hinweis: „Fake"-Bilder und -Videos sind an den bearbeiteten Stellen oft verpixelt. Manchmal sind auch kleine Fehler im Bild.

Soll dich eine Information eventuell nur aufhetzen oder dir Angst machen? Zu welchem Zeitpunkt werden die Informationen gezeigt – vor einem wichtigen Ereignis, wie einer Wahl oder einem Wettbewerb? Sind Bilder oder Videos von guter Qualität?

4. Lies dir die aufgeführten Punkte durch und diskutiere in deiner IT-Gruppe diese Sachverhalte. Findet weitere Punkte, die „Fake News" unterstützen können.

5. Hast du schon einmal „Fake News" gelesen oder bekommen? Konntest du diese sofort als Falschmeldungen erkennen? Wenn ja, woran?

6. Berichte, ob du bei deiner Recherche zur „Popmusik im 20. Jahrhundert" derartige Meldungen gefunden hast.

Auf den Punkt gebracht

Der **Wahrheitsgehalt** und die **Qualität** von Informationen im Internet müssen stets **hinterfragt** und **überprüft** werden. Dafür sollte die gesamte Bandbreite an Informationsquellen genutzt werden, um sie mit den Internetsuchergebnissen zu vergleichen und zu untermauern.

7.4 Präsentationsarten

Du kennst verschiedene Präsentationsarten und berücksichtigst dabei analoge und digitale Medien.

Nach dem „Ausflug" zum Thema „Fake News" widmen sich die beiden Jungs *Noas* eigentlicher Aufgabe und überlegen gemeinsam, wie *Noa* die gesammelten Informationen präsentieren kann und welche Medien ihm dabei zur Verfügung stehen. Als Anleitung für eine **Präsentation** hatte ihr IT-Lehrer im Vorfeld bereits nachfolgende Übersicht ausgegeben:

Analoge Medien: Modelle, Plakate, Fotos, Videorekorder, ...	Digitale Medien: Computer, Tablet, Beamer, ...
Analoge Präsentationsarten	**Digitale Präsentationsarten**
• Flyer	• Folienpräsentation
• Präsentation von Modellen	• Videopräsentation
• Präsentation durch Plakate	• Hypertextpräsentation
• Bilderpräsentation	• Diashow mittels Programmen
• Whiteboard	
• Tafel	
• Flipchart	

Welche Präsentationsart spricht dich am meisten an?

1. Recherchiere an deiner Schule, welche digitalen Medien dir für eine Präsentation zur Verfügung stehen.
2. Sind Blogs für eine Präsentation geeignet? Diskutiere in deiner Gruppe.
3. Diskutiert anhand der gefundenen Daten zum Thema „Popmusik im 20. Jahrhundert“, welche Art der Präsentation für ihre Aufbereitung am geeignetsten erscheint.

Auf den Punkt gebracht

Präsentationen können analog oder digital erfolgen. Die Präsentationsart entscheidet u. a. darüber, ob ein Moderator im Vorder- oder Hintergrund steht bzw. überhaupt nötig ist.

7.5 Urheberrecht und Lizenzmodelle

Aus dem IT-Unterricht wissen Noa und Mo bereits, dass sie in Referaten oder Präsentationen vor der Klasse auch Texte und Bilder einbauen dürfen, die nicht von ihnen stammen. Sie wissen auch, dass sie für diese Fremdbeiträge immer die Quellen nennen müssen. Sie sind das geistige Eigentum Fremder.

Du kennst die Regeln des Urheber- und Lizenzrechts bei der Nutzung geistigen Eigentums und wendest diese bei Präsentationen an.

Dabei greifen folgende Gesetze:
- Grundgesetz (GG)
- **Urheberrechtsgesetz** (UrhG)
- **Kunsturheberrechtsgesetz** KunstUrhG (KUG)
- Bürgerliches Gesetzbuch (BGB)
- Strafgesetzbuch (StGB)
- Gesetz zur informationellen Selbstbestimmung

Das **Urheberrechtsgesetz** verlangt bei der Verwertung geschützter Werke eine **Quellenangabe**. Bei den Quellenangaben unterscheidet man zwischen Inhalten, die aus gedruckten Medien zitiert werden oder aus dem Internet. Wichtig bei allen Quellenangaben ist, dass der **Urheber** (Autor/Herausgeber), sein **Werk** und der **Buchtitel** angegeben werden. Zusätzlich sollten **weitere präzisierende Angaben** erfolgen: der **Band** und die **Buchseite**, der **Verlag**, der **Erscheinungsort** und das **Erscheinungsjahr**. Bei Inhalten, die aus dem **Internet zitiert** werden, muss die genaue **URL** und das **Aufrufdatum** genannt werden.

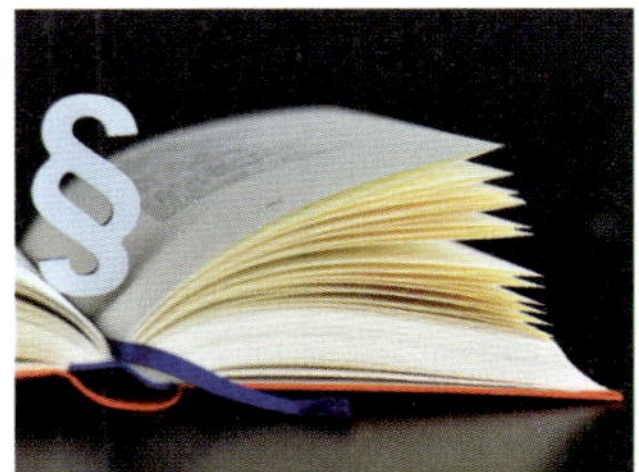

Die Quellenangaben können in einem Verzeichnis, als Fußnote oder direkt im Anschluss unter den Beitrag gestellt werden. Ein **Beispiel** für eine Quellenangabe findest du auch in diesem Buch ➡ S. 65.

Nice to know

URL = engl. Abkürzung für Uniform Resource Locato. Damit ist die sog. Adresse eines Beitrags im Internet gemeint. Eine andere Bezeichnung ist **Link**.

Sollen Texte, Musik, Fotos, Grafiken usw. aus dem Internet oder sonstigen Fundstellen für **privaten** und **nicht zur Veröffentlichung** geplantem Zweck, wie z. B. Referaten, verwendet werden, muss **keine** Genehmigung des Schöpfers eingeholt werden.
Eine **Quellenangabe** sollte immer erfolgen.

Werden geschützte Werke in einem **öffentlichen Raum** wie z. B. dem **Internet** verwendet, so **muss** das Einverständnis des Schöpfers eingeholt werden. Der Urheber hat das alleinige **Verfügungsrecht** darüber, **ob**, **wie**, **wann** und **wo** sein **Werk veröffentlicht**

Nice to know
Ein Strichmännchen verfügt nicht über ausreichend geistige und schöpferische Höhe und gilt daher nicht als **urheberrechtlich geschütztes** Werk.

Wie erkennst du, ob etwas urheberrechtlich geschützt ist?

wird. Er entscheidet zudem darüber, ob sein **Name genannt** wird, und auch darüber, ob **Änderungen** vorgenommen werden dürfen.

Der **Urheberrechtsschutz** für ein **Werk** gilt bis **70 Jahre nach dem Tod** des Schöpfers, wobei aber eine **Personenfotografie**, die beispielsweise den Schöpfer selbst abbildet, nur **10 Jahre nach dem Tod** des Abgebildeten geschützt ist.

In jedem Staat gelten **andere Urheberrechtsgesetze**. So müssen in manchen Ländern wie beispielsweise den **USA** Kennzeichnungen, z. B. **©, ® oder ™**, verwendet werden. In **Deutschland** ist diese zusätzliche Kennzeichnung **nicht** erforderlich. Wenn keine Kennzeichnung genannt ist, liegen alle Rechte beim Urheber. Er kann die Nutzung bzw. die Verbreitung des Werks anderweitig vergeben, z. B. an Verlage. Diese dürfen die Veröffentlichung mit einem ©-Symbol versehen. Bewegt man sich mit seinen Veröffentlichungen im **internationalen öffentlichen Raum**, ist es also ratsam, das Werk mit entsprechenden **Kennzeichnungen** zu versehen.

Symbole unterschiedlicher Creative-Commons-Lizenzen

Zunehmend werden im Internet Inhalte veröffentlicht, deren Verwendung und Verbreitung von vornherein erlaubt sind und keine weiteren Einverständserklärungen eingeholt werden müssen. Hierbei handelt es sich um sogenannte **Freie Inhalte** oder auch **Public Domain**.

Selbstverständlich sind auch diese Werke **urheberrechtlich geschützt**, sie werden lediglich der **Öffentlichkeit** zur **Verfügung** gestellt. Gekennzeichnet werden diese Werke durch das sogenannte **Creative-Commons-Lizenzen** oder auch **CC**, wodurch auf ein **stufenweises** Lizenzmodell verwiesen wird. Die Werke werden **teilweise** oder **vollständig freigegeben**, was entweder durch **Some Rights Reserved** oder **Public Domain** gekennzeichnet wird. Der Urheber selbst entscheidet über die Freigabeart. **Open Content** kennzeichnet ebenfalls freigegebene, aber urherberrechtlich geschützte Werke, wobei hier die Urheber bestimmen, welche Bedingungen an die Nutzung des Werks geknüpft sind. Um völlig sicher zu sein, dass du nicht gegen das Urheberrecht verstößt, ist es ratsam, nach freien Inhalten auf entsprechenden Seiten zu suchen.

Wenn du Fotos von Personen wiedergibst, musst du zusätzlich auf das Recht jeder Person an ihren eigenen Daten achten (Gesetz zur informationellen Selbstbestimmung).

1. Beurteile deine Profile innerhalb sozialer Netzwerke. Bewegst du dich damit im öffentlichen Raum? Wenn ja, wie musst du dann mit der Wiedergabe von Bildern, Texten oder Musik Dritter umgehen? Finde weitere Beispiele für öffentliche Räume.
2. Darfst du Fotografien deiner Freunde oder Mitschüler im Internet oder deinen Profilen darstellen? Begründe deine Antwort.
3. Speichere für deine Präsentation „Popmusik im 20. Jahrhundert" relevante Artikel und Bilder unter Beachtung des Urheberrechts in einem dafür angelegten Ordner ab.
4. Bei der Recherche zum Thema „Popmusik im 20. Jahrhundert" hast du Texte im Internet gefunden, die diese Creative-Commons-Lizenzen zur Verbreitung nennen.

   Informiere dich über die Bedeutung. Stelle auch die Bedeutung weiterer Symbole zu Creative-Commons-Lizenzen (siehe Abb. oben) zusammen.

Auf den Punkt gebracht

Das Urheberrechtsgesetz schützt persönliche, geistige Schöpfungen. Es wird in den Staaten unterschiedlich gehandhabt. Werden Werke Dritter im öffentlichen Raum dargestellt, so muss im Vorfeld ausnahmslos das Einverständnis des Rechteinhabers eingeholt werden. Werden Werke Dritter nicht öffentlich genutzt, muss kein Einverständnis eingeholt werden. In jedem Fall hat der Urheber den Anspruch, als solcher genannt zu werden.

7.6 Gliederung einer Präsentation

Du planst deine Präsentation ggf. im Team systematisch und setzt bei der Erstellung Gestaltungs- und Strukturierungsmöglichkeiten ein.

Um die gesammelten Daten zu sortieren und um sich einen besseren Überblick zum Ablauf der Erstellung der Präsentation zu verschaffen, legt sich *Noa* eine **Mindmap** zum Thema „Popmusik im 20. Jahrhundert" an.

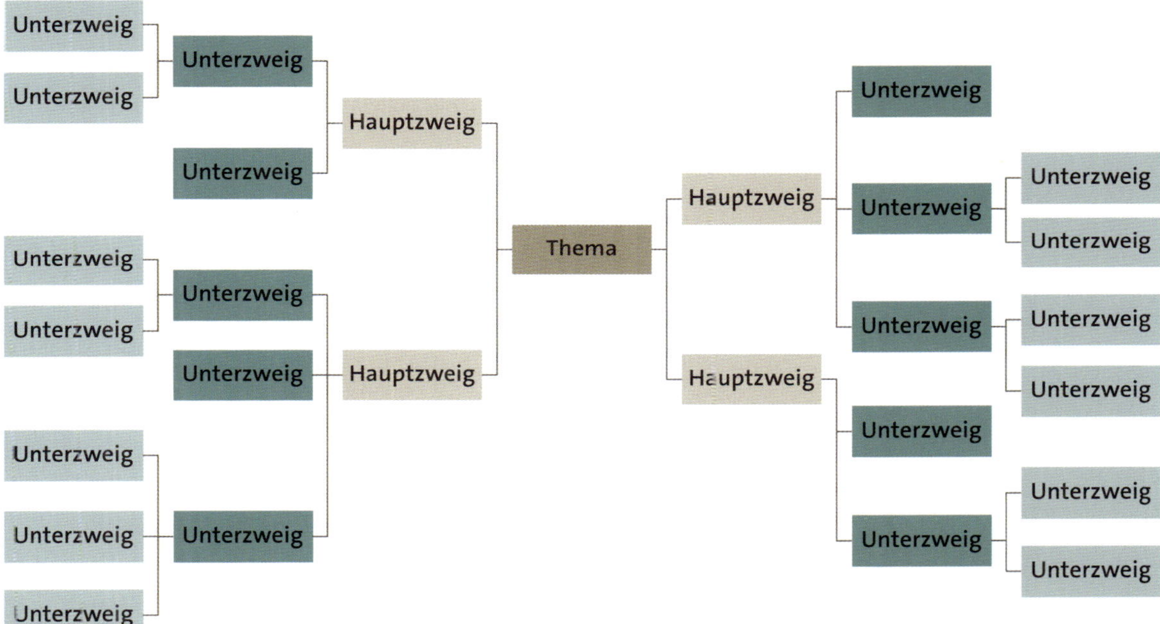

Den **Mittelpunkt deiner Mindmap** bildet das (Präsentations-)Thema, der Planungsinhalt oder auch ein Problem. Von dort führen Linien zu den **Hauptzweigen**, deinen Hauptgedanken. Diese gliedern in einer ersten Ebene grob das Thema.

Welche Alternativen zur Mindmap kennst du?

An diesen Hauptzweigen liegen wiederum, mit Linien verbunden, deine weiter-/fortführenden Gedanken an **Unterzweigen**. Mit diesen verfeinerst du die Aufteilung deiner Hauptzweige in weitere kleinere Teilbereiche. Diese bilden eine weitere Ebene. Je nach Thema lassen sich unterschiedlich viele Ebenen für Unterzweige festlegen. Beachte: Mehr als sechs Hauptzweige machen eine Mindmap unübersichtlich! Folge dem Grundsatz: vom Allgemeinen zum Speziellen. Eine Mindmap kannst du immer weiter ausbauen, wenn dir später noch weitere Aspekte einfallen. Dies kannst du sowohl handschriftlich als auch digital ausführen.

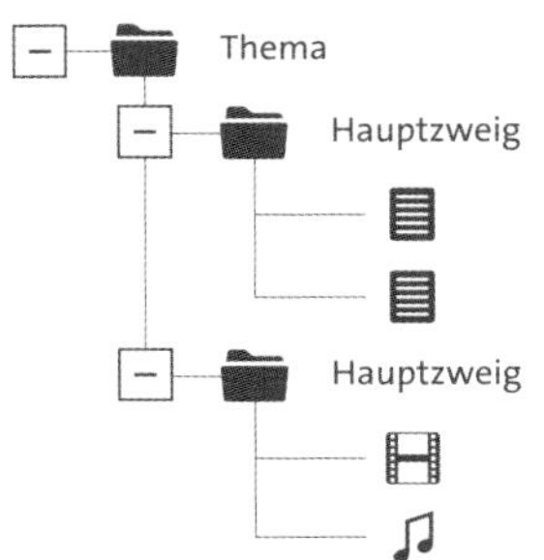

1. Lege eine vergleichbare Mindmap zum Thema „Popmusik im 20. Jahrhundert" an. Als Grundlage dienen dir die Informationen aus den vorangegangenen Aufgaben.
2. Vergleiche deine Mindmap aus Aufgabe 1 mit der deines Nachbarn. Ergänzt gegebenenfalls eure Ergebnisse um weitere wichtige Aspekte.
3. Ordne deine Popmusik-Dateien innerhalb des zuletzt erstellten Ordners nach dem Vorbild deiner selbst erstellten Mindmap. Ergänze sie eventuell um fehlende Informationen.

7.7 Präsentationsstrukturierung

Nice to know
Synonyme zu **Präsent** = Aufmerksamkeit, Geschenk

Noa ist sich trotz seiner erstellten Mindmap nicht ganz sicher, wie er seinen Vortrag konkret aufbauen soll, welche Präsentationsart für sein Vorhaben die richtige ist und welche Medien er dabei einsetzen möchte. Da *Noa* in der Schule und auch in seiner Freizeit häufig mit verschiedenen Präsentationen in Kontakt kommt, verfügt er über genügend Beispiele, um deren Aufbau zu analysieren und eine allgemeine **Struktur** ableiten zu können.

1. Nenne die Hauptbestandteile zum Aufbau eines Sachtextes (z. B. Brief, Rezept) oder literarischen Textes (z. B. Märchen oder Fabel). Verwende dein Vorwissen aus dem Deutschunterricht.

Für welche Präsentationsart du dich entscheidest, ist nicht nur abhängig von den Faktoren Thema, Ziel/-gruppe, Zeitrahmen, technische/räumliche Gegebenheiten und deinen persönlichen Vorlieben sowie Kenntnissen. Deine Auswahl wird auch durch den strukturellen Aufbau, den das jeweilige Medium zulässt, eingegrenzt.

Nice to know
lat. **structura** = Bauart, Ordnung, Zusammenfügung

Sollen die einzelnen Objekte deiner Präsentation in einer festgelegten Ordnung aufeinanderfolgen und keine Möglichkeit zulassen, diese Abfolge zu beeinflussen, so wählst du eine **sequenzielle Struktur**.

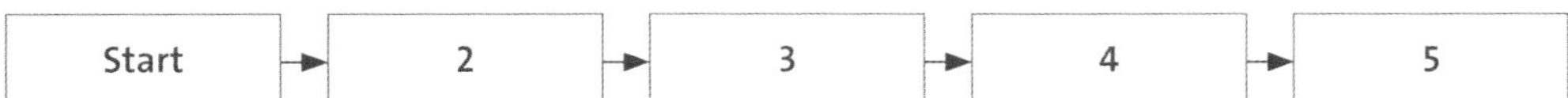

Sind Weiterleitungen in der Präsentation von einem Objekt zu mehreren weiteren Objekten gewünscht, empfiehlt sich eine **hierarchische Struktur**. Dabei solltest du jedoch beachten, eine Rückkehr zum Ursprungsobjekt mit einzuplanen.

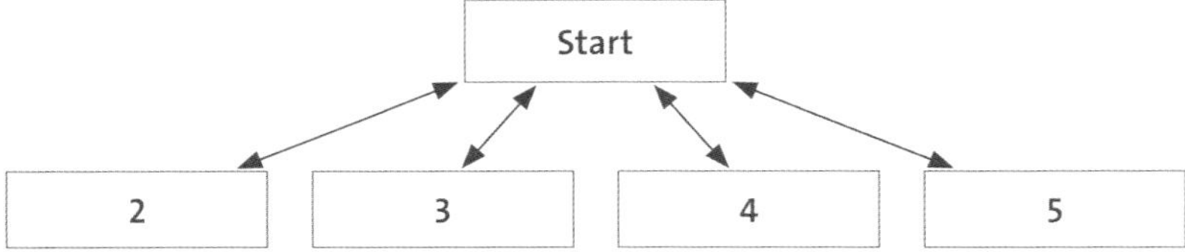

In ihrer reinen Form treten diese Präsentationsstrukturen in der Regel nicht auf. Beide werden miteinander kombiniert und eine Mischform entsteht.

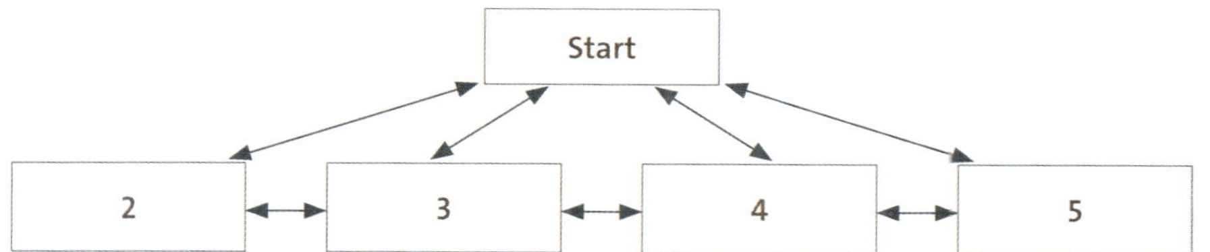

2. Ordne den in Kapitel 7.4 genannten Präsentationsarten die eben kennengelernten Strukturen zu. Erkläre mithilfe von Beispielen.

3. Gib *Noa* eine Empfehlung für den strukturellen Aufbau seines Referats in der Schule. Begründe deine Empfehlung.

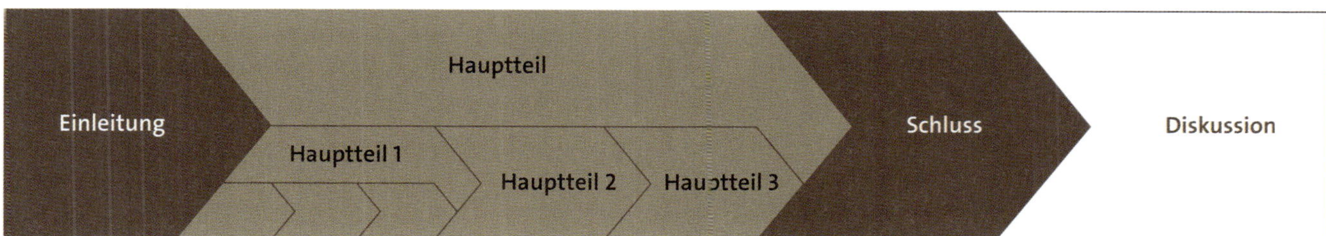

In jeder guten Präsentation kannst du einen logischen Ablauf feststellen. Je besser du ihn strukturierst, desto leichter kannst du schon in der Planungsphase erkennen, ob du alle relevanten Informationen mit einbezogen und sie an der richtigen Stelle platziert hast. Außerdem werden deine Zuhörer das Präsentierte durch eine klare Struktur besser verarbeiten und dem Verlauf leichter folgen können.

Eine **Einleitung** erfolgt am Anfang einer Präsentation. Sie soll einen Verbindungsaufbau zwischen dir und deinem Publikum ermöglichen, ihnen einen Ausblick auf die Inhalte bzw. das Ziel geben und dabei ihre Aufmerksamkeit und ihr Interesse wecken.

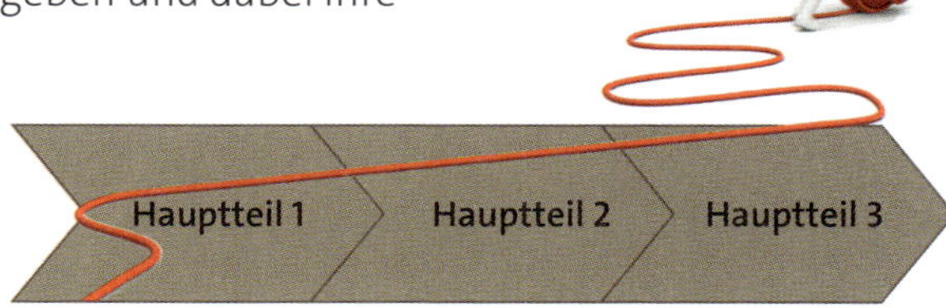

Der Einleitung folgt der **Hauptteil**, der wiederum in einzelne Abschnitte, z. B. Kapitel, Themenbereiche, gegliedert wird. Wie du ihn genau aufteilst, ist u. a. abhängig von dem zu präsentierenden Thema, der Zielgruppe und dem Anlass der Präsentation. Deine Einteilung könnte z. B. von bereits bekannten zu noch unbekannten Inhalten erfolgen, in chronologischer Reihenfolge gegliedert sein oder von einem allgemeinen Überblick ins Detail führen. Ist dein Gedankengang für deine Zuhörer gut nachvollziehbar und der sog. rote Faden erkennbar, wird ihre Aufmerksamkeit deiner Präsentation gelten.

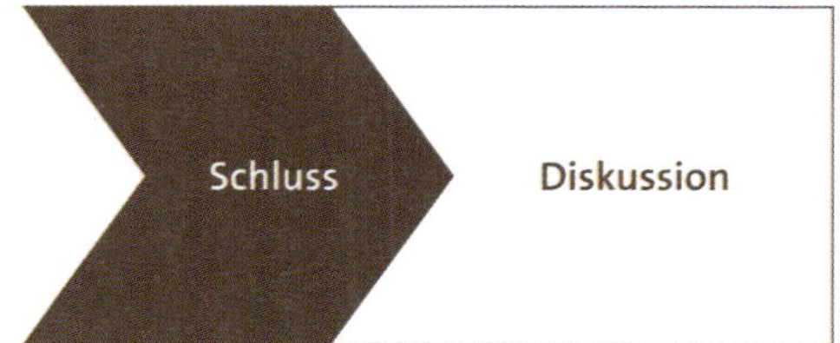

Der **Schlussteil** bedeutet nicht gleich das abrupte Ende deiner Präsentation. Nachdem du die wichtigsten Punkte zusammengefasst und die Fragen deiner Zuhörer beantwortet hast, ergreife die Chance, mit deinem Publikum zu kommunizieren und diskutieren. Du kannst dann direkt Feedback entgegennehmen und Anregungen für weitere Präsentationen erhalten oder auch eine Diskussion beginnen.

4. Gewichte deine durch die Mindmap sortierten Daten zum Thema „Popmusik im 20. Jahrhundert" und strukturiere einen Präsentationsablauf mit Einleitung, Hauptteil und Schluss.

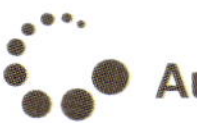

Auf den Punkt gebracht

Je besser die Präsentation **geplant** und **strukturiert** ist, desto einfacher wird die **gestalterische** Umsetzung für den Vortragenden und umso verständlicher für sein Publikum. Es stehen dabei beispielsweise die **hierarchische** oder die **sequenzielle** Abfolge zur Verfügung. Auch bei Präsentationen gilt es, eine **Einleitung**, einen **Hauptteil** und einen **Schluss** zu gestalten.

7.8 Aufbau und Layout einer Folienpräsentation

Welches Folienpräsentationsprogramm steht dir zur Verfügung? Kennst du noch weitere?

Da die beiden Jungs einen sequenziellen Ablauf für ihre Präsentation gewählt haben, entscheiden sie sich für ein **Folienpräsentationsprogramm**. *Noa* hat bereits schon einige Präsentationen von verschiedenen Lehrern gesehen und ihm gefällt an diesem Programm besonders, dass so viele verschiedene Objekte mit integriert und gestaltet werden können und es im Aufbau seinem Textverarbeitungsprogramm ähnelt.

1. Nenne die Unterschiede und Gemeinsamkeiten, die du im Aufbau der Benutzeroberflächen bei deinem Folienpräsentations- und Textverarbeitungsprogramm sofort erkennen kannst.

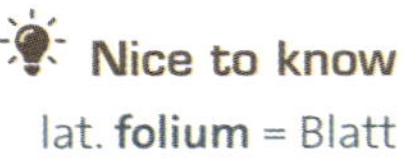

Nice to know
lat. **folium** = Blatt

Wie der Name schon sagt, wird in einem Folienpräsentationsprogramm mit **Folien** anstelle von Seiten gearbeitet. Die Anordnung der **Objekte** einer Folie kann dabei variabel erfolgen. Als Strukturierungshilfe bieten diese Programme Vorlagen, die für einen einheitlichen Aufbau innerhalb einer Präsentation genutzt werden können.

Nach dem Starten des Programms stehst du vor der Wahl, ein voreingestelltes, themengebundenes **Folienlayout** zu verwenden oder eine **leere Präsentation** zu öffnen und sie selbst zu gestalten. Entscheidest du dich für ein **voreingestelltes Layout**, sind je nach Thema das Design und die Werte der Attribute wie Hintergrundfarbe, Schriftfarbe, -art und -grad aufeinander abgestimmt. Entscheidest du dich für die **Leere Präsentation**, kannst du dieser ein neues Design oder eine der folgenden Varianten in der Registerkarte **Entwurf** zuweisen. Diese Möglichkeit hast du auch beim themengebundenen Layout.

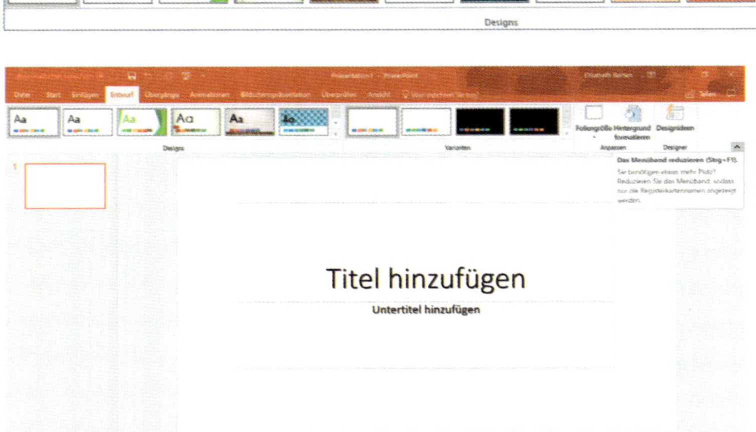

Unabhängig von deiner Design-Entscheidung erscheint als erste Folie die sog. **Titelfolie** mit zwei Platzhaltern.

Willst du diese Titelfolie ändern, kannst du so vorgehen: Klicke im Menüband auf **Start** und weiter in der Gruppe **Folien** auf **Layout**. Jetzt erscheint das nebenstehende Fenster.

Die im Programm integrierten Folienlayouts enthalten unterschiedliche **Platzhalter**, z. B. für Text oder Grafiken, an verschiedenen Positionen. Diese kannst du deinen Bedürfnissen, z. B. in ihrer Größe und Lage, noch anpassen. Wie das funktioniert, hast du bereits im Textverarbeitungsprogramm an Objekten wie Textfeldern erlernt (➨ Kap. 3.2).

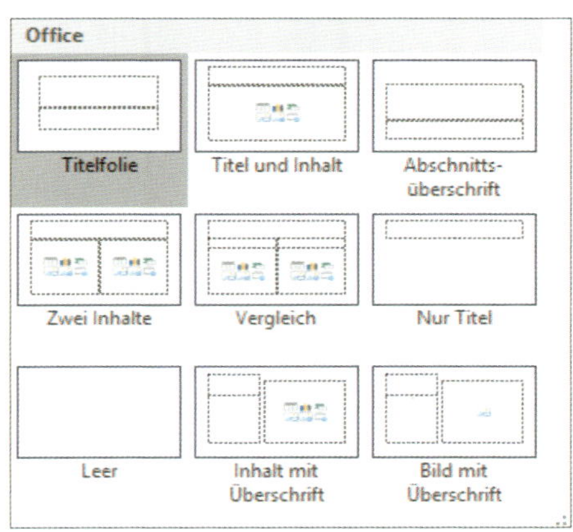

In den einzelnen Platzhaltern befinden sich verschiedene **Eingabeaufforderungen** oder Icons, die verschwinden, sobald du das gewünschte Objekt eingefügt hast. Möchtest du neue Objekte hinzufügen und es ist kein weiterer Platzhalter dafür vorhanden, kannst du sie über die Registerkarte **Einfügen** des Menübands mithilfe der jeweiligen Befehle in die Folie integrieren.

Folienpräsentationsprogramme bieten die Möglichkeit, die darüber abgebildeten Objekte und noch viele weitere in deine Präsentation mit einzufügen. Um die Präsentation für die Adressaten angemessen zu gestalten, bedenke vor der Erstellung Folgendes:

- Die Folien sollen deinen verbalen Vortrag unterstützen und nicht umgekehrt. Überlade sie deshalb nicht mit allem, was das Programm zu bieten hat, sondern setze die Objekte zweckmäßig und sinnvoll ein.
- Die große Auswahl an Objekten gestattet es dir aber auch, mithilfe der Präsentation verschiedene Lerntypen unter den Zuhörern zu erreichen. So lassen sich bei Verwendung unterschiedlicher Objekte verschiedene Bereiche des Gehirns ansprechen.

Erfahrungen zeigen diese Behaltensquoten durch:

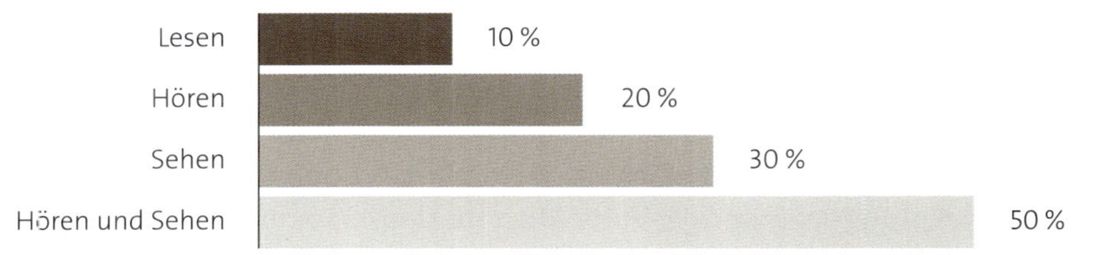

Nice to know

Behaltensquote:
90 % dessen, was der Mensch selbst tut, merkt er sich.

2. Erstelle eine Liste geeigneter Objekte einer Präsentation zum Thema „Popmusik im 20. Jahrhundert".

3. Wähle die wichtigsten drei Objekte aus und begründe deine Wahl.

Eine Folienpräsentation besteht immer aus mehreren Folien. Sie beginnt mit der **Titelfolie**, gefolgt von einer **Gliederungsfolie** und einer Anzahl weiterer Folien. Das Ende bildet eine **Schlussfolie**. Der Titelfolie kannst du auf verschiedenen Wegen weitere Folien hinzufügen: entweder über die Registerkarte **Einfügen** ➠ Befehlsgruppe **Folien** oder Registerkarte **Start** ➠ **Neue Folie**. Du kannst auch die Tastenkombination **Strg + M** über die Tastatur eingeben.

Beim Aufbau der weiteren Folien berücksichtige, dass der **Blick des Betrachters** von der linken oberen Ecke ausgehend in die rechte untere Ecke über die Folie wandert. Beachte außerdem, dass je höher der **Wiedererkennungswert** des Folienaufbaus ist, es desto einfacher für dein Publikum ist, sich zu orientieren und auf die Inhalte deiner Präsentation zu konzentrieren.

Berücksichtige daher bei der Präsentationserstellung Folgendes:
- In deiner Präsentation setzt du die **wesentlichen Inhalte** der Folie nach **links oben**, die **weniger bedeutsamen** Informationen erhalten einen Platz **rechts unten**.
- Den gewählten **Folienaufbau** verwendest du für **alle** Folien. Ausnahmen bilden Titel-, Gliederungs- und Schlussfolie.

7

4. Teile deine Informationen zum Thema „Popmusik im 20. Jahrhundert" (➠ S. 161, Aufgabe 4) in einzelne Folien auf. Lege bei Bedarf eine neue Mindmap mit passender Ordnerstruktur an oder verändere, so möglich, die bestehende Struktur.

5. Fertige Skizzen für ein passendes Layout für die Folien deiner Präsentation an.

Die Farbe des **Folienhintergrunds** ist in einer leeren Präsentation generell weiß. In der Registerkarte **Entwurf** befindet sich in der Befehlsgruppe **Anpassen** der Befehl **Hintergrund formatieren**, den du zum Ändern benötigst. Im Kontextmenü, das sich über einen Rechtsklick mit der Maus auf den Hintergrund öffnet, ist dieser Befehl ebenfalls zu finden. Du kannst neben einer einfarbigen Füllung des Hintergrunds einen Farbverlauf, eine Bild-, eine Text- oder Musterfüllung einstellen. Deine Einstellungen lassen sich für die aktuelle oder für alle Folien der Präsentation übernehmen.

Welche warmen, kalten und neutralen Farben kennst du?

Da die **Hintergrundfarbe** die größte Fläche der Folien ausfüllt und von ihr die weitere Farbgebung abhängig ist, solltest du die Farbwahl gut überdenken. Berücksichtige dabei unbedingt das Thema und den Inhalt deiner Präsentation, aber beachte auch die Wirkung und Bedeutung der jeweiligen Farbe, die zum Einsatz kommt.

	optimistisch, glücklich, freundlich oder aufdringlich, giftig,		still, verlässlich, entspannend oder unpersönlich, tief
	freundlich, fröhlich, jung oder unruhig, aufdringlich		harmonisch, entspannend, ruhig oder sauer, neidisch
	stark, aktiv, leidenschaftlich oder gefährlich, aggressiv		sachlich, elegant oder trist, deprimierend
	rein, sauber, schlicht oder steril, leer		sachlich, seriös, modern oder traurig, einsam

Das bedeutet für die Farbwahl deiner Präsentationsgestaltung:

- Blau- oder Grüntöne eignen sich sehr gut als Hintergrundfarben. Jeder kennt sie aus seiner natürlichen Umgebung von Himmel und Pflanzenwelt. Sie können Entspannung vermitteln.
- Helle Hintergrundfarben lassen deine Präsentation „leicht" wirken.
- Grafiken oder Bilder, die eher als „Schmuck" gedacht sind, sollen möglichst im Hintergrund stehen und nicht vom Folieninhalt ablenken.

6. Besprich dich mit deinem Nachbarn, welche Hintergründe für *Noas* Folienpräsentation infrage kommen könnten, und präsentiert eure Ergebnisse im Plenum.

Nachdem du den Hintergrund festgelegt hast, musst du wahrscheinlich die **Schriftfarbe anpassen**, da sich die voreingestellte Schriftfarbe schwarz nicht für jede Hintergrundfarbe eignet. Den dazu notwendigen Befehl und die Vorgehensweise kennst du bereits von deinem Textverarbeitungsprogramm (➨ Kap. 1.4).

Damit der eingegebene Text gut wahrgenommen werden kann, muss er sich farblich vom Hintergrund abheben. Ein **Farbkontrast** muss gebildet werden. Hier siehst du verschiedene **Kontraste**:

hell – dunkel	warm – kalt	komplementär	farbig – nicht farbig
Informationen	Informationen	Informationen	Informationen

Tipps zur Farbgebung deiner Präsentation:

- Verwende eine durchgehend einheitliche Farbgestaltung.
- Setze dunkle Schriftfarbe auf hellem Hintergrund und anders herum.
- Verwende in jeder Folie nur zwei unterschiedliche Farben.
- Nutze zur Unterscheidung verschiedene Helligkeits- und Sättigungsstufen der eingesetzten Farben.

Damit deine Textinhalte, auch von den Zuhörern der hintersten Sitzreihen, gut lesbar sind, spielen bei der Präsentationsgestaltung auch weitere Attribute wie **Schriftart, -größe und -schnitt** sowie der **Zeilenabstand** eine große Rolle. Um hier die richtige Wahl zu treffen, solltest du die **technischen und räumlichen Gegebenheiten** für deinen Vortrag kennen. Dazu zählen die **Verdunklungsmöglichkeiten**, die **Lichtstärke des Beamers** sowie die **Raumgröße** und **Größe des Publikums**.

Dies bedeutet für die Auswahl deiner Schrift:

- Entscheide dich für eine **gut lesbare** und **schlichte** Schriftart.
- Wähle für deine **Überschriften** eine Größe zwischen **28 pt und 36 pt** und für **Unterpunkte und Text** eine Größe zwischen **18 pt und 24 pt**.
- Verzichte bei **Hervorhebungen** auf den Schriftschnitt *kursiv* und die Textformatierung unterstrichen.
- Stelle einen **Zeilenabstand** zwischen 1,0 und 1,2 Zeilen ein.
- Verwende die **ausgewählten Formatierungen** durchgängig in **allen Folien** deiner Präsentation.

The Serif

Courier New

The Sans

Eurostile

Zipty Do

7. Zeige anhand von Beispielen, wie dein Foliendesign ansprechend um Schriftart und Schriftgröße erweitert werden kann. Tausche dich mit deinem Nachbarn aus.

Um dir Layoutarbeiten zu vereinfachen, bieten dir Folienpräsentationsprogramme den Befehl **Folienmaster** an, den du in der Registerkarte **Ansicht** in der Befehlsgruppe **Masteransichten** aufrufen kannst. Mithilfe des Folienmasters legst du das **Design für alle Folien** auf einmal fest und musst nicht jede Folie einzeln formatieren. Auch spätere Änderungen übertragen sich sofort auf die gesamte Präsentation.

Aktiviere per linker Maustaste den Folienmaster. Nimm **in dieser Ansicht** die gesamten **Folienformatierungen**, wie Hintergrund, Layout, Schriftfarben, Schriftgrößen usw., vor. Nutze dazu die jeweiligen Registerkarten im Menüband und die einzelnen Befehlsgruppen. Der Folienmaster bleibt weiterhin **aktiviert**.

8. Formatiere mithilfe des Folienmasters ein Foliendesign für deine Präsentation.

Nice to know
lat. **animatio** = das Beleben

7

Alle Objekte einer Folie können ansprechend **animiert** werden, um die Präsentation **abwechslungsreich** zu gestalten oder um eine weitere **Strukturierungsmaßnahme** vorzunehmen. Damit beispielsweise das Publikum nicht von einem Textblock „erschlagen" wird, können einzelne Textelemente, wie z. B. **Zeilen** oder **Wörter**, **animiert** werden. In der Registerkarte **Animation** werden dir verschiedene **Eingangs-**, **Ausgangs-** und **Hervorhebungseffekte** angeboten. Die **Reihenfolge** der Animationen, der **Animationsauslöser** sowie die **Dauer** der Animation und weitere Animationseinstellungen können präzise eingerichtet werden. Um zu überprüfen, wie deine gewählte Animation wirkt, kannst du eine Vorschau ansehen. Dabei gilt es Folgendes zu beachten:

- Die Animation soll eine Betrachtungshilfe darstellen und nicht von der Präsentation selbst ablenken. Weniger ist mehr!
- Beschränke dich auf eine Animationsart für die gesamte Präsentation.

Geeignet sind alle ruhigen oder zum Thema passenden Animationen. Generell sind die Animationen **Verblassen**, **Erscheinen** und **Hineinschweben** eher geeignet als **Form**, **Drehen** oder **Wachsen und Bewegen**.

9. Weise den einzelnen Objekten im Folienmaster eine sinnvolle Animation zu.

Um die **Übergänge** von einer Folie zur nächsten ansprechend zu gestalten, bietet dir das Folienpräsentationsprogramm in der Registerkarte **Übergänge** viele verschiedene animierte Folienwechsel an. Sie können ähnlich wie Animationen eingestellt und bearbeitet werden. Für Übergänge gelten dieselben Regeln wie für Animationen.

Generell gilt auch bei den Übergängen **Weniger ist mehr**. Du solltest dich auf eine Art Übergang für deine Präsentation beschränken. Gute Übergänge sind beispielsweise **Wischen** oder **Teilen**. Weniger geeignet sind actionreiche Übergänge wie **Balken**, **Blitz** oder **Vorhänge**. Wähle einen zum Thema passenden und ruhigen Übergang aus.

10. Sieh dir die unterschiedlichen Folienübergänge in deinem Folienpräsentationsprogramm an, entscheide dich anschließend für einen davon und wende ihn im Folienmaster an.

11. Natürlich zählt bei der Gestaltung und dem Aufbau einer Folie der persönliche Geschmack. Jedoch sollten einige wichtige Gestaltungsregeln beachtet werden: Erstelle auf Grundlage deines Folienmasters eine ansprechende Präsentation zum Thema „Popmusik im 20. Jahrhundert" unter Verwendung deiner recherchierten und gespeicherten Texte und Dateien. Beachte dabei außerdem die Regeln für Text und Grafik.

Mithilfe von **Hyperlinks** kannst du **„Sprünge"** zu **anderen Folien** innerhalb deiner Präsentation durchführen oder **weitere Dateien**, z. B. aus Textverarbeitungs- und Tabellenkalkulationsprogrammen oder auch **Webseiten**, mit deiner Präsentation **verknüpfen**. Je nach Einstellung öffnet sich das verknüpfte Objekt durch einen **linken Mausklick** oder das **Ruhen der Maus** auf dem **Hyperlink** während der Präsentation. So kannst du schnell auf dessen Inhalte zugreifen. Du erkennst einen **Hyperlink** in der gestarteten Präsentation am **Cursorsymbol** 👆.

Hyperlinks können nicht nur auf **Text**, sondern auch auf **Textfelder**, **Bilder** oder **Formen** gesetzt werden.
Um einen Hyperlink einzufügen, kannst du mit Rechtsklick auf die Folie ein Kontextmenü öffnen. Darin findest du das Symbol für das Setzen des Hyperlinks. Ein anderer Weg führt über die Registerkarte **Einfügen** in der Befehlsgruppe **Links**. In dieser Registerkarte stehen dir in der Befehlsgruppe **Illustrationen** auch **Formen** und weitere interaktive Schaltflächen zur Verfügung. Nach Einfügen der ausgewählten Form öffnet sich sofort ein Dialogfenster für die genauen Aktionseinstellungen des Links.

12. Setze an eine geeignete Stelle deiner Präsentation „Popmusik im 20. Jahrhundert" (➡ Aufgabe 4, Kap. 7.7) einen Hyperlink, der einen passenden Inhalt aus dem Internet mit deiner Präsentation verknüpft. Wenn du beim Umgang mit dem Hyperlink Fragen hast, nutze die **Hilfefunktion** deines Programms.

13. Fertige eine Mindmap zu einer Präsentation mit einem Thema deiner Wahl an. Die Mindmap soll dir als Grundlage für die Ausarbeitung einer Präsentation dienen. Sie soll also unter Beachtung sämtlicher Regeln gefertigt werden.

Nice to know 

Eine **Hilfefunktion** bietet das Folienpräsentationprogramm in der Registerkarte **Start** unter **Was möchten Sie tun?** Hier kannst du deine Fragen eingeben und Antworten – auch mit Beispielen – bekommen.

Auf den Punkt gebracht

Folienpräsentationsprogramme bieten eine Vielzahl an **Gestaltungsmöglichkeiten** für die Objekte einer Präsentation. Grundsätzlich gilt für alle Objekte einer Folie ***Weniger ist mehr***, um die Wirkung einer Präsentation nicht zu verfälschen.

7.9 Adressaten eines Vortrags

Du präsentierst deine Arbeitsergebnisse sach- und adressatengerecht in der Gruppe.

Nachdem die Präsentation erstellt ist, überlegt sich *Noa*, wie er sie bestmöglich in seiner IT-Gruppe vorstellen kann. Er möchte seine Klassenkameraden für sein Thema begeistern, dabei aber nicht übertreiben. Er überlegt allgemein, was es bei einem **Publikum** zu beachten gilt.

Was begeistert dich an einem Vortrag?

Das Thema veranschaulichen
- Gute Beispiele integrieren
- Infomaterial zur Verfügung stellen

Das Publikum involvieren
- Das Publikum durch Fragen abholen und miteinbeziehen
- Blickkontakt halten
- Nicht vom Publikum abwenden
- Eine alters- und personengerechte Sprache wählen
- Dem Publikum zu Beginn einen Überblick und zuletzt eine Zusammenfassung gewähren

Ablenkungen vermeiden
- Keine unnötigen Ablenkungen, wie z. B. Technikschlachten
- Keine überladenen Folien oder abwechselnde Folienübergänge
- Nicht zu viel Anschauungsmaterial während des Vortrags herumgeben
- Flyer und Infomaterial erst zum Schluss ausgeben
- Technische Einstellungen grundsätzlich im Vorfeld vornehmen
- Alle Features auf Funktionstüchtigkeit überprüfen

1. Besprich die oben genannten Regeln innerhalb deiner IT-Gruppe. Findest du weitere Regeln?

7.10 Personenbezogene Regeln

Nice to know
Keine optimale Präsentation: Nach innen gedrehte Füße vermitteln Unsicherheit und Schüchternheit.

Bei seinen Überlegungen für eine optimale Präsentation recherchiert *Noa* im Internet nach personenbezogenen **Verhaltensregeln** für einen Referenten. Er findet dabei folgende Hinweise:

Körperhaltung
- Nicht zur Tafel oder der Projektionsfläche wenden
- Die Schultern straffen und mit einer natürlichen, aufrechten, nicht gebückten Körperhaltung zum Publikum stehen

Stand
- Stabil stehen
- Kein unbequemes Schuhwerk
- Nicht setzen oder hinter einem Schreibtisch verstecken

Präsenz
• Keine leuchtenden Neonfarben tragen • Keine zu dunkle Kleidung wählen • Dem Vortrag angepasste Kleidung wählen • Keine Verkleidung • Kein zu auffälliges Make-up tragen
Mimik
• Lächeln und freundlich zum Publikum blicken • Das Gesicht entspannen • Blickkontakt halten
Gestik
• Die Arme nicht vor der Brust verschränken • Die Hände nicht in die Hosentaschen stecken • Auf wichtige Details mit den Händen, Zeigestöcken oder Laserpointern deuten
Sprache und Rhetorik
• Möglichst frei reden • Verständliche Aussprache und angemessene Lautstärke • Kurze und klare Sätze • Keine Wiederholungen • Dialekt ist erlaubt, versuche aber, für alle verständlich zu sein • Pausen beim Sprechen setzen – so kann Gehörtes besser verarbeitet werden • Betonung auf wichtige Aspekte • Sprechtempo und Lautstärke variieren • Positive Formulierungen • Nicht vom Publikum weg sprechen, sondern ausschließlich zum Publikum hin • Keinen Kaugummi kauen oder Bonbons lutschen

 **Auf den Punkt gebracht**

Eine Präsentation soll ein frei gesprochener Vortrag sein, der durch Inhalte und nicht durch technische Features glänzt. Eine gelungene Präsentation ist ein Zusammenspiel aus Inhalt, Rhetorik, Mimik, Gestik und Körperhaltung und wird durch geschickt gewählte Kleidung unterstützt. Das Publikum sollte stets involviert werden.

Projekt

Erarbeite eine Folienpräsentation zum Thema „Mein Hobby“. Zusätzlich soll eine ausführliche Informationsbroschüre angefertigt werden. Die Zielgruppe dieses Projektauftrags sind deine Mitschülerinnen und Mitschüler. Bei einem Vortrag innerhalb deiner IT-Gruppe soll deine Folienpräsentation vorgestellt werden.

Möglicher Projektablauf

1. Informationen sammeln
2. Vertiefte Erarbeitung und Recherche
3. Zusammentragen aller Informationen
   a) Gewichtung und Auswahl der Informationen
   b) Wahrheitsgehalt prüfen
4. Vorüberlegungen und Planungen zur Aufbereitung in einem Folienpräsentationsprogramm mit Checkliste als mögliche Hilfestellung

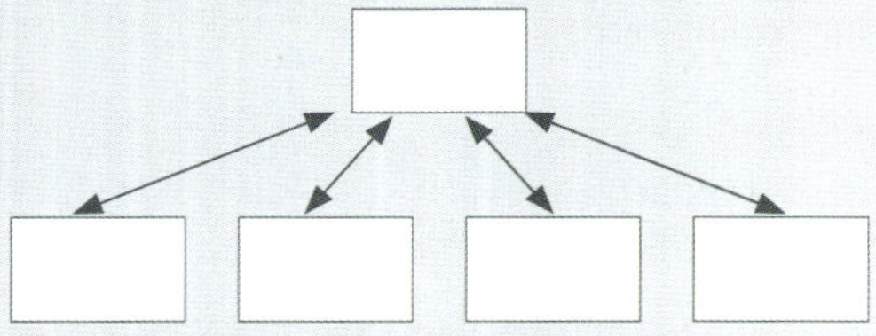

7

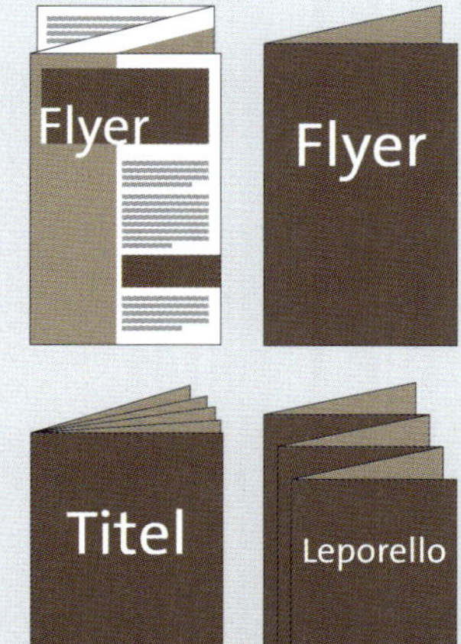

   a) Welche Präsentationsstruktur?
   b) Wovon handelt die Folie?
   c) Welche Überschrift wird gewählt?
   d) Welche Objekte sind enthalten?
   e) Welche Objekte sind animiert, und wenn ja, wie?
   f) Werden Hyperlinks benötigt?
   g) Wie wird der Ablauf gesteuert?
   h) Was wird zur Folie gesagt?
5. Ausgewählte Informationen in einem Folienpräsentationsprogramm aufbereiten
6. Gestaltung der Flyer, Leporellos oder Hosentaschenbücher z. B. unter Verwendung eines Druckpublikationsprogramms
7. Montagearbeiten sowie Vervielfältigung der Printmedien
8. Präsentation der Arbeiten
9. Ausgabe der Informationsbroschüre

8 Grundlagen elektronischer Datenverarbeitung

Elektronische Datenverarbeitung ist das Lösen von Problemstellungen mit einer elektronischen Rechenanlage. Den Grundstein solcher Anlagen legten Wissenschaftler bereits im 17. Jahrhundert mit der Entwicklung von mechanischen Rechenmaschinen für die vier Grundrechenarten. Seither werden Maschinen zum automatisierten Ablauf von Prozessen entwickelt. Der Computer ermöglicht erst seit Mitte des 20. Jahrhunderts das Lösen elektronischer bzw. digitaler Aufgaben.

8.1 Die Geschichte des Computers

Du erklärst ein **vereinfachtes Computermodell** und beschreibst das **EVA-Prinzip**, um die grundsätzliche Funktionsweise von EDV-Systemen zu erkennen.

Lea, Mia, Noa und *Mo* besuchen im Rahmen ihres Wahlfaches Kommunikationstechnologie das Deutsche Museum. Dort finden sie sich bereits nach einiger Zeit im Ausstellungsbereich der Informations- und Kommunikationstechnologie wieder. Hier wird die gesamte **Entwicklungsgeschichte des Computers** mithilfe eines Zeitstrahls an den Ausstellungswänden abgebildet. Dazu passende Exponate und Bilder unterstützen und runden den Gesamteindruck ab. Die vier erkennen sehr schnell, dass der Weg von der ersten Rechenmaschine bis hin zum heutigen Standard einer enormen technischen Entwicklung in sehr kurzer Zeit entspricht.

Projekt

Erstellt gemeinsam in der Klasse eine Präsentation zur Entwicklungsgeschichte des Computers. Wählt dazu eines der folgenden Formate.

Möglicher Projektablauf

1. Einteilung der Gesamtgruppe in Kleingruppen, die bestimmte Zeitabschnitte bearbeiten
2. Erarbeitungs- und Recherchephase in Einzelarbeit
3. Zusammentragen aller Informationen. Gewichtung und Auswahl der Informationen in der Kleingruppe
4. Gestaltung der Flyer/Plakate/Lapbooks, in Absprache mit den anderen Kleingruppen
5. Montagearbeiten
6. Vorstellung der Projektergebnisse im Plenum

Wann hast du das erste Mal einen Computer verwendet? Was hat deine Großmutter zum Vergleich im selben Alter getan?

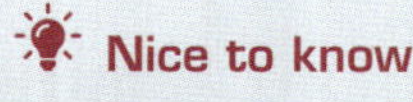

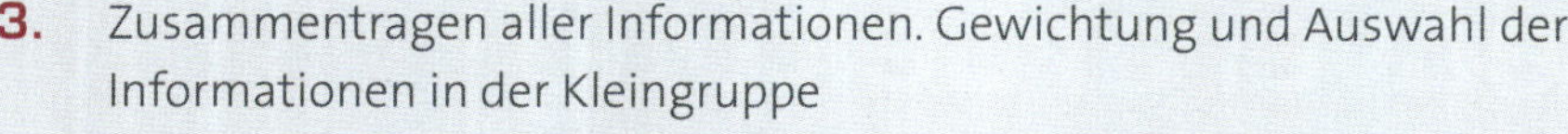

Nice to know
Der erste Rechner wurde bereits 1837 erfunden.

Nice to know
Ein Lapbook ist ein interaktives Plakat mit aufklappbaren oder ausziehbaren Bereichen.

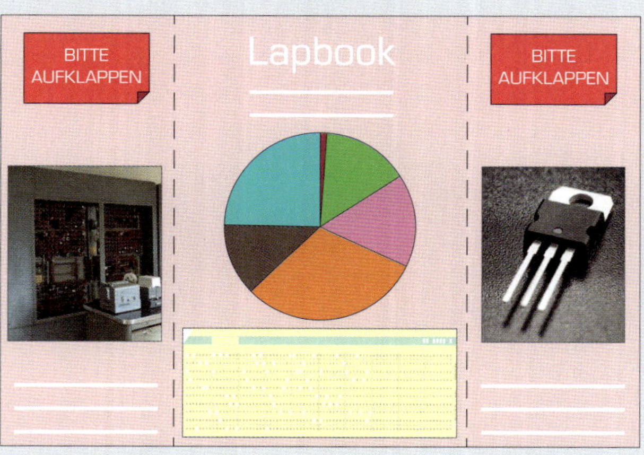

8.2 Die Von-Neumann-Architektur

Im regulären IT-Unterricht erfahren *Lea* und *Mia* mehr über die Funktion eines Computers. Dabei betrachten sie das **vereinfachte Computermodell** nach **John von Neumann** genauer. Sie erfahren, dass der Mathematiker dieses Modell 1945 entwickelte. Es prägt bis heute alle Standard-Computer und orientiert sich an der menschlichen Denkweise der Informationsverarbeitung.

Wie verarbeitest du Informationen?

Dieses vereinfachte Modell zur Informationsverarbeitung besteht aus vier Funktionseinheiten:

- Rechenwerk (ALU – Arithmetic Logic Unit)
- Steuerwerk (CU – Control Unit)
- Speicherwerk (Memory)
- Ein- und Ausgabewerk (I/O Unit)

Nice to know 

griech. arithmein = zählen, rechnen
Arithmetik = Rechnen mit Zahlen

Das **Rechenwerk** erstellt logische und arithmetische Verknüpfungen. Das **Steuerwerk** interpretiert die Anweisungen der Programme, wie zum Beispiel für die Textverarbeitung oder der Tabellenkalkulation, verknüpft Datenquellen und regelt die Befehlsabfolge. Gemeinsam mit dem Rechenwerk bildet es die **CPU**, also die zentrale Recheneinheit. Die CPU steuert somit sämtliche Prozesse und entspricht infolgedessen dem Gehirn des Computers. Die CPU oder auch Prozessor steuert übrigens zudem das Bewegen des Bildschirmschoners oder auch die Aktualisierung der Zeitangabe am Monitor. Programme und Daten (➨ Kap. 8.6) werden im **Speicherwerk** gespeichert. Das **Ein-/Ausgabewerk** steuert, wie es der Name bereits sagt, die Ein- und Ausgabe von Daten.

Nice to know 

CPU = **C**entral **P**rocessing **U**nit

Die vier Funktionseinheiten eines Computers arbeiten wie das Zahnradsystem eines Uhrwerks. Sie greifen stets ineinander über. Fällt eine Einheit aus, so können keine Abläufe mehr stattfinden.

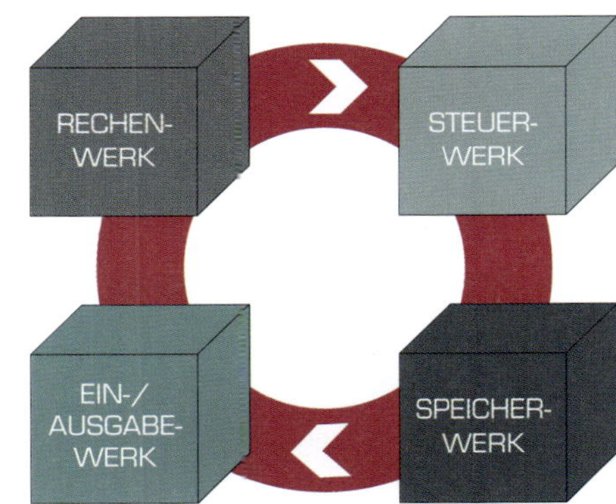

Einfaches Computermodell nach von Neumann

Die Verbindung zwischen diesen Komponenten nennt man **Bussystem**. Ein Bus ist ein Verbindungssystem aus elektrischen Leitungen, die Daten zwischen den Komponenten transportieren. Der **Adressbus** vergibt den einzelnen Komponenten der Architektur Adressen, da immer nur eine Einheit/Komponente Daten empfangen oder senden kann. Sobald die Einheit eine Adresse hat, dürfen Daten über den **Datenbus** versendet werden. Der **Steuerbus** regelt sozusagen, ob Daten empfangen oder gesendet werden. Gemeinsam bilden diese drei Busse den sogenannten **Systembus**. Alle Komponenten sowie das Bussystem befinden sich auf dem Motherboard, auch Mainboard oder Hauptplatine genannt.

Mit welchen Mitteln transportierst du Daten?

8

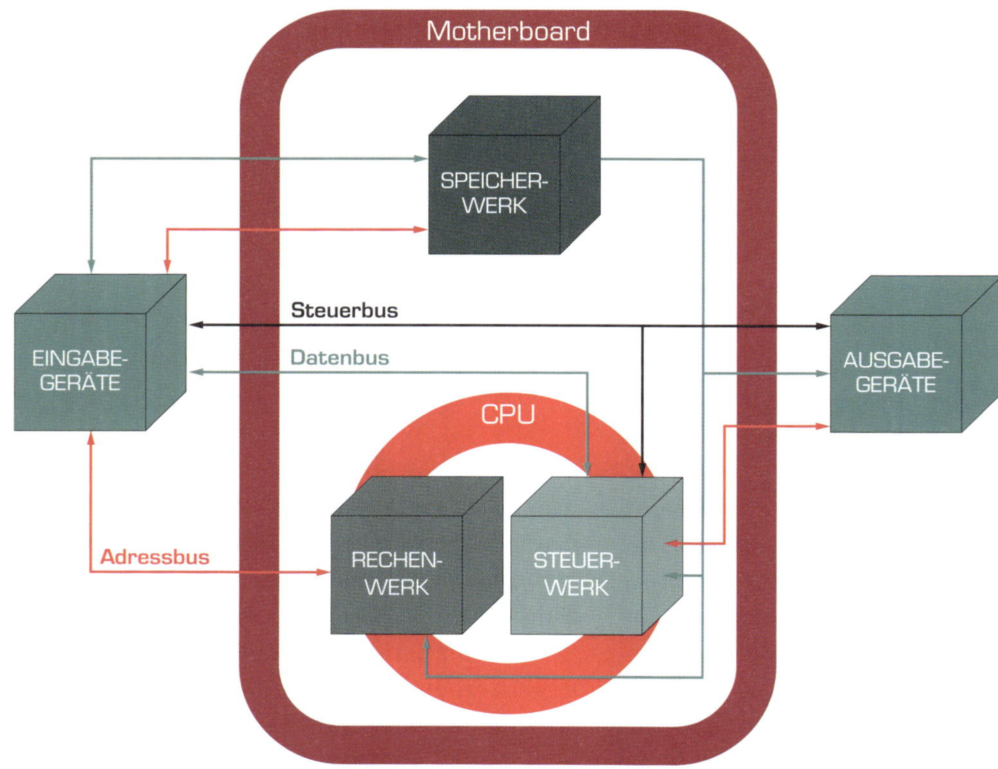

Nice to know

Unidirektional bedeutet, dass eine Nachricht nur in eine Richtung gesendet werden kann. Wenn beide Richtungen zum Senden möglich sind, spricht man von **bidirektional**.

1. Mit diesem Bussystem in dieser Architektur sind die Begriffe **bidirektional** und **unidirektional** verbunden. Finde heraus, was das für diese Architektur bedeutet.

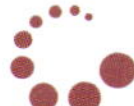

2. Sieh dir das abgebildete Motherboard genau an. Suche darin die vier Funktionseinheiten und das Bussystem.
3. Nenne weitere Bestandteile eines Computersystems, die auf einem Motherboard verbaut sind.
4. Auf welche Bestandteile des Motherboards kannst du beim Kauf Einfluss nehmen und welche lassen sich nach dem Erwerb noch verändern?

Auf den Punkt gebracht

Die **Von-Neumann-Architektur** bildet die Grundlage der heute üblichen Computersysteme. **Steuerwerk**, **Rechenwerk**, **Speicherwerk** sowie **Ein-** und **Ausgabewerk** sind über den **Systembus** miteinander verbunden.

8.3 Das EVA-Prinzip

Mia und *Lea* sind von der Hardware-Thematik begeistert. Sie möchten gerne mehr über moderne Computer erfahren und informieren sich am Nachmittag im Internet. In einem Online-Artikel stolpern sie über den Begriff **EVA-Prinzip**.

Nice to know 

EVA-Prinzip bedeutet auf Englisch IPO model (Input Process Output model).

EVA steht hier für die Begriffe **E**ingabe, **V**erarbeitung und **A**usgabe. Die Einteilung der Komponenten sowie der Peripheriegeräte soll das Grundprinzip des Ablaufs der elektronischen Datenverarbeitung aufzeigen.

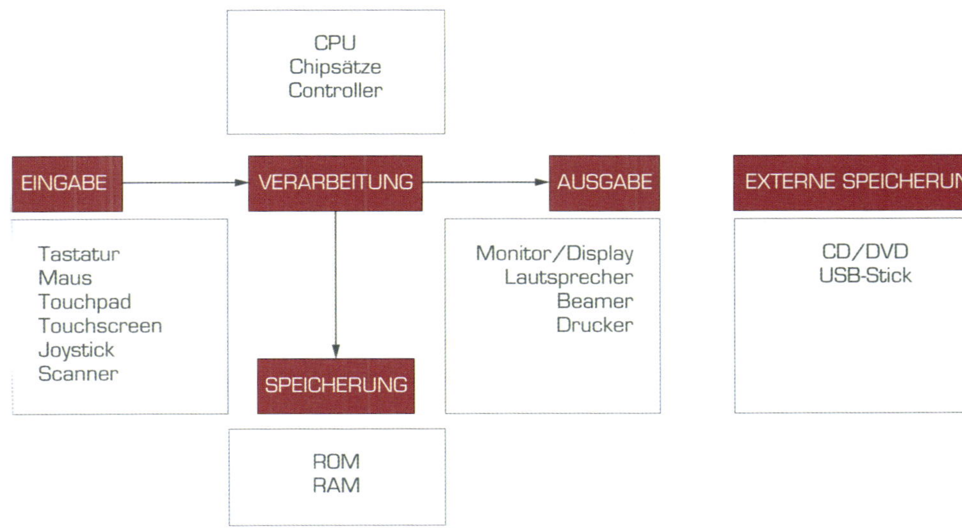

Nice to know 

RAM = **R**andom **A**ccess **M**emory, wird als Arbeits- oder Hauptspeicher bezeichnet.
ROM = **R**ead **O**nly **M**emory

1. Finde eine Erklärung für den Begriff **Peripherie**.
2. Nenne alle Eingabe-, Verarbeitungs- und Ausgabegeräte, die du an deinem Computerarbeitsplatz in der Schule findest.
3. Vergleiche deinen Arbeitsplatz in der Schule mit dem zu Hause. Welche weiteren Peripheriegeräte für die Ein- und Ausgabe besitzt du? Zähle nicht nur auf, sondern erläutere auch den Nutzen der Peripheriegeräte.
4. Erkläre, welche Speichermedien du und deine Familie verwenden.
5. Du hast endlich genügend Geld gespart, um dir einen neuen Gaming-PC zu leisten. Nun gilt es, die besten Hardware-Komponenten auf dem Markt zu finden. Hole die nötigen Informationen hinsichtlich Preis, Funktion, Aufbau, Design und gesundheitlicher Risiken ein und erstelle eine Vergleichstabelle. Stelle sie deinen Mitschülern vor und erläutere deinen fiktiven Kaufentschluss.

Hardware-Komponente	Preis	Funktion	Aufbau	Design	Gesundheitliche Risiken

6. *Noa* und *Mo* interessieren sich nach einem Gespräch mit *Mia* und *Lea* selbst für die Funktionsweise von EDV-Systemen und erstellen sich zum besseren Verständnis eine Mindmap (➨ nächste Seite). Finde die neuen Komponenten, die sich in der Mindmap zu einem EDV-System befinden.

EDV = **e**lektronische **D**aten**v**erarbeitung

Welche Stationen durchlaufen Informationen in deinem Körper?

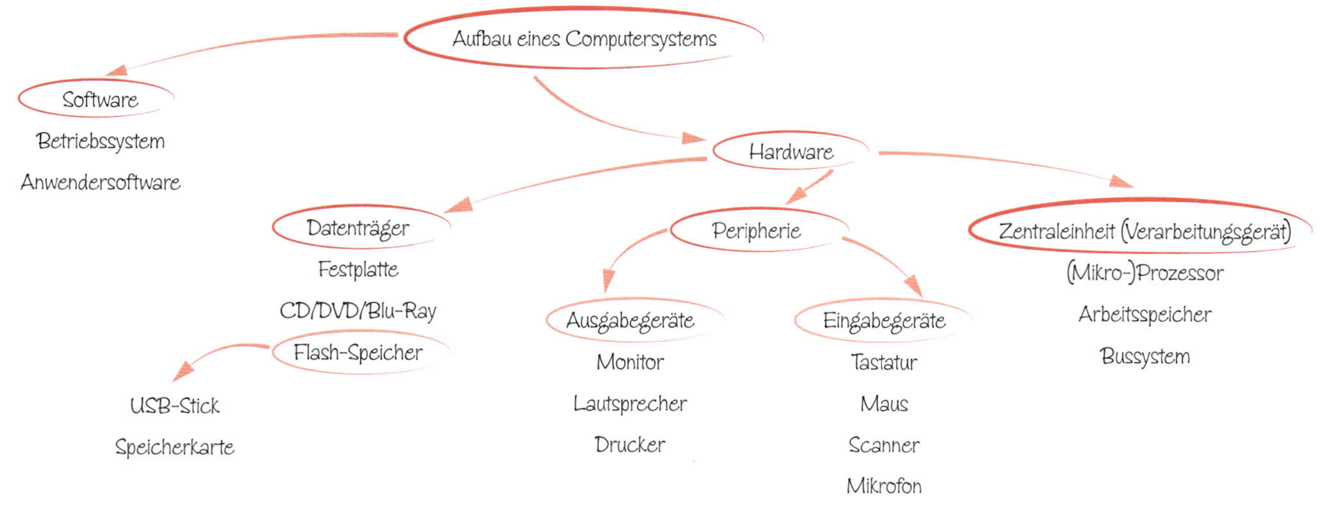

Auf den Punkt gebracht

Das **EVA-Prinzip** steht nicht nur für die elektronische Datenverarbeitung, sondern lässt sich ebenso auf jeden **Ablauf der Datenverarbeitung** beziehen. Ausgabedaten können auch als Eingabedaten eines weiteren Verarbeitungsprozesses dienen.
Ein **EDV-System** ist im Allgemeinen ein Geflecht aus elektronischen Funktionseinheiten zur Verarbeitung von Daten. Es dient u. a. zur Lösung naturwissenschaftlicher und technischer Probleme.

8.4 Hardware und Software

Du ordnest Hardware und Software, mit dem Betriebssystem als Schnittstelle, ihren Aufgaben zu.

Da *Noa* die Begriffe **Hardware** und **Software** schon sehr oft gehört hat, aber nicht so ganz genau weiß, worin die Unterschiede bestehen, informiert er sich bei *Mo*. Dieser nimmt gemeinsam mit *Noa* zunächst eine Einteilung in Form einer Mindmap vor.

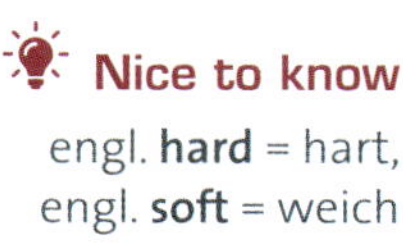

Nice to know
engl. **hard** = hart,
engl. **soft** = weich

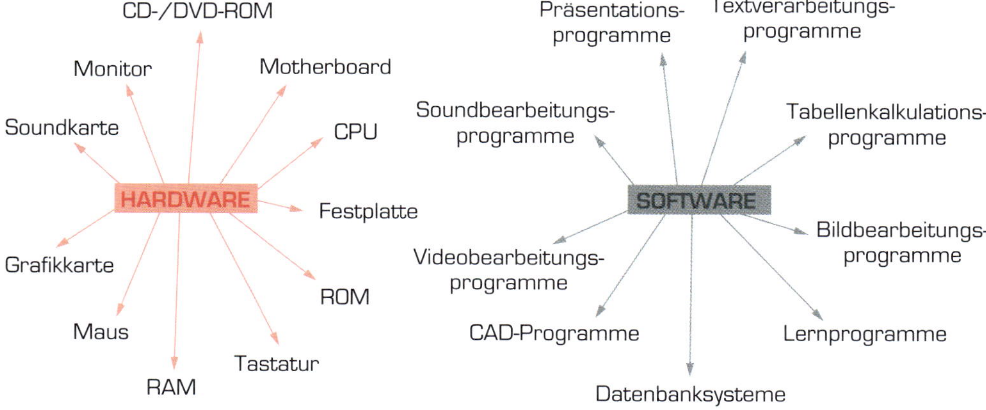

Bestehst du als Mensch auch aus Hard- und Software?

Durch die Mindmap lässt sich erkennen, dass **Software** im Gegensatz zu Hardware nicht angefasst werden kann. Software ist ein Sammelbegriff für alle Programme eines Computers. Du kannst im Allgemeinen zwischen **Anwendungsprogrammen**, wie beispielsweise Textverarbeitungssoftware oder Spielen, und **Systemprogrammen** unterscheiden. Systemsoftware entspricht **Betriebssystemen** wie Windows, Mac OS oder Linux. **Hardware** beschreibt hingegen alle Komponenten eines Computers, die man mit den Händen greifen kann. Hardware und Software benötigen sich immer gegenseitig zur Betriebsfähigkeit.

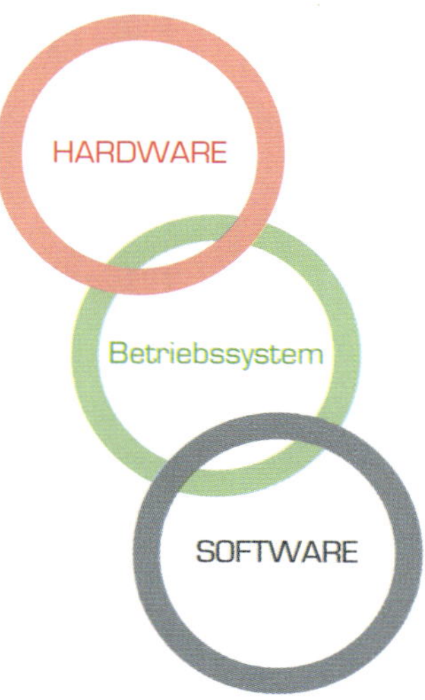

1. Diskutiere mit deiner Banknachbarin, welche Anwendungsprogramme du nutzt. Gibt es Alternativen zu diesen Programmen?
2. Auch Smartphones verfügen über Systemprogramme. Nenne Beispiele.

8.5 Die Bedeutung des Betriebssystems

Da ein Elektronikgroßhandel der Schule diverse Computerbauteile und Hardwarekomponenten gespendet hat, haben *Noa* und *Mo* im Rahmen des Wahlfachs Informatik einen PC für Schüler zusammengebaut und alle zu installierenden Programme auf Datenträgern bereitgelegt. Es fehlt ihnen jedoch eine Software, um den Computer in Betrieb zu nehmen und die Programme zu installieren. Die beiden benötigen ein sogenanntes **Betriebssystem**.

Nice to know
Betriebssystem = Operating System (OS)

Welche Berufe kennst du, die Aufgaben wie die eines Betriebssystems ausführen?

Betriebssysteme bilden das Bindeglied zwischen Hardware und Software. Ohne ein Betriebssystem wäre ein Computer nutzlos, da es das Zusammenwirken der Soft- und Hardware verwaltet. Es sorgt für einen reibungslosen Datenfluss, steuert die angeschlossene Hardware und verwaltet den Speicherplatz. Innerhalb eines Betriebssystems werden ebenso die **Laufwerke**, wie CD-/DVD-Laufwerke, und interne/externe Festplatten **verwaltet** und **organisiert**.

Des Weiteren stellt es **Dienstprogramme** zur Unterstützung bereit, wie zum Beispiel zur Fehlerdiagnose und -korrektur oder zur **Defragmentierung**. Außerdem lädt und unterbricht es Programme generell.

Nice to know
Durch das **Defragmentieren** ordnet der Computer die Dateien auf der Festplatte wieder neu und zusammenhängend an. Da Dateien auf der Festplatte hintereinander in Datenblöcken gespeichert werden, entstehen durch Löschen oder Verändern von Dateien Lücken. Diese Lücken werden teilweise mit neuen Dateien befüllt, die größer sind als die vorhandenen Lücken. Dadurch werden die Dateien auf verschiedene Speicherorte aufgeteilt, also fragmentiert.

1. Die Darstellung deines Monitors ist pixelig. Finde Möglichkeiten zur Behebung dieses Problems.
2. Die Sprache deiner Tastatur ist verstellt. Finde eine Lösung.

Auf den Punkt gebracht

Das Betriebssystem gewährleistet den Betrieb eines Computers. Es steuert den Datenfluss und regelt den reibungslosen Ablauf zwischen Hard- und Software, also den Geräten und Programmen eines Rechners.

8.6 Daten und Dateien

Lea sucht eine spezielle Textdatei ihres IT-Lehrers im Schülerverzeichnis. Im entsprechenden Ordner des Verzeichnisses findet sie verschiedene Symbole für Dateien. Bevor sie die Datei öffnet, betrachtet sie eingehend die aufgelisteten Informationen über sämtliche Objekte und deren Attribute, wie Dateityp, -größe und -name. Sie fragt sich, was Dateien eigentlich sind und wie sie zustande kommen.

Welche Zeichensätze kennst du?

Grundsätzlich werden Dateien durch **Daten** aufgebaut, die inhaltlich zusammenpassen. Daten sind Informationen, die der Computer verarbeiten kann (➨ Kap. 4.2). Sie werden aus **Zeichen** eines im Vorfeld festgelegten Zeichensatzes gebildet, wie zum Beispiel dem Alphabet oder den zehn Ziffern zur Bildung unserer geläufigen Zahlenräume im Dezimalsystem. Diesen Zeichen werden Regeln zugewiesen. Setzt man die Zeichen zu Zahlen oder Wörtern zusammen, werden sie zu Daten.

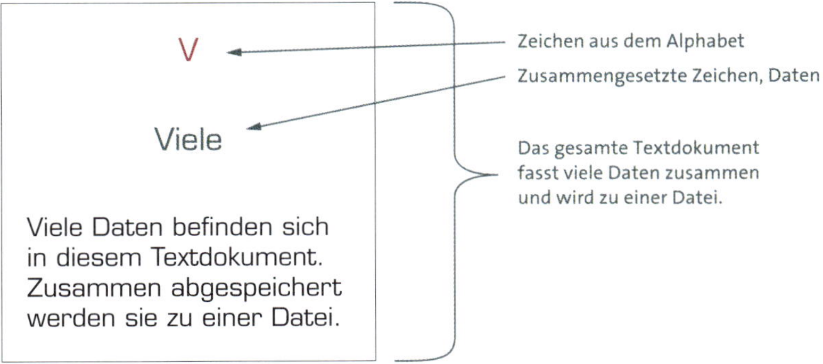

Nice to know

Die Anzahl der Daten einer Datei wird nur durch die **Speichergröße des Datenträgers begrenzt**.

Um Daten zu sichern, werden sie in einer **Datei** zusammengefasst und auf einem **Datenträger** gespeichert. Dies kann allerdings nur geschehen, wenn sich die Daten ähneln oder die Daten zusammengehören. Hierfür gibt es eine internationale Struktur, welche **Dateitypen** unter einem Namen zusammengefasst werden.

1. Überprüfe, wie viele Dateien im Ordner deines Verzeichnisses sind.
2. Finde und nenne alle Dateitypen in deinem Verzeichnis.
   Kennst du noch weitere Dateitypen? Welche?

Lea möchte ihren drei besten Freunden ein Fotobuch gestalten und überträgt hierfür Fotos ihres Smartphones in einen Zielordner auf dem Computer. Dabei geraten versehentlich sämtliche Video- und Audiodateien des Smartphones mit in den Zielordner. Nach Beendigung des Speichervorgangs muss sie feststellen, dass alle Dateien nummeriert sind und sie so die benötigten Bilder nicht finden kann. *Lea* überlegt sich, wie sie sie trotzdem wiederfinden kann.

Eine Datei besteht in der Regel aus zwei Hauptbereichen, dem sogenannten **Datei-Kopf** und dem **Datenbereich**. Der Datei-Kopf gibt allgemeine Informationen über die Datei an, wie zum Beispiel die Dateigröße und andere Identifizierungsmerkmale. Der Datenbereich beinhaltet die eigentlichen Daten der Datei, wie Zahlen, Zeichen, Buchstaben oder Pixel.

Nice to know
Der **Datei-Kopf** wird im Englischen File-Header genannt.

Durch die sogenannte **Dateinamenerweiterung** werden Dateien kategorisiert bzw. nach den sogenannten **Formaten** sortiert. Zum Beispiel entsprechen alle Dateien mit der **Endung .docx** oder **.txt** einer Textdatei und **.jpeg** einer Bilddatei (➨ Kap. 5.2, S. 113). Die Endung wird einfach an den Dateinamen angehängt und durch einen Punkt gegliedert. Man nennt sie daher auch Dateisuffix, Dateierweiterung oder Dateiendung.

Woran kannst du erkennen, um welche Art Datei es sich handelt?

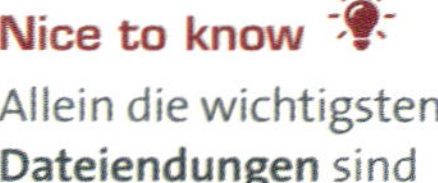

Nice to know
Allein die wichtigsten **Dateiendungen** sind bereits 200 Kürzel.

Das **Dateiformat** wird nach festen Regeln aufgebaut, nach denen die Daten einer Datei gespeichert werden. Das bedeutet, dass eine **Dateiart** stets einen genormten Aufbau besitzt. Durch diese innere Struktur können diverse Anwendungsprogramme dieselbe Datei öffnen und bearbeiten. Dies vereinfacht den Transport, den Austausch und die Weiterbearbeitung von Dateien.

Dateien werden generell in vier Dateiarten gegliedert:

- ausführbare Dateien
- Systemdateien
- Bibliothek-Dateien
- Nutzerdateien

3. Recherchiere, welche Aufgaben die vier Dateiarten innehaben.

4. Zeige auf, welcher Art *Leas* Bild-, Video- und Audiodateien sind und welche Dateinamenerweiterungen sie haben könnten.

5. Erkläre, welche Dateiart du benötigst, um ein Programm zu installieren, und wie ihre Endung lauten muss.

Unter **Dateiattributen** versteht man die besonderen Attribute einer Datei. Es handelt sich dabei um **Metadaten**, die über den reinen Inhalt der Datei hinausgehen. Die Attribute lassen sich mittels Kontrollkästchen aktivieren und benutzerabhängig festlegen. Somit können bestimmte Zugriffsrechte eingestellt werden. Allgemein handelt es sich dabei um die folgenden Attribute:

- schreibgeschützt
- versteckt
- Archiv
- System

Welche Speicherstruktur verwendet dein Gehirn?

Durch das **Speichern** in **Ordnern** (➨ Kap. 1.3, S. 27) gewährleistet man ein Speichern in logischen Einheiten. Die gängige **Ordnerstruktur** gleicht der einer hierarchischen Struktur. Diese Ordnerstruktur wird auch Verzeichnisstruktur genannt. Ein **Verzeichnis** besteht aus Dateien bzw. Ordnern, die Verweise auf weitere Ordner oder Dateien sein können.

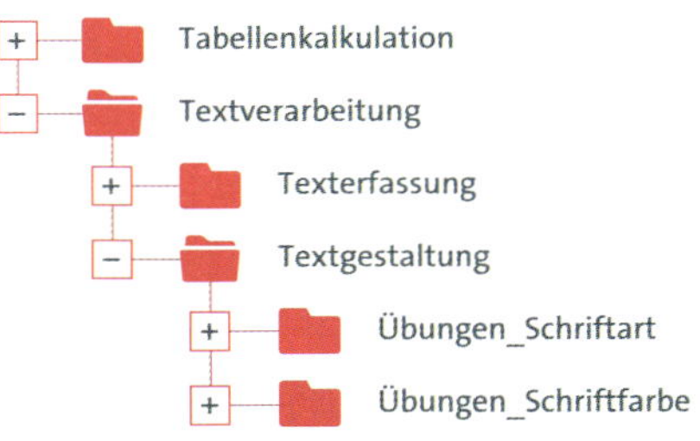

Wenn eine Datei nach dem Speichern verändert werden soll, können bestimmte **Dateioperationen** vorgenommen werden. Es stehen beispielsweise folgende Operationen an Dateien zur Verfügung (➨ Kap. 1.3 und Kap. 3, S. 81–82):

- Öffnen
- Wiedergeben
- Kopieren
- Ausschneiden
- Löschen
- Umbenennen
- Verknüpfung erstellen
- Senden
- Freigeben

} Dateioperationen

8

Nice to know

Verknüpfungen von Dateien oder Software auf dem Desktop deines Rechners ersparen dir Zeit beim Finden und Öffnen des Programms.

6. Untersuche, wie du Dateioperationen durchführen kannst, ohne dabei Tastenkombinationen zu nutzen. Tausche deine Ergebnisse mit deinen Mitschülerinnen aus.

7. Erkläre, wie deine Dateien zu Hause angelegt sind. Vergleiche erneut mit deinen Mitschülerinnen.

Auf den Punkt gebracht

Daten aus einem bestimmten Zeichensatz werden zu einer Datei zusammengefasst. **Dateien** werden in verschiedene Formate eingeteilt, die durch Dateinamenerweiterungen kenntlich gemacht werden. Grundsätzlich können vier verschiedene Dateiarten unterschieden werden: ausführbare Dateien, Systemdateien, Bibliothek-Dateien und Nutzerdateien. Sie verfügen über Metadaten und können mithilfe von Dateioperationen manipuliert werden. Sie werden mittels Verzeichnissen hierarchisch abgelegt.

8.7 Die Lizenz einer Software

Lea möchte alle für ihr Fotobuch gesammelten Bilder zusammenfügen und sucht nach einem passenden Programm. *Noa* macht ihr den Vorschlag, eine Kopie einer geeigneten Software anzufertigen. Doch *Lea* überlegt, ob diese Handlung legal wäre.

Du kennst **lizenzrechtliche Bestimmungen**, die bei der Auswahl und Verwendung von **Softwareprodukten** zu beachten sind.

Da man in Deutschland keinen Eintrag in einem öffentlichen Urheberregister benötigt, ist das **Werk**, also die geistige Schöpfung, automatisch geschützt und alleiniges Eigentum des Schöpfers. Genauere Informationen zum **Urheberrecht** ➡ Kap. 7.5.

Neben Werken z. B. aus Literatur und Kunst gehört auch **Software** in Deutschland durch den § 69 a Abs. 3 UrhG zu den geschützten geistigen Werken.

Softwarelizenzen werden durch die Urheber vergeben. Sie können gewisse Nutzungsrechte entweder kostenlos, gegen eine einmalige oder aber eine regelmäßige Gebühr unter ganz bestimmten Auflagen/Bedingungen vergeben. Grundsätzlich wird den Lizenznehmerinnen immer nur die **Erlaubnis** erteilt, eine Kopie der Software unter den vereinbarten/angegebenen Bedingungen zu nutzen. Damit ist **kein Urheberrecht** übertragen.

Ab wann findest du, dass ein Werk als Schöpfung gilt?

Man unterscheidet:
- kostenpflichtige Software
- Freeware
- Shareware
- Open Source
- Copyleft
- Creative Commons

1. An welche konkreten Bedingungen und Nutzungsrechte sind die aufgelisteten Begriffe geknüpft? Recherchiere die Unterschiede.

2. Existieren Unterschiede zwischen den Lizenzen der Software in der Schule und denen bei dir zu Hause?

3. Gib *Lea* eine Empfehlung zur Lösung ihres Problems.

Auf den Punkt gebracht

Software ist geistiges Eigentum und durch das **Urheberrechtsgesetz geschützt**. **Lizenzen** für Software können vom Urheber vergeben werden. Damit sind entspreche **Bedingungen** über die **Nutzung** und die Weitergabe der entsprechenden Software verbunden.

8.8 Gefahren für die Datensicherheit

Du nutzt deine Kenntnisse zu **Risiken** sowie **Sicherheitsregeln** und **-maßnahmen** im Umgang mit Daten, um sie gezielt vor Verlust und Missbrauch zu schützen.

Mia findet in ihrem E-Mail-Postfach eine E-Mail mit einer Zahlungsaufforderung, jedoch kennt sie den Absender nicht. Da *Mia* erst 13 Jahre alt ist und ohne elterliche Einwilligung nicht geschäftsfähig ist, hat sie im Internet nichts bestellt.

Was würdest du in *Mias* Situation tun?

In der heutigen Zeit wirst du zunehmend mit Angriffen auf deine Persönlichkeitsrechte (➨ Kap. 4.14) sowie deine **Datensicherheit** konfrontiert. Dies geschieht u. a. durch die Omnipräsenz im Internet und der damit einhergehenden Öffnung der Privatsphäre für die digitale Welt. Doch wie kannst du deine Privatsphäre schützen und welche Gefahren können dir konkret drohen?

„DAS INTERNET VERGISST NICHTS!“
Aus dem Internet kann nichts gelöscht werden, es können lediglich Verlinkungen gelöscht werden.

1. Diskutiere in der Gruppe:
   - **a)** An welcher Stelle gibst du deine Daten preis?
   - **b)** Wann ist die Herausgabe deiner Daten tatsächlich erforderlich und sinnvoll?
   - **c)** Warst du selbst schon einmal in *Mias* Situation?
2. Überlege und begründe: Enthalten die folgenden Aussagen personenbezogene Daten?
   - **a)** *Mo* wünscht sich zum Geburtstag ein Fahrrad.
   - **b)** *Mia* wohnt in der Oberhauptstraße 2 in München.
   - **c)** *Noa* fährt vom 15.08. – 21.08. mit seinen Eltern in den Urlaub an die Nordsee.
   - **d)** Etwa 95 % der Jugendlichen nutzen täglich das Internet.
3. Was weiß das Internet von dir? Versuche durch gezielte Stichwortsuche, Informationen und Bilder zu deiner Person zu finden.
   - **a)** Hast du etwas entdeckt, was du nicht vermutet oder längst vergessen hast?
   - **b)** Welche Suchergebnisse lassen dich in einem negativen Licht erscheinen, auch im Hinblick auf zukünftige Arbeitgeber?

8.9 Angriffe aus dem Netz

Nichtsahnend begrüßt *Lea* ihre Freunde *Mia, Noa* und *Mo* morgens auf dem Schulhof. Sofort konfrontieren die drei ihre Freundin mit der Frage: „Warum hast du uns nur einen Download-Link ohne weiteren Text per Mail geschickt?" Doch *Lea* weiß weder von einer E-Mail noch von einem beigefügten Link.

Welche Folgen hat diese Situation?

Jährlich wachsen die Zahlen an Angriffen aus dem Internet auf private Computer und deren Nutzer. **Malware** wird immer vielseitiger und effizienter, somit wächst der Schaden an den Betroffenen. Internetkriminalität hat längst den Charme eines Kavaliersdelikts verloren.

Nice to know
Malware = Sammelbegriff aller Schadprogramme

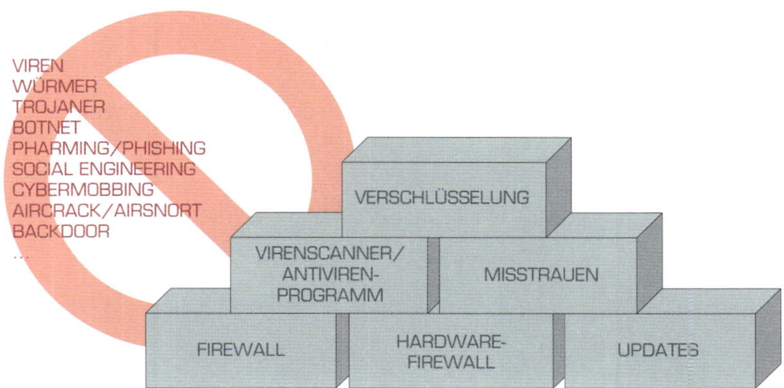

Die Grafik zeigt eine Übersicht der größten Gefahren und bereits einige gängige Schutzmaßnahmen auf (mehr dazu ➨ Kap. 8.10).

Gefahren durch Software

Viren

- Sind die ältesten Schädlinge.
- Brauchen Hilfe bei der Verbreitung.
- Haben drei Funktionen: Tarnen, Vermehren und Schaden.

Viren legen Computer lahm.

Würmer

- Sind die Nachfolger von Viren.
- Können sich selbstständig verbreiten.
- Treten häufiger auf als Viren.
- Richten größeren Schaden an als Viren.

Würmer kopieren sich selbst.

Trojaner

- Tarnen sich als nützliche Hilfsprogramme.
- Werden häufig vom Nutzer selbst installiert.
- Haben drei Varianten: Keylogger (Protokollieren Eingaben an der Tastatur), Sniffer (dient zur Netzwerkanalyse), Backdoor (um sich unbemerkt Zugang zu einem System zu verschaffen).

Trojaner verstecken sich in nützlichen Programmen und spähen aus.

Backdoor

- Erlauben Betrügern direkten Zugriff auf Rechnersysteme.
- Sogar Fernsteuerung ist möglich.
- Gelangen u. a. via Trojaner auf den Rechner.

Spyware

- Gelangen meist über Trojaner ins System.
- Sammeln Daten und leiten diese weiter zum Zweck des monetären Diebstahls, z. B. über Kreditkartenbetrug.

Botnet

- Auch Botnetz genannt.
- Verwandelt den Geschädigten in einen „Zombie", der ferngesteuert Befehle des Botmasters in einem Netzwerk aus Geschädigten ausführt.
- Die Installation des Botnetzes verläuft unbemerkt.
- Der Botmaster hat ausschließlich Zugriff auf den geboteten, mit dem Internet verbundenen Zombie-Rechner.

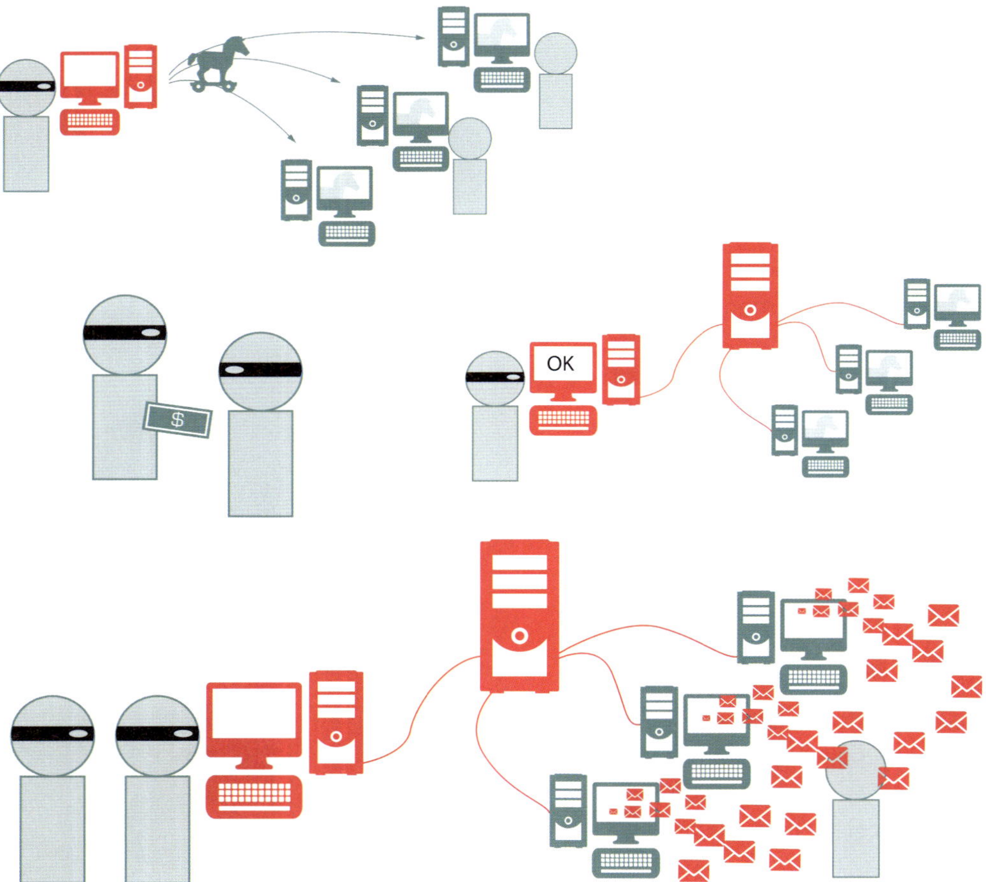

Dialer

- Stellen Verbindungen zu kostenpflichtigen Telefonnummern her.
- Schalten teure Mehrwertdienste-Rufnummern zwischen.
- Werden unbemerkt zwischengeschaltet.

Phishing/Pharming

- Sind keine Schadprogramme per se.
- Dabei handelt es sich um gefälschte Internetseiten, die Bankverbindungsdaten und dazugehörige Passwörter von Geschädigten ausspionieren.
- Die Geschädigten werden via E-Mail auf die gefälschten Bankseiten gelockt.

Aircrack/Airsnort

- Software, um Drahtlosnetzwerke zu hacken.

Gefahren durch kriminelles Handeln

Social Engineering

- Ist die zwischenmenschliche Beeinflussung, um bei Geschädigten bestimmte Verhaltensweisen hervorzurufen.
- Spionage von vertraulichen Informationen, wie Bankdaten und Passwörter.
- Drei bekannte Varianten: Human Based Engineering, Computer Based Engineering und Reverse Social Engineering.

Cybermobbing

- Wiederholtes und regelmäßiges Beleidigen, Bedrohen und Diskreditieren auf webbasierten Plattformen.

Falschmeldungen

- Sind falsche Benachrichtigungen über angebliche Schädlinge im System.
- Werden via E-Mail verschickt.
- Können zum Weiterleiten der E-Mails aufrufen oder zur Installation fragwürdiger getarnter Schadprogramme animieren.

Woran kannst du erkennen, dass du eine solche Falschmeldung erhalten hast?

 **Auf den Punkt gebracht**

Gefahren aus dem Internet treten immer häufiger und vielseitiger in Erscheinung. **Angriffe aus dem Netz** finden in der Regel vom Geschädigten unbemerkt statt. **Der Schaden** kann personenbezogener, finanzieller oder maschineller Natur sein.

Projekt

Erarbeitet gemeinsam in der Lerngruppe das Thema **Angriffe aus dem Netz**. In einem gemeinsamen Projekt soll eine Informationsbroschüre als Auslage für die nächste Schulveranstaltung angefertigt werden. Die Zielgruppen dieses Themas sind alle Mitschülerinnen und Mitschüler sowie deren Eltern. Auch sie sollen für diese Thematik sensibilisiert werden.

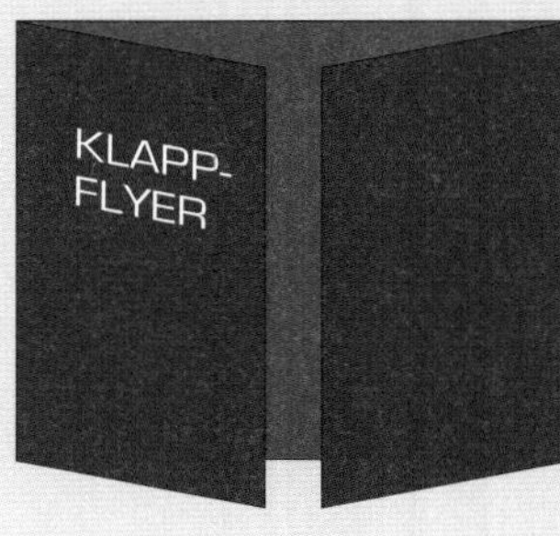

Möglicher Projektablauf

1. Zuteilung der Angriffsvarianten an kleine Arbeitsgruppen
2. Recherche und vertiefte Erarbeitung der jeweiligen Angriffsvariante
3. Zusammentragen aller Informationen sowie Auswahl und Gewichtung:
   - Um welchen Angriff genau handelt es sich?
   - Wie geschieht die Verbreitung?
   - Welcher Schaden kann durch den Angriff entstehen?
   - Wer ist betroffen?

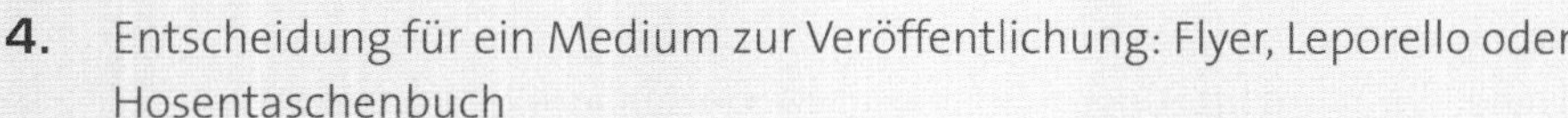

4. Entscheidung für ein Medium zur Veröffentlichung: Flyer, Leporello oder Hosentaschenbuch
5. Montagearbeiten sowie Vervielfältigung der Printmedien
6. Präsentation der Arbeiten

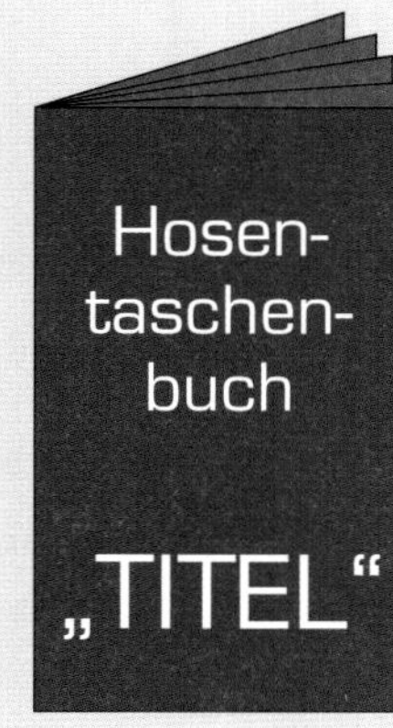

8.10 Sicherheitsregeln und Maßnahmen

Die vier Freunde haben mithilfe der Polizei herausgefunden, dass *Leas* E-Mail-Account gehackt wurde und in ihrem Namen Hunderte E-Mails verschickt wurden. Auf dem Polizeipräsidium wurden die vier über **Sicherheitsregeln** und mögliche **Schutzmaßnahmen** informiert.

Nice to know 

4-stellige **Passwörter** können in weniger als 10 Sekunden gehackt werden.
Das **beliebteste Passwort** der Deutschen lautet: 123456.

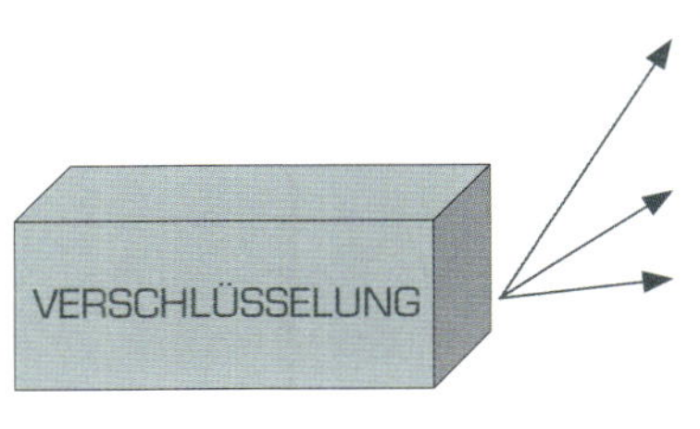

- Mindestens WPA2 (sicherste WLAN-Verschlüsselung)
- Passwörter mit mindestens 12 Zeichen, aus Zahlen, Zeichen und Buchstaben
- **TIPP:** Überlege dir einen gut zu merkenden Satz, der Zahlen und Satzzeichen enthält, und verwende als Passwort sowohl die Anfangsbuchstaben jedes Wortes als auch die Zahlen und Zeichen.

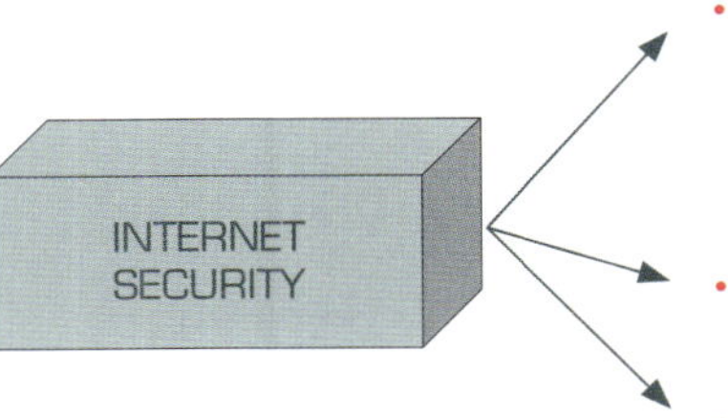

- Umfangreiches Schutzpaket, bestehend u. a. aus Antivirensoftware, Firewall, Kindersicherung, Spamschutz, digitalem Datenshredder und Passwortmanager
- Das Paket muss regelmäßig Updates erhalten bzw. erneuert werden.
- Höhere Datensicherheit in sozialen Netzwerken, beim Online-Banking, Online-Shopping und Surfen

8

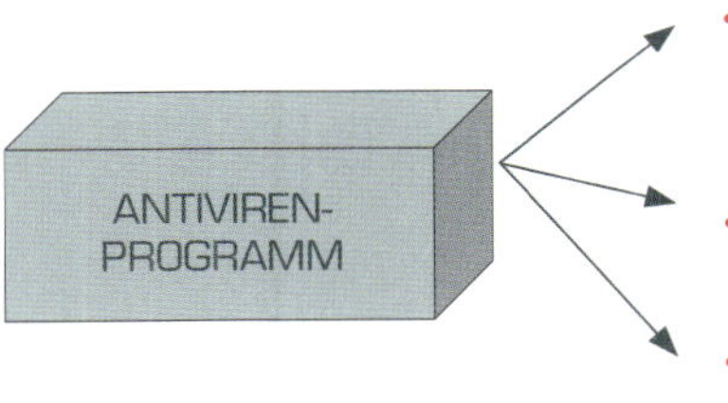

- Diese Programme schützen den Rechner vor Viren, Würmern, Trojanern, Spyware und anderer Malware
- Sie überprüfen deine Programme, z. B. zunächst in einer Cloud oder **Sandbox**.
- Antivirenprogramme arbeiten wie Scanner, die alle Programme Schritt für Schritt abtasten.

Nice to know

Die **Sandbox** ist ein vom Hauptbereich des Computers getrenntes System, in dem die Antivierenprogramme auf mögliche Malware prüfen, bevor sie den Computer infizieren kann.

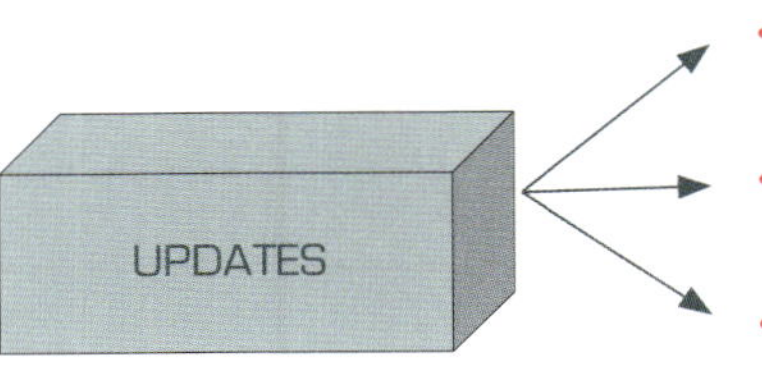

- Systemupdates müssen regelmäßig durchgeführt werden, damit der Computer geschützt bleibt.
- Sicherheitsupdates halten die Antiviren-Software auf dem aktuellen Stand.
- Softwareupdates müssen ebenso regelmäßig durchgeführt werden, damit der Rechner geschützt bleibt.

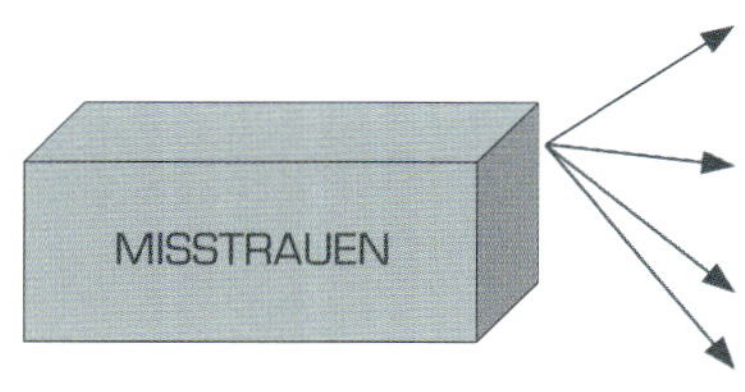

- Kein Datenaustausch mit Fremden, auch nicht mit fremden Kindern oder Jugendlichen
- Öffne keine fremden E-Mails und folge keinen Hyperlinks.
- Öffne niemals E-Mail-Anhänge von Fremden.
- Sei misstrauisch. Gib niemals Passwörter weiter.

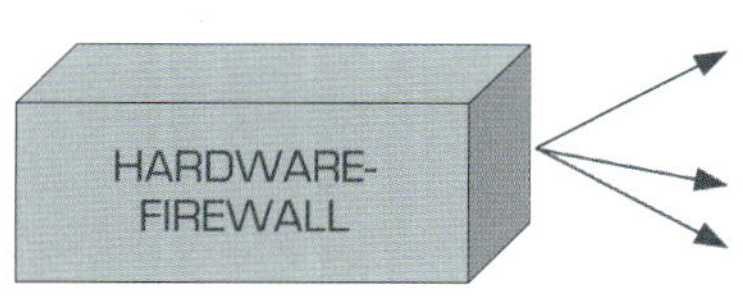

- Auch externe oder Netzwerk-Firewall genannt. Oft ein Router
- Schutz aller Geräte im Netzwerk
- Überwachung des Datenverkehrs. Blockieren des Datenverkehrs bei verdächtigen Sachverhalten

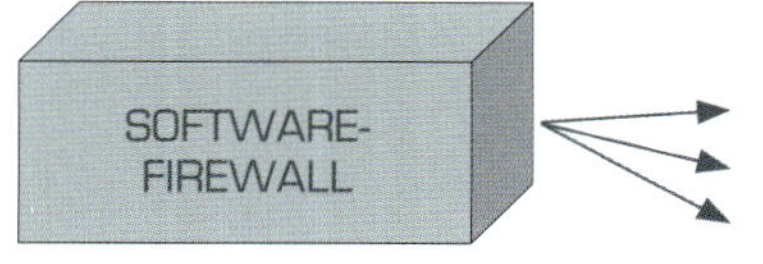

- Programm, das den PC schützt
- Überwacht den laufenden Datenverkehr
- Schützt vor unerwünschtem Netzwerkzugriff

1. Untersuche, welche der genannten Schutzmaßnahmen du verwendest.
2. Für welche Geräte im Netzwerk sind die jeweiligen Sicherheitsvorkehrungen anwendbar? Ordne zu und vergleiche deine Ergebnisse mit deiner Nachbarin.
3. Überprüfe die Verschlüsselungsart deines Heimnetzes. Kontrolliere, ob sie dem neuesten Standard entspricht.
4. Diskutiert im Plenum Gründe für regelmäßige Updates.
5. *Lea* verwendet für jedes Gerät und jeden Account dasselbe unveränderte Passwort. Finde Argumente, um sie von einer anderen Vorgehensweise zu überzeugen.

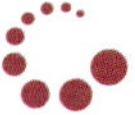

Auf den Punkt gebracht

Heute sollte kein internetfähiges Gerät **ohne entsprechende Schutzmaßnahmen** online gehen. Man darf sich dabei nicht nur auf Hard- und Software-Lösungen verlassen, sondern muss sich auch mit **gesundem Menschenverstand** und **äußerster Vorsicht** in der digitalen Welt bewegen.

Bildquellenverzeichnis

akg, Berlin: S. 90

Arthur Hain (Autor): S. 108; 109; 110; 111; 112;114.2; 115.1; 116; 117; 118; 119.1; 120;121.1; 123; 124; 125

BR Bayerischer Rundfunk, München: S. 34

Ellen Gotzmann (Autorin): S. 11; 15; 16; 17; 19; 20; 22; 23; 25; 70; 71; 77; 78

Fotolia Deutschland GMBH, Berlin
Seiten: 7 (Redpixel); 9 (inegvin); 33.1 (Mimi Potter); 33.2 (Luisa Leal); 38 (bubushonok); 55 (hanss); 83 (j-mel); 96 (serge_t); 107, 114.1 (AllebaziB); 115.1 (JULA); 119.3 (silentalex88); 122 (schulzfoto); 121.2 (Pascal); 128 (Africa Studio); 129 (Jemastock); 151 (mast3r); 157 (nmann77); 161 (fotomek); 170 (skumer); 171 (Julien Eichinger); 172.1 (Udo Bojahr); 172.2 (Kurzmick); 172.3 (schlichi); 183.1 (sangoiri); 183.2 (Xaver Klaussner); 183.3 (bht2000); 185 (vectorstory)

iStock (Tassii): S. 169

Jakob Maul GmbH, Bad Koenig-Zell: S. 33.3

MAKE Europe GmbH: S. 39.2

picture alliance/APA/picturedesk.com (Hans Ringhofer): S. 174

picture alliance/Associated Press (Mohamed el Dakhakny): S. 127.2

State Library of New South Wales: S. 127.1

Stefanie Mertens (Autorin): S. 86

Weitere Illustrationen und Modifikationen durch zweiband.media unter Verwendung von Grafikmaterial von freepik.com.